Mit Menschenhandel verdienen kriminelle Organisationen inzwischen ähnlich viel wie mit Drogengeschäften. Michael Jürgs schildert den Kampf gegen die Gesetzlosen im Namen der Gesetze. Er suchte die Dunkelfelder des Verbrechens auf, nahm teil an Razzien der Bundespolizei und an Strategietagungen von EUROPOL, sprach mit Experten von Frontex, Scotland Yard und UNO, interviewte deutsche und europäische Politiker, traf in nichtstaatlichen Hilfsorganisationen auf mutige Frauen, die Zwangsprostituierten beim Ausstieg helfen. Anhand zahlreicher Beispiele dokumentiert er eindringlich Ausbeutung und Schicksal der modernen Sklaven. Sein Fazit: Menschenhändler müssen bekämpft werden wie Terroristen. Mit allen Mitteln.

MICHAEL JÜRGS war Chefredakteur der Zeitschriften »Stern« und »Tempo« und schreibt für die »Süddeutsche Zeitung«, den »Tagesspiegel« und die »Frankfurter Allgemeine Zeitung«. Er verfasste viele Sachbücher und Biografien, die Bestseller und zum Teil auch verfilmt wurden.

MICHAEL JÜRGS

Sklavenmarkt Europa

Das Milliardengeschäft
mit der Ware Mensch

btb

Verlagsgruppe Random House FSC® N001967

1. Auflage
Genehmigte Taschenbuchausgabe März 2016,
btb Verlag in der Verlagsgruppe Random House GmbH, München
Copyright © 2014 by C. Bertelsmann Verlag, München, in der
Verlagsgruppe Random House GmbH
Umschlaggestaltung: semper smile, München, nach einem
Umschlagentwurf von buxdesign, München, unter Verwendung
eines Motivs von © Roman Sotola/Shutterstock Images
Druck und Einband: GGP Media GmbH, Pößneck
LW · Herstellung: sc
Printed in Germany
ISBN 978-3-442-71350-9

www.btb-verlag.de
www.facebook.com/btbverlag
Besuchen Sie auch unseren LiteraturBlog www.transatlantik.de

INHALT

KAPITEL 1
Rohstoff Mensch: Leidtragende 9
Die Macht der Bösen und die Geschichte der Sklaverei – Völkermord im Namen Allahs – Im Museum der Schande – Dunkelfeld Europa: Zwangsprostitution und Zwangsarbeit

KAPITEL 2
Global Player: Menschenhändler. 39
Die Macht der Guten und die Drehkreuze des Verbrechens – Ausbeutung der Flüchtlinge – Die Methode »Loverboy« – Trau, schau, wem: die Krake Korruption

KAPITEL 3
Im Einsatz: »Operation Scheich« 83
Der Ramm-Bock und die Razzia – Das geheime System der Hawala-Banker – Vom Terror der Voodoo-Priester – Die Routen der Schleuser – Ausbeuter und Ausgebeutete

KAPITEL 4
Grenzfälle: Ware Frau 133
Die Herrscher im Bordell Balkan – Frontex und seine Strategen – Die heimlichen Signale der Opfer – Letzte Ausfahrt Niemandsland – Entführung auf dem Schulweg

KAPITEL 5

Fluchtburgen: Kein schöner Land in dieser Zeit 178

Die ohnmächtigen Kämpfer der UNO – Die Toten von Katar – Kriminelle Freihandelszone Transnistrien – Die Ertrunkenen vor Lampedusa – Arbeitssklaven in Westeuropa

KAPITEL 6

Organhandel: Wie Armut ausgeschlachtet wird 224

Sklavenauktion auf dem Flughafen – Die Bettelkinder der Roma-Paten – Das Dorado der Pädosexuellen – Leber und Nieren auf Bestellung

KAPITEL 7

Frauenpower: Das Netz der Helferinnen 268

Die listige Schlange KOOFRA – Das Lied von *La Strada* – Im Dunkelfeld Moldawien – Was mit Elena, Konstantin, Raissa und Alina geschah – In Gottes Namen: die mutige Nonne

KAPITEL 8

Politik & Moral: Ach, Europa! 303

Menschenrechte gegen Machtinteressen – Prostitutionsgesetz: gut gemeint gescheitert – Das fragwürdige Modell Schweden – Der Sklavenmarkt Nordafrika – Was endlich geschehen muss

ANHANG

Bibliografie 337

Weitere Quellen (Auswahl) 339

Register 341

»Menschenhandel ist die Anwerbung, Beförderung, Verbringung, Beherbergung oder Aufnahme von Personen durch die Anwendung von Gewalt oder anderen Formen der Nötigung, durch Entführung, Betrug, Täuschung, Missbrauch von Macht oder Ausnutzung besonderer Hilflosigkeit oder durch die Gewährung oder Entgegennahme von Zahlungen oder Vorteilen zur Erlangung des Einverständnisses einer Person, die Gewalt über eine andere Person hat, zum Zweck der Ausbeutung. Ausbeutung umfasst mindestens die Ausnutzung der Prostitution anderer oder anderer Formen sexueller Ausbeutung, Zwangsarbeit oder Zwangsdienstbarkeit, Sklaverei oder sklavereiähnliche Praktiken, Leibeigenschaften oder die Entnahme von Organen.«

Aus dem am 15. November 2000 in Palermo beschlossenen Protokoll gegen die »Schleusung von Migranten auf dem Land-, See- und Luftweg« und dem Artikel zur »Verhütung, Bekämpfung und Bestrafung des Menschenhandels« (Palermo-Konvention) der grenzüberschreitenden organisierten Kriminalität

KAPITEL 1

Rohstoff Mensch: Leidtragende

Als Gott in berechtigtem Zorn Adam und Eva aus dem Paradies verbannte, weil sie trotz seines Verbots Früchte vom Baum der Erkenntnis gepflückt hatten, gab ER ihnen bekanntlich eine gewichtige Erblast mit auf den Weg. Der Sündenfall, die Stunde null in der Menschheitsgeschichte, belastete fortan ihre Nachkommen. Seitdem lauert das Böse als beispielsweise Unterdrückung, Vergewaltigung, Ausrottung im beispielhaft Guten wie Freiheit, Gleichheit, Brüderlichkeit. Die Menschen unterjochen oder ermorden einander, wann und wo auch immer auf der Welt.

Edward O. Wilson, der Begründer der Soziobiologie, der ein ganzes Forscherleben lang die biologischen Grundlagen sozialen Verhaltens untersuchte, erachtet als Wissenschaftler naturgemäß weder Gottes Gnade noch Teufels Werk, weder Gottes Zorn noch Satans Verführung als wesentlich für Gut und Böse. »Ist der Mensch von Natur aus gut, wird aber von der Macht des Bösen verdorben? Oder ist er vielmehr von Natur aus verschlagen und nur durch die Macht des Guten zu retten?« Beides treffe zu, meint er, was zu dem Schluss führe, dass es dabei auch bleiben wird, jetzt und immerdar, falls es nicht gelinge, die Gene zu verändern. «Denn das menschliche Dilemma wurde in unserer Evolution festgelegt und ist mithin ein unveränderlicher Teil der menschlichen Natur.«

Versklavung von Besiegten war selbstverständlich für die Siegreichen ungeschriebenes Recht der Herrschenden, bis dereinst in der amerikanischen Verfassung Menschenrechte festgeschrieben wurden. Ägypter hielten sich Sklaven. Perser hielten sich Sklaven. Griechen hielten sich Sklaven. Wikinger hielten sich Sklaven. Auf den Äckern. In den Häusern. In den Betten. In den Schlachten. Sklavenhaltung war im Römischen Reich sogar eine tragende Säule des Systems, ohne die das Imperium lange vor seinem tatsächlichen Untergang untergegangen wäre. Ein Drittel der Bevölkerung, erbeutet in siegreichen Feldzügen, diente als Sklaven den anderen zwei Dritteln.

Die ausgebeutete Minderheit wagte zwar gelegentlich einen Aufstand gegen die Mehrheit, etwa den historischen unter der Führung von Spartacus, verfilmt von Hollywood rund zweitausend Jahre später. Aber die Aufrührer bezahlten ihren Freiheitsdrang mit dem Leben und wurden entlang der römischen Heerstraßen zur Abschreckung ans Kreuz genagelt.

Vae victis, wehe den Besiegten: Seit den Kriegen der Antike war ihnen bewusst, was bei einer Niederlage drohte – die Sklaverei. Sie hätten umgekehrt im Fall eines Sieges ihre Feinde nicht anders behandelt. In Friedenszeiten erfüllten Begehrlichkeiten und Bedürfnisse der Sklavenhalter für Haus, Hof oder Harem die Sklavenhändler. Ihr Geschäft blühte. Kein anderes Gewerbe garantierte so große Gewinne bei so geringem Risiko wie das mit der Ware Mensch. Über die damaligen Umsätze und Gewinnspannen existieren logischerweise keine Aufzeichnungen. Daran hat sich nichts geändert.

Denn auch in der Neuzeit gibt es nur Vermutungen über Renditen im Dunkelfeld Menschenhandel. Aber die Bewertungen auf der Grundlage von kriminalpolizeilichen Statistiken aus Staaten oder Regionen, die hauptsächlich den Markt beliefern, und Preisen, die dort erzielt werden, wo die Nachfrage am größten ist, sind wohl nahe an der Realität. Im »Global Report 2012« des in Wien unter dem Dach der UNO ansässigen *United Nations Office on Drugs and Crime* (UNODC) wird von einem »exorbitanten« Geschäftsmodell gesprochen. Die Polizeibehörden der an der UNODC-Studie beteiligten 137 Länder schätzen, dass auf dem Wachstumsmarkt »Mensch« weltweit pro Jahr ungefähr 30 Milliarden Dollar verdient werden. Darin enthalten sind Gewinne aus freiwilliger wie aus erzwungener Prostitution, Erlöse aus freiwilligen wie aus erzwungenen Arbeitsleistungen, aus Kinder- wie aus Organhandel, aus dem Handel mit Hausklaven und Scheinehen wie aus dem Geschäftszweig Menschenschmuggel der Schleuserbanden.

Die Schätzungen für die Gesamterträge aller kriminellen Organisationen in der Freihandelszone Europa liegen bei rund fünfzehn Milliarden Dollar jährlich, und damit nur noch knapp hinter den Gewinnen aus dem Drogenhandel. Die Ursachen für diesen Boom sind leicht auszumachen und auch einfach erklärbar: An Rauschgift oder gefälschten Arzneimitteln verdienen zwar in der Kette vom Produzenten zum Endabnehmer verschiedene kriminelle Zwischenhändler, aber irgendwann ist die Ware konsumiert, also verbraucht. Die Ware Mensch dagegen garantiert Mehrwert. Frauen zum Beispiel lassen sich immer wieder von einem Land ins nächste verschieben, von einem Bordell ins nächste. Menschenhandel ist deshalb für das internationale Verbrecherkartell der Geschäftszweig mit dem größten Potenzial, bei garantiert zweistelligen Renditen.

Investitionskosten beim Erwerb der Frauen, Mädchen, Männer, Kinder in deren Heimatländern sind »Peanuts«, um einen legendären Begriff aus der legalen Wirtschaft zu bemühen, die Risiken wegen stetiger Nachfrage in Europa gering.

Nachdem ab 2009 Länder wie Spanien, Griechenland, Portugal aufgrund der selbst verschuldeten Rezession als Abnehmer für billige Arbeitskräfte in der Landwirtschaft oder auf dem Bau ausfielen, erschlossen sich die Händler der organisierten Kriminalität (OK) neue Märkte in der Türkei, in der Schweiz, in Skandinavien.

In diesem Dunkelfeld sind die Grenzen zwischen Schmuggel und Handel, Flucht und Schleusung fließend, aber es geht dabei gar nicht immer um Mehrwert. Sondern um mehr. Taliban und Al Qaida setzen für Selbstmordattentate Kinder ein, die sie deren Familien abgekauft haben, somalische Terroristen betreiben Sklavenhandel, um dadurch Geld für Waffen und Trainingslager zu verdienen. Als ich davon in einer UN-Studie las, hielt ich es für ein nicht beweisbares, aber erschreckend möglich klingendes Gerücht. Doch wie ich später bei Gesprächen mit Ermittlern erfuhr, entspricht es der Wahrheit.

Die Erkenntnisse basieren auf Ermittlungen, Opferaussagen, Festnahmen, Anklagen, Prozessen in den Ländern, in denen die Ware Menschen erbeutet, und in den Ländern, in denen ausgebeutet wird. Diese Informationen, die UNODC sammelt, erlauben Hochrechnungen, die den tatsächlichen Verhältnissen ziemlich nahe kommen dürften. Demzufolge sind zwischen 55 und 60 Prozent aller Opfer des weltweiten Menschenhandels noch nicht volljährige Mädchen und junge Frauen. Durchschnittliche Einnahmen der »Besitzer« pro Körper: 65 000 Dollar. »Durchschnittlich« ist ein Annäherungswert. In der Statistik schlagen sich sowohl die regionalen Preise für sexuelle Dienstleitungen in den Ursprungsländern nieder als auch die horrenden Gewinne, die in den Bordellen Westeuropas mit Prostitution erwirtschaftet werden.

Es folgen in der Auflistung mit einem Anteil von 27 Prozent Kinder unter 14 Jahren, ausgebeutet als Arbeitssklaven in

Asien oder Afrika oder verkauft an Pädokriminelle, die aus entwickelten Ländern in Entwicklungsländer Südostasiens oder Osteuropas kommen und sich dort bedienen.

Sexual Exploitation, sexuelle Ausbeutung, ist also ein sicherer Wachstumsmarkt. Jedes Jahr wachsen ihm neue Kunden nach, jedes Jahr erlangt neue Ware Marktreife. Darf man darüber so, in der Sprache eines Finanzanalysten, eines Aktienhändlers, eines Bankberaters, schreiben?

Vermutlich nicht.

Doch Zynismus schützt mitunter vor Verzweiflung.

58 Prozent des im Menschenhandel erzielten Gewinns werden auf dem internationalen Sexmarkt erzielt. Dahinter rangieren Erlöse aus Zwangsarbeit, wozu auch wie Sklaven gehaltene Dienstboten in besseren Kreisen gerechnet werden, mit 36 Prozent – seit der weltweiten Finanzkrise ab 2007/2008 hat sich deren Zahl verdoppelt –, dann folgen fürs Betteln und für Diebstahl von ihren Sippschaften an Banden verkaufte Kinder mit einem Marktanteil von 1,5 Prozent.

Am Ende der Skala steht ein Fragezeichen, denn genaue Zahlen über den ebenfalls zum globalen kriminellen Dunkelfeld zählenden Organhandel gibt es nicht. Dass hier ein Schwarzmarkt existiert, bezweifelt zwar niemand, aber die Käufer schweigen. Und die Verkäufer, entlohnt für ihre Niere, reden selbst dann nicht, wenn die Spätfolgen der meist verpfuschten Operationen am eigenen Leib ihr Leben zerstören, das sie mit dem Verkauf eines ihrer Organe eigentlich verbessern wollten.

Einzelne Fälle, in denen gezielt Menschen gejagt, getötet und dann je nach bestellter Einzelware ausgeschlachtet wurden, sind laut UNODC aus sechzehn Ländern bekannt. Jagdreviere der Kriminellen sollen seit Ausbruch des Bürgerkriegs in Syrien auch Flüchtlingslager in Jordanien, Ägypten, der Türkei sein. Aber ich war lange skeptisch, ob sich solche Horrorszenarien durch seriöse Recherchen würden belegen lassen.

Bis ich eines Schlechteren belehrt wurde.

»Wie ermittelt man eigentlich Gewinne im Menschenhandel?«, fragte ich einen Polizeioffizier in England. Die Lieferanten veröffentlichen ja keine Bilanzen oder geben gar Steuererklärungen ab. Auf den Fakten, die wir kennen, sagte er, basieren unsere Hochrechnungen. Eine junge Frau aus beispielsweise Moldawien, Weißrussland, Rumänien, Bulgarien oder der Ukraine, wobei diese Länder nicht eben zufällig von ihm genannt wurden, wird auf einem illegalen Sklavenmarkt in zum Beispiel Athen, Istanbul, Moskau für 1500 Euro versteigert. Auch diese Städte zählt er nicht von ungefähr, sondern von daher auf. Je attraktiver ein Mädchen ist, desto teurer lässt es sich dann – und jeder Zwischenhändler verdient beim Weiterverkauf – an Bordelle in Europa oder in den Golfstaaten, in Japan oder in Südkorea vermarkten.

Er wusste von Fällen, in denen Prostituierte, freiwillig tätig oder zu sexuellen Dienstleistungen durch Gewalt gezwungen, bis zu 150 000 oder sogar 200 000 Euro erwirtschaftet haben. Abzüglich laufender Kosten wie Logis, Essen, Trinken, Drogen, Kleidung, Transport verbleiben ihren Besitzern 60 bis 70 Prozent der Summen steuerfrei, den Frauen jene oben bereits erwähnten Peanuts oder am Ende nichts. Sie sind nicht nur körperlich beschädigt, sondern unheilbar seelisch gebrochen, wenn sie mal »entsorgt« werden.

Die Mädchen werden rücksichtslos ausgebeutet, und falls sie sich wehren, falls sie mehr als die lächerlichen paar Euro verlangen, die ihnen vielleicht bleiben, so lange missbraucht, bis sie jeglichen Widerstand aufgeben. Sobald sie nach Einschätzung ihrer Besitzer im Bordellbetrieb verbraucht sind, per Flatrate nicht mehr an die Männer zu bringen, werden sie entweder auf die unterste Stufe des Sexmarktes abgeschoben, die Straßenstriche in einem der Länder, aus denen sie einst voller Hoffnung auf ein besseres Leben aufgebrochen sind. Oder aber in die Freiheit entlassen, die sie sich selten leisten können, weil sie von dem, was sie angeschafft haben, kaum etwas abbekommen haben.

Laufend »Frischfleisch« zu liefern für Bordelle und Laufhäuser in Europa, ist allenfalls ein logistisches Problem der Menschenhändler. Sie rekrutieren ihren Nachschub, der unerschöpflich scheint, direkt in den armen Ländern Osteuropas oder Afrikas oder Asiens. Die Frauen sind rechtlos, schutzlos, hoffnungslos ihren Besitzern ausgeliefert. Ihre Ausbeutung ist ein sicheres Investment. Kein Wunder also, dass der Menschenhandel dominiert wird von international tätigen, straff organisierten kriminellen Vereinigungen. Der Spur des Geldes bis zur Quelle zu folgen ist die einzige Chance der Ermittler, die eigentlichen Drahtzieher zu erwischen. Das wissen die Kriminellen auch. Und unternehmen deshalb alles, diese Spur zu löschen, indem sie versuchen, ihre illegalen Einkünfte weißzuwaschen in der legalen Wirtschaft.

Bis zum 19. Jahrhundert wurde Menschenhandel international betrieben von so genannten Guten, die selbstverständlich geachtet waren. In der Jetztzeit wird der Handel beherrscht von so bezeichneten Bösen, die selbstverständlich geächtet werden. Millionen Menschen befinden sich zwar in einem sklavenähnlichen Arbeitsverhältnis, aber viele sind dazu gezwungen durch die hoffnungslose wirtschaftliche Situation und die Lebensumstände in ihrer Heimat und lassen sich deshalb freiwillig ausbeuten. Sie werden dabei von ihren »Arbeitgebern« nicht als Menschen be-, sondern gehandelt.

Internationale Organisationen wie ILO (*International Labour Organisation*) oder UNODC, Behörden wie EUROPOL, die deutsche Bundespolizei oder das amerikanische FBI schätzen, dass – alle Arten von Ausbeutung mitgerechnet – zwanzig Millionen Menschen nicht »über ihr Leben frei« bestimmen können. Entweder wie in Nordkorea, in China, im Sudan, in Somalia von den Herrschenden unterdrückt oder von kriminellen Netzwerken als Arbeitskräfte an die Landwirtschaft, an Schlachthöfe, auf Großbaustellen in Golfstaaten, als Hauspersonal nach Nordamerika, Kanada und Westeuropa oder im sexuell-industriellen Komplex von Prostitution und Pornografie verkauft. Frauen und Kinder sind die begehrteste Ware im Supermarkt Mensch. Die am meisten leidtragenden Menschen.

Im ursprünglichen transatlantischen Sklavenhandel zwischen dem 16. und 19. Jahrhundert, als Portugal, Spanien, die Niederlande, Frankreich und der Marktführer England den Handel dominierten, dürften es insgesamt etwa zwölf Millionen Menschen gewesen sein, die aus Afrika in die Sklaverei verschleppt wurden. Viele Dörfer des Kontinents waren entvölkert. Die männliche Bevölkerung wurde verkauft in den überseeischen Kolonien der Großmächte, Frauen als Sexsklavinnen verschleppt, ihre Kinder getötet oder ebenfalls zur Arbeit gezwungen.

Männer waren damals im Gegensatz zu den heutigen Marktverhältnissen die begehrteste Beute der Menschenhändler, weil die Besitzer der Zuckerrohr- und Baumwollfelder, der Bergwerke und Goldminen vorrangig Arbeitskräfte brauchten. Und aufgrund der Sterberaten unter ihren Sklaven, bedingt durch unmenschliche Behandlung, laufend neue Lieferungen. Die Lebenserwartung der Versklavten war halb so hoch wie die der weißen Herrenrasse. In Brasilien allein wurden bis Ende des 19. Jahrhunderts vier Millionen Afrikaner als Sklaven ausgebeutet und ihre Frauen und Kinder als Dienstboten in den Haushalten der Plantagenbesitzer mitunter fast wie Menschen behandelt.

Kleines Glück im großen Unglück aber gab es nur selten. Die Käufer dagegen hielten es für ihr selbstverständliches Recht – und daran halten sich ihre kriminellen Nachkommen auch heute –, zur Durchsetzung ihrer Macht nötigenfalls Prügel, Vergewaltigung, Totschlag einzusetzen. Einige geglückte Aufstände entlaufener Sklaven, die dann ihre eroberten Freiräume eine Zeit lang zu behaupten vermochten, wie zum Beispiel in Kolumbien, Haiti oder Brasilien, sind die Ausnahmen. Die dortigen *Maroons*, abgeleitet vom spanischen *Cimarrón*, was soviel bedeutet wie »wild«, »ungezähmt«, waren tatsächlich wild. Ihre blutige Rache an denen, die ihnen Ungeheuerliches angetan hatten, gleichfalls ungeheuerlich.

Schon während der wochenlangen Transporte von Afrika nach Süd- oder Nordamerika, in die Karibik oder auf Handelsplätze in Europa, wo schwarzes Dienstpersonal bei den Reichen so begehrt war wie in besseren Kreisen heute, lag die als normal geltende Sterberate bei ungefähr 15 Prozent. Das heißt in harten Zahlen: anderthalb Millionen Tote in vier Jahrhunderten, zumeist entsorgt als Namenlose im Meer. Registriert sind bis zum Verbot des Sklavenhandels 27 000 Schiffe – 12 000 von ihnen unter britischer Flagge –, beladen mit Männern, Frauen, Kindern. Wenn sie im Bestimmungsland angeboten wurden, auf den Märkten wie Vieh gefesselt aufgereiht, prüften Kunden handgreiflich wie bei Kühen, Schafen, Pferden, ob die Ware auch in passablem Zustand war, bevor sie ein Gebot abgaben. Familien wurden meistens gnadenlos aufgeteilt und an unterschiedliche Besitzer verkauft.

Gerechtigkeit im Himmel oder gar auf Erden sind biblische Verheißungen, aber die wurden oder werden im wahren Leben selten erfüllt. Mein ist die Rache, spricht quasi tröstend im 5. Buch Mose der Herr, und wer ihm das glaubt, wird selig. Außer im Alten Testament gibt es aber keine Belege dafür, dass ER seinen Worten Taten folgen ließ.

Beweisbar dagegen ist, dass sowohl in der Vergangenheit die Täter ungeschoren davonkamen als auch in der Neuzeit die meisten einer Freiheitsstrafe entgehen. Befreiend wäre also deshalb der Glaube an Gottes Racheversprechen. Befriedigend die Vorstellung, dass alle, die einst der irdischen Gerechtigkeit entgingen, weil Verbrechen gegen die Menschheit als rechtens galten, und alle, die heute für Recht und Gesetz nicht greifbar sind, in der Hölle büßen müssten. Zum Beispiel bis zum Jüngsten Tag im Salzstock von Asse, wo in hunderttausend undichten Fässern Teuflisches verrottet, zwischengelagert werden.

Die Hoffnung auf höllische Qualen der Täter aber ist so oder so kein wirklicher Trost, nur ein naiv-frommer Wunsch. Entspricht jedoch oft dem der Opfer nach göttlicher Gerechtigkeit im Jenseits. Mahommah G. Baquaqua zum Beispiel, Mitte des 19. Jahrhunderts aus Afrika verschleppt, nach Brasilien transportiert, von Rio de Janeiro Richtung Nordamerika verschifft, im Hafen von New York in die Freiheit gesprungen und ans rettende Ufer geschwommen, verglich in einer damals protokollierten Aussage die Zustände auf den Sklavenschiffen mit denen, die seinem kindlichen Glauben entsprechend in der Hölle herrschen mussten: »In der ganzen Schöpfung kann ich mir nur einen einzigen Ort vorstellen, der noch schrecklicher ist als ein Sklavenschiff«, und fügte voller Hoffnung hinzu: »An diesem Ort werden sich eines Tages alle Sklavenhändler wiederfinden.«

Falls es jenseits von Eden allerdings ein solches Religionen und Rassen und Generationen übergreifendes ewiges Reich des Bösen geben sollte, dürfte es sich um eine Höhle riesigen Ausmaßes handeln.

Sklavenhandel einst war Menschenhandel, und Menschenhandel heute ist Sklavenhandel. Geändert haben sich die Mittel und die Methoden und gewandelt die Absatzmärkte. Menschenhändler des 21. Jahrhunderts sind global tätig, aber das waren ihre Vorgänger in den Grenzen der damals bekannten Welt auch. Kriminelle Organisationen nutzen für ihre Geschäfte die neueste Technik, so wie auch in den Jahrhunderten zuvor die Sklavenhändler den Fortschritt nutzten. Heute sind es offene Grenzen und Handys und das Internet, einst waren es Kanonen und Segelschiffe. Damals wie heute wurden die Hilfsmittel eingesetzt zu dem gleichen Zweck: reich zu werden durch Ausbeutung des Menschen.

Die heutige Definition der EU-Kommission trifft im Prinzip auch auf die Verbrechen von damals zu: »Menschenhandel ist Rekrutierung, Transport, Transfer, Beherbergung oder Empfang von Personen durch die Androhung von Gewalt oder den Machtmissbrauch zum Zweck der Ausbeutung.«

Sklaven- von Menschenhandel im Wesen zu unterscheiden, würde also die frühere moralische Rechtfertigung des Sklavenhandels, es handle sich bei »Negern« um Tieren ähnliche Wilde, die von der weißen Rasse entsprechend behandelt werden dürften, nachträglich legitimieren und damit die Täter von einst freisprechen. Dass Sklaven keine Menschen sind, wie Vieh auf die Weide getrieben und vor dem Transport mit Brandzeichen ihres Besitzers markiert wurden, zum Beispiel mit RAC, *Royal African Company*, entsprach den Gepflogenheiten des Marktes. Sonst hätte man entlaufenes Vieh nicht wiederfinden können, lautete die Begründung für den Fall, dass es einzelnen Sklaven gelang, auszubrechen und zu entfliehen. Heutige Sklavenhändler, russische, rumänische, bulgarische, albanische, türkische Banden, verpassen ihren Opfern Tattoos auf Brust und Oberarmen, um der kriminellen Konkurrenz im Menschenhandel zu signalisieren: Hände weg, ist fremdes Eigentum.

David Hume, der berühmte schottische Jurist und Historiker, gefeiert als bedeutender Philosoph der Aufklärung, vertrat der herrschenden Moral entsprechend zugleich auch Volkes Stimme. In seinem legendären Essay über den Charakter der Nationen (*Of National Characters*) behauptete er, dass »Neger von Natur aus den Weißen« unterlegen seien, keine Kultur, keine Wissenschaft, keinen Erfindungsgeist besitzen würden und dass in manchen Kolonien wie Jamaika ein Mann schon deshalb als genial gilt, weil er den Wortschatz eines Papageis habe. Heute würde er öffentlich als Rassist gebrandmarkt und von seiner Universität fristlos entlassen.

Zweifellos ein Fortschritt.

Eine Spurensuche in dunkler Vergangenheit ist im Unterschied zu Recherchen in Dunkelfeldern der Jetztzeit ungefährlich. Schandtaten weißer Händler aus Europa, die vierhundert Jahre lang mit der Ware Mensch Geschäfte machten und reich wurden, sind dokumentiert und ebenso zweifelsfrei nachweisbar wie die Versklavung im Land der Freien, in *God's own country*, den Vereinigten Staaten von Amerika. Es hat vom Ende des Amerikanischen Bürgerkriegs 1865 an fast genau hundert Jahre gedauert, bis 1964 durch Lyndon B. Johnsons *Civil Rights* und die Bürgerrechtsbewegung der 1960er-Jahre die Sklaverei nicht nur geächtet, sondern deren Verbot vor Gericht durch- und in der Praxis konsequent umgesetzt wurde.

Die Geschichte der Sklaverei, des Sklavenhandels und der Sklavenhalter in Nordamerika ist bestens erforscht und belegt, Schicksale der Geknechteten und Ermordeten sind beschrieben und verfilmt, von Harriet Beecher Stowes Millionenbestseller *Onkel Toms Hütte* 1852 bis zu Quentin Tarantinos blutigem Film *Django Unchained* 2012, vom legendären gescheiterten Aufstand des Sklaven Nat Turner gegen die Unterdrücker bis zur Fernsehserie *Roots* nach Alex Haleys Roman. Im Amerikanischen Bürgerkrieg von 1861 bis 1865 kämpften die fünfzehn Sklavenstaaten der Konföderation im Süden gegen die Union im Norden, wo Sklaverei verboten war. Etwa vier Millionen »Unfreie« lebten in den Südstaaten, als die Auseinandersetzungen mit den Nordstaaten begannen, an deren Ende 750 000 Soldaten und Zivilisten ihr Leben verloren hatten, weiße wie schwarze.

Angeblich hat der damalige US-Präsident Abraham Lincoln im Weißen Haus Harriet Beecher Stowe mit dem Satz begrüßt, so sehe also die kleine Frau aus, die den großen Krieg ausgelöst habe. Aber vielleicht ist es auch nur eine passend erfundene Anekdote, denn *Onkel Toms Hütte* hat in der amerikanischen Öffentlichkeit erwiesenermaßen mehr ausgelöst als alle Appelle und Aktionen der sogenannten Abolitionisten (abgeleitet von engl. *abolition* = Abschaffung) gegen die Sklaverei. Ihr Buch war eine Art Kampfschrift gegen das Verbrechen namens Sklaverei. Und weil der Roman so viele Menschen bewegte, weil er eine so große Wirkung in der Öffentlichkeit entfaltete, könnte es durchaus stimmen, dass Lincoln die literarische Pfarrerstochter mit genau diesem Satz willkommen hieß.

Mit nur einer Stimme Mehrheit hatte er die entscheidende Abstimmung im Kongress gewonnen, wonach im 13. Zusatzartikel zur Verfassung Sklaverei und Zwangsarbeit grundsätzlich verboten wurden, bindend für all seine Nachfolger im Präsidentenamt. Dass damals ausgerechnet die progressiven Republikaner gegen die reaktionären Demokraten standen, scheint heutzutage, da die Republikaner alle sozialliberalen Gesetzesvorhaben der Demokraten und ihres Präsidenten Barack Obama torpedieren, kaum vorstellbar.

Doch genau so war es. Zur historischen Wahrheit gehört, dass es bereits Ende des 18. Jahrhunderts rund 700 000 Sklaven in den Südstaaten gab und ihre Besitzer auf die Angebote der Sklavenhändler, frische »Ware« aus Afrika zu liefern, nicht mehr angewiesen waren. Die Nachkommen der Verschleppten, in dem Land geboren, in dem ihre Eltern und Großeltern unterdrückt wurden, schufteten für ihre weißen Herren, denn diese hatten sich quasi ihren eigenen Sklavenmarkt herangezüchtet. Auf dem bedienten sie sich je nach Bedarf. Gnadenlos. Rücksichtslos.

So brutal, wie einst die ersten Sklaven vom afrikanischen Kontinent verschleppt und verkauft wurden, so brutal wurden nun ihre Kinder und Kindeskinder gehandelt und ausgebeutet. Stückpreis für »starke Arbeitskräfte«: ungefähr 1000 Dollar (entspricht heute etwa 12 000 Dollar). Die wurden »gepflegt«, indem sie Hütten bekamen zum Wohnen sowie Kleidung und Essen. Lohn gab es nicht, denn lohnen mussten sich Sklaven durch lange Arbeitszeiten auf den Feldern ausschließlich für ihre Herren. Die Investition sollte sich amortisieren. Je besser man die Sklaven behandelte, desto mehr Gewinn ließ sich durch Ausbeutung oder beim Weiterverkauf erzielen.

Bei den Versteigerungen auf den Sklavenmärkten des Südens gab es zuvor, ganz so wie es üblich war bei Viehauktionen, eine jeweils in der örtlichen Zeitung veröffentlichte Preisliste, damit jedermann das Mindestgebot wusste. »One Piece Negro Man named Sam«, etwa 26 Jahre alt, mitsamt seiner Frau Daphne war für 250 Dollar zu haben, also heute etwa 3000 Dollar, die beiden »Negerkinder« Aggy (*girl*) und Nat (*boy*) zusammen bereits für 60.

Doch auch was im Namen Allahs geschah, ist ein *verschleierter Völkermord* – so der Titel eines Buches des senegalesischen Anthropologen Tidiane N'Diaye –, weil der muslimische Sklavenhandel mehr Opfer gefordert haben soll als die geschätzt zwölf Millionen Afrikaner, die von den Kolonialmächten Portugal, Spanien, Frankreich, Niederlande und England versklavt wurden. Die Dunkelziffer beim von Arabern beherrschten Sklavenhandel, der lange vor dem der Europäer im 7. Jahrhundert begann, ist nach Überzeugung aller damit befassten Historiker noch höher. Damals starben viele Opfer schon beim Transport durch die Sahara, bevor sie überhaupt die Küstenhäfen erreichten. Sie marschierten in langen Kolonnen, Holzgabel um den Hals, durch Eisenketten miteinander verbunden, angetrieben von ihren Peinigern, die auf Kamelen neben ihnen ritten. Wer Peitschenhiebe und Strapazen und Durst und Hunger nicht überstand – was vor allem viele Kinder betraf –, blieb sterbend in der Wüste zurück. Eine Beute für Geier und Hyänen.

Über diesen Menschenhandel existieren kaum Dokumente oder gar Statistiken Die wenigen erhaltenen jedoch, schreibt N'Diaye, belegen Schauriges: »Der Vormarsch der Araber wurde für die schwarzen Völker zu einer regelrechten Überlebensfrage. Millionen Afrikaner wurden überfallen, niedergemetzelt, gefangen genommen oder kastriert und unter unmenschlichen Bedingungen karawanenweise quer durch die Sahara oder über den Seeweg in die araboislamische Welt deportiert.« Die Geschichte der Araber, die jahrhundertelang den afrikanischen Kontinent südlich der Sahara plünderten, Koran in der einen, Messer in der anderen Hand, sei geprägt von »erbarmungslosen Grausamkeiten«.

Die meisten Afrikaner, verschleppt aus ihren westafrikanischen Dörfern oder direkt von Häuptlingen und Stammesfürsten an arabische Sklavenhändler verkauft, starben bereits auf dem sechswöchigen Fußmarsch nach Nordafrika. Tote blieben am Wegesrand liegen. Männliche Sklaven, junge wie alte, hatten aber selbst am Ziel, auf den Sklavenmärkten an der Küste –

etwa in Daressalam im heutigen Tansania oder in Mombasa im heutigen Kenia –, von wo aus sie an Kunden in Persien, Indien, dem Osmanischen Reich verschifft wurden, nur geringe Überlebenschancen. Bei den systematischen öffentlichen Kastrationen verbluteten vier von fünf Opfern. Entmannung vor Ablieferung an Endabnehmer war eine USP (*Unique Selling Proposition*) des Geschäftsmodells. Die Sklaven sollten in der Gefangenschaft keine Kinder zeugen können.

Kastration war zwingend vorgeschrieben für die als Haremswächter vorgesehenen künftigen Eunuchen, oft aber auch für Zwangsarbeiter auf den Feldern. Weshalb es auch in arabischen Ländern bis heute keine nennenswerte »schwarze Diaspora« mit möglichen Nachkommen einstiger Sklaven gibt wie in der Karibik, in Lateinamerika, sogar in Indien. Zweite *Unique Selling Proposition* der unter dem Deckmantel des Korans tätigen kriminellen Vereinigungen war die Islamisierung. Treueschwüre auf die Gebote des Propheten retteten zunächst einmal das Leben der Überfallenen, denn Mohammed hatte im Koran die Versklavung von Muslimen verboten. Wer sich weigerte, Muslim zu werden, wurde sofort getötet oder verschleppt. Ähnlich handelten später auch die Christen im Namen ihres Herrn.

Da es in der islamischen Welt nie eine Kulturrevolution wie die Aufklärung gab, blieb dieses finstere Kapitel der eigenen Geschichte unaufgeklärt. Die Hölle sind auch hier stets die anderen. Heute hat das Böse für Afrikaner und Araber einen Namen, auf den sie sich, eigene Schuld totschweigend, geeinigt haben. Es heißt Europa, es heißt Amerika. Schuldig sind beide zwar zweifellos. Aber diejenigen Nachkommen von Adam und Eva, die sich auf den berühmten Propheten berufen, eben auch.

Weil es lange vor der Invasion des Schwarzen Kontinents durch Europäer im 16. Jahrhundert bereits eine blutige Spur des innerafrikanischen Sklavenhandels gab, mussten sich Engländer, Portugiesen, Spanier, Holländer, Franzosen – und selbst Dänen, die vom heutigen Glückstadt an der deutschen Nordseeküste aus lossegelten – die Hände selten selbst blutig machen. Das erledigten die einheimischen Sklavenhalter. Darunter waren Pol-Pot-ähnliche Monster wie der König von Mteza, der laut Überlieferung schon mal ein paar hundert Sklaven an seinem Hof köpfen ließ, weil es ihm langweilig geworden war. Solche Gräuel waren dennoch die Ausnahmen. Dagegen gibt es für die von Arabern und Europäern begangenen Grausamkeiten im transatlantischen Sklavenhandel zahlreiche Beispiele.

Europäische Menschenhändler tauschten in Westafrika vor Ort ihre mitgebrachten Waffen, Stoffe, Glasperlen, Schnapsfässer gegen die »Ware« Sklaven ein, transportierten diese zu ihren Geschäftspartnern in der Karibik und in Südamerika, erhielten von denen, was deren Zwangsarbeiter auf Plantagen und Feldern erwirtschaftet hatten – also Tabak, Zucker, Baumwolle –, brachten diese Ladung zurück nach Europa und verkauften sie dort meistbietend. Unter damals als ehrbar geltenden Kaufleuten wurde dieses Modell des Welthandels als Triangel bezeichnet, als Dreieckshandel zwischen Europa, Afrika, Karibik/Südamerika. Trotz des auf See naturgemäß vorhandenen Risikos, dass die Schiffe mitsamt der Ladung Mensch untergehen konnten, versprach die Strategie im Normalfall dank Gottes gütiger Fügung und günstiger Winde gewaltige Gewinne.

Bau und Ausrüstung eines Segelschiffs kosteten etwa 10 000 Pfund, was heute etwa 550 000 britischen Pfund entspricht. Aufgebracht nicht allein von vermögenden Reedern und reichen Kaufleuten, sondern oft auch von einem Anlegerkonsortium, zu dem Tischler, Bäcker, Metzger, Schuster als »Kleinaktionäre« gehörten. Ein Schiff hielt etwa zehn Jahre, schaffte dreißig bis vierzig Atlantiküberquerungen, bevor es abgewrackt werden musste.

Statt Glasperlen und Schnaps verlangten die auf den Geschmack gekommenen Verkäufer, darunter Häuptlinge und Könige aus dem Inneren Afrikas, die ihre Leibeigenen verscherbelten, zunehmend feine Tücher oder Gewehre fürs gegenseitige Abschlachten. Dennoch blieb es für die Händler aus Portugal, Spanien, Frankreich, Holland und England ein einträgliches Geschäft. John Cole und Kompagnons aus Liverpool, die den Bau der »African« finanziert hatten, amortisierten zum Beispiel im September 1794 bei »Sales of 268 Negro Slaves« in Jamaika bereits mit einer einzigen Ladung fast ihre gesamten Investitionen.

Die Abrechnung eines britischen Schiffskapitäns namens Thomas Trader, unterschrieben unter dem Vorbehalt möglicher Irrtümer vom Hafenmeister in Kingston, entspricht der im Warenhandel üblichen. Mit dem Unterschied, dass es sich bei der Ware hier um Menschen handelte. Aufgelistet sind: 112 Männer, 30 Frauen, 85 Knaben, 41 Mädchen. Gesamterlös bei der Versteigerung: 9082 Pfund. Abzüglich 951 Pfund als Heuer für Kapitän und Besatzung, Verpflegung, Einfuhrsteuer in Kingston usw. verblieben für die Eigner exakt 8130 Pfund.

Verglichen damit geht es beim *Trafficking in Human Beings*, abgekürzt THB, wie Menschenhandel in der internationalen polizeilichen Umgangssprache heute genannt wird, nachgerade menschlich zu. Zwar werfen immer wieder Menschenschmuggler ihre Fracht über Bord, wenn sie auf dem Weg von Afrika nach Spanien oder Italien von der Küstenwache entdeckt werden. Zwar gehen immer wieder überladene Schiffe im Meer unter, wobei sich die Schleuser rechtzeitig auf ihren eigenen schnellen Booten in Sicherheit bringen. Aber damit sich die Geschäfte auch auszahlen, werden beim grenzüberschreitenden Handel, zu Lande, zu Wasser, in der Luft, Menschen so behandelt, dass sie möglichst lange Rendite bringen. Tote sind tote Ware.

Für heutige Generationen, erst recht für die Generation Facebook, wird große Geschichte am besten nachvollziehbar durch kleine Geschichten über einzelne Menschen. In Liverpool, für den Sklavenhandel der wichtigste europäische Umschlagplatz, über den 75 Prozent der Geschäfte abgewickelt wurden, wobei von den geschätzt rund 1,5 Millionen Verschleppten etwa 150 000 auf der Reise von oder zur Hafenstadt im Nordwesten Englands starben, sind ihre Geschichten erlebbar in einem Backsteingebäude am Albert Dock. »WE ARE SETTING THE TRUTH FREE« steht am *National Museum* zwischen von Ketten befreiten Fäusten in riesigen schwarzen Lettern auf gelbem Untergrund. Im *International Slavery Museum* im dritten Stock werden die Lebensläufe derer verlesen, die einst in Ketten lagen und von Liverpool aus übers Meer in die Sklaverei transportiert oder die hier ausgespuckt wurden, um verkauft zu werden. Ihr Schicksal belegt, wodurch die Stadt einst reich und mächtig wurde – durch Menschenhandel.

Liverpool erblühte zur Metropole des Sklavenhandels, übertrumpfte die beiden Hafenstädte Bristol und London und dominierte mit rund fünftausend Sklaventransporten auch die auf dem Kontinent – Amsterdam und Rotterdam in den Niederlanden, Nantes und Bordeaux in Frankreich, Lissabon und Porto in Portugal, Barcelona und Cádiz in Spanien.

Liverpools unrühmliche Geschichte begann beim Auslaufen der »Liverpool Merchant« am 3. Oktober 1699. Ziel war zunächst Nordafrika, wo für die anfangs üblichen Glasperlen, Stoffe und Schnapsfässer 220 Männer und Frauen eingetauscht und zur Arbeit auf einer Zuckerrohrplantage nach Barbados transportiert wurden, das im Lauf des folgenden Jahrhunderts wie Jamaika, Grenada, Trinidad oder die Bermudas zu den westindischen Kolonien des British Empire gehörte. Pro Mensch gab es an Bord nicht mal einen halben Quadratmeter Platz. Gehandelt wurde zum Stückpreis. Ein »Stück« Mann im besten Alter zwischen 30 und 35 erbrachte den »Merchant«-Besitzern etwa 18 Pfund. In den folgenden Jahrzehnten stiegen die »Stückpreise Mensch«, bis am Ende des offiziellen Sklavenhandelszeitalters fast 90 Pfund verlangt werden konnten. Die Nachfrage aus den westindischen Kolonien und denen der Krone in Nordamerika machte die Verkäufer reich, Skrupel kannten die gottesfürchtigen Christen nicht. Wer die Bedingungen während der wochenlangen Überfahrt bei Wasser und Brot nicht aushielt und starb, wurde einfach über Bord gekippt. Manchmal wurden Männer, Frauen, Kinder von der Crew auch lebend den Haien vorgeworfen – nur so zum Zeitvertreib.

Die anfangs siebzehnköpfige Crew der »Zong« zum Beispiel, unterwegs im Auftrag eines Syndikats ehrbarer Kaufleute, ertränkte 122 Afrikaner von den 442 an Bord zusammengepferchten Sklaven im Meer. Die genaue Zahl ist deshalb bekannt, weil die später eine wesentliche Rolle bei einer Gerichtsverhandlung spielen sollte. Grund für die Aktion, sagten zwei Matrosen aus, deren Aussagen im *International Slavery Museum* dokumentiert sind, sei akuter Wassermangel gewesen. Es habe einfach nicht für alle gereicht. Der Verbrauch musste reduziert werden, um die Heimat zu erreichen. Zudem lag das Schiff mit seiner menschlichen Ware vor der Karibikinsel Saint Thomas auf Grund.

Zunächst ließ man am 29. November 1781 54 Frauen und Kinder ertrinken, deren verzweifelte Schreie – auch dies durch Aussagen belegt – die Mannschaft nicht weiter störten. An den folgenden Tagen jagte die Crew so lange Männer über Bord, bis das Schiff wieder flott war und lossegeln konnte. Nach der Rückkehr in Liverpool wurden nicht etwa Kapitän Luke Collingwood und die Eigner der »Zong« verklagt, sondern die Versicherung, weil sie sich weigerte, die laut Vertrag festgeschriebene Schadenssumme von 8000 Pfund bei Verlust der Ware auszubezahlen. Die Jury entschied zugunsten der Sklavenhändler, weil es ihrer Überzeugung nach keinen Unterschied mache, ob man kranke Tiere über Bord werfe oder kranke »Neger«, wenn es darum ging, das eigene weiße Leben zu retten. Auch die Berufung der Versicherung, der es aber ausschließlich um ihr Geld ging und nicht etwa um den kaltblütigen Mord an 122 Menschen, gegen diese Entscheidung scheiterte.

Immerhin bestärkten der Fall und das Urteil die Abolitionisten im Kampf gegen den staatlich sanktionierten Menschenhandel, bis es ihnen 1807 gelang, dass Sklavenhandel in England per Gesetz verboten wurde – Jahrzehnte früher als in anderen Ländern. Aber mit dem Verbot in den eigenen Kolonien in Amerika ließ sich die Regierung noch Zeit bis 1833. Die Besitzer der Sklaven bekamen nach dem *Slavery Abolition Act*, dem Gesetz zur Aufhebung der Sklaverei, eine Entschädigung von insgesamt zwanzig Millionen Pfund (umgerechnet heute etwa eine Milliarde Pfund), weil ihnen mit der Abschaffung schließlich ja ihr Eigentum verloren ging. Die Sklaven erhielten nichts. Nur ihre Freiheit. Wenigstens wurde auf Befehl der Regierung das Verbot rigoros durchgesetzt. Ein »Westafrika-Geschwader« der Royal Navy jagte fortan Sklavenhändler und brachte deren Schiffe auf. Insgesamt sollen bei diesen Aktionen 150 000 Sklaven befreit worden sein, bevor sie verkauft werden konnten.

Von einem der letzten Sklavenhändler, der sich nicht um

das Verbot scherte, berichtet Hugh Thomas in seinem Standardwerk *The Slave Trade*: Noch 1850 brachte der zum Marquis ernannte spanische Sklavenhändler Julian Zulueta auf Dampfschiffen, beladen mit jetzt schon tausend Mann pro Transport, seine im heutigen Angola erworbene »Ware« auf seine Zuckerrohrplantagen nach Kuba. Weil er sie dort bei Kräften und lebend brauchte, ließ er sie vor der Überfahrt impfen und, weil der Spanier zudem ein gottesfürchtiger Katholik war, auch taufen. Damit sie im Todesfall nicht als Heiden vor Gott treten mussten.

Gegenüber dem *International Slavery Museum*, auf der anderen Seite der Mündung des Mersey, im historischen Teil der Hafenstadt an der Irischen See, wo Liverpudlians ihre Fußballvereine FC Everton und FC Liverpool singend in die Schlachten gegen die neureichen Klubs aus London und Manchester schicken, haben die Beatles eine kleine Straße so besungen, dass sie unsterblich wurde: Penny Lane. Weltweit kann eine Generation, die einst glaubte, »forever young« zu sein, auch im Alter noch jede Strophe auswendig mitsingen: »Penny Lane is in my ears and in my eyes / A four of fish and finger pies / In summer meanwhile back.«

»Penny« verewigt hier in einem Straßennamen nicht etwa die kleine Münze für den Alltag der kleinen Leute, den Bruchteil des Pfunds, das in Zeiten, da Britannia die Meere beherrschte, gültige Weltwährung war. Sondern einen der mal reichsten Sklavenhändler der Stadt. James Penny, der ebenfalls seit 1799 in jener von mir erträumten Hölle schmoren müsste, falls es nach dem Tod Gerechtigkeit geben sollte, war das angesehene Mitglied einer Vereinigung von Kaufleuten, die mit schwarzen Menschen handelten, als wäre dies ein ganz normales Warentermingeschäft. Selbstverständlich machte James Penny, wie seine Kompagnons, in kurzer Zeit ein Vermögen. Was als unternehmerische Leistung auf einem international umkämpften Markt anerkannt wurde.

Wenn auch nicht von allen: Als zum Beispiel ein – allerdings betrunkener – Schauspieler namens George Cook, dem kein Beifall zuteil geworden war, von der Bühne herab brüllte, er habe es nun weiß Gott nicht nötig, sich von einer Bande von Schurken beleidigen zu lassen, in deren höllischer Stadt »jeder Stein mit dem Blut eines Afrikaners« verarbeitet worden sei, buhten und pfiffen ihn die Bürger aus dem Saal.

James Penny wetterte im Namen aller Händler 1788 im britischen Oberhaus, als dort die erste Debatte über die Abschaffung des Sklavenhandels stattfand, gegen die Abolitionisten. An deren Spitze in der *Society for Effecting the Abolition* engagierte sich neben den Gründern Thomas Clarkson, Granville Sharp und William Wilberforce ein ebenso angesehener Bürger wie Penny, und auch der kam aus Liverpool, wie das *Slavery Museum* dokumentiert – William Roscoe. Als Abgeordneter der Stadt ins britische Parlament gewählt. Ein weltfremder Gutmensch im Namen Gottes, den die gottesfürchtigen Penny & Co. bislang fest auf ihrer Seite glaubten. Roscoe hatte jedoch mit seinem Programm als Abolitionist die Abgeordnetenwahl für sich entschieden. Offenbar war das Geschäft mit Menschen den wahlberechtigten besseren Kreisen der Hafenstadt peinlich geworden.

Nicht nur dort.

Von den 50 000 Einwohnern der aufstrebenden Industriemetropole Manchester unterschrieben im Oktober 1787 10 700 die Forderung, Sklavenhandel zu verbieten. Quäker schickten ihre besten Redner durchs Land, die vor vollen Kirchen gegen die Sklaverei anpredigten. Ihre Glaubensbrüder in ehemaligen britischen Kolonien, seit 1776 als Vereinigte Staaten von Amerika, Land der Freien, von England befreit, zum Beispiel in Philadelphia, wetterten ebenso gegen den »Negro Trade«. Sie handelten so, wie heutzutage Lobbyisten handeln würden, um ein Gesetz durchs Parlament zu bringen. Drohten mit den Stimmen ihrer Anhänger, die bei Wahlen entscheiden würden, wer von den Kandidaten ins britische Parlament einzieht und wer nicht. Mehr als siebenhundert Petitionen beschäftigten mal das Unterhaus. Gesteuert von den Quäkern, unterstützt von der Institution namens *Times*, gewannen die Gegner des Sklavenhandels die entscheidende Abstimmung im März 1807 schließlich mit einer deutlichen Mehrheit von 283 zu 16.

Für Penny waren Roscoe, Wilberforce, Sharp, Clarkson und ihre Anhänger nicht nur Gegner seiner Geschäfte und blind gegenüber den immensen Möglichkeiten, reich zu werden. Sondern, schlimmer noch, sogar Vaterlandsverräter, eine Gefahr fürs Königreich und dessen Stellung in der Welt, so etwas wie Agenten der mit England in Wirtschaft und Politik konkurrierenden großen Kolonialmächte. Bei Sklaventransporten mit den ersteigerten Männern, Frauen, Kindern von Afrika zu den westindischen Kolonien, so meinte der ehrbare Kaufmann James Penny bei einer Anhörung, habe er nur jeden zwölften der »Passagiere« verloren. Die Quote hielt er für angemessen. Andere Händler hätten höhere Verlustzahlen.

Die »anderen« waren Franzosen, Niederländer, Spanier, Portugiesen. Schlagkräftiger als die Beschreibung seines fürsorglichen Handels mit der wertvollen Ware erschien Penny das Argument, dass dem durch den Sklavenhandel erreichten rasanten Aufstieg von Liverpool, dessen Rat er angehörte, zu einer der reichsten Städte des Königreichs bei einem entsprechenden Gesetz ein ebenso rasanter Absturz in die Bedeutungslosigkeit folgen würde. Dass sich die anderen, also die auf dem Kontinent, darüber ins Fäustchen lachen würden.

Sklavenhandel funktionierte nach Gesetzen der Marktwirtschaft. Die Nachfrage bestimmte das Angebot, und günstige Angebote erhöhten die Nachfrage. Eine Ankündigung im *Williamson Liverpool Adviser* aus dem Jahr 1756 lockte potenzielle Kunden für eine Versteigerung verschiedenster Waren pünktlich um 13 Uhr mit der Vielfalt der Angebote: »Zwölf Fässchen mit Feigenschnaps, zwei Kisten mit Cidre in Flaschen, sechs Sack Mehl, drei männliche Neger, zwei weibliche Neger, zwei Negerknaben und ein Negermädchen«.

Vom Rohstoff Mensch gab es ausreichend Material in Afrika. Die Quellen schienen unerschöpflich zu sein, und dementsprechend niedrig blieben die Marktpreise. Für Glasperlen, Gewehre und Tücher ließen sich Sippen und Familien eintauschen und dann, Kinder getrennt von den Eltern, je nach Gebot der sie prüfenden Zwischenhändler teuer weiterverkaufen. Die Gefangenen wurden deshalb vor einer Versteigerung gewaschen, geschoren, eingesalbt, ihr nacktes Fleisch wurde präsentiert, um Käufer anzulocken. Interessenten schauten ihnen in den Mund, kniffen sie in Schenkel und Arme, prüften so die Stärke der Muskeln.

Afrikanerinnen, die sich verweigerten, ließen ihre Besitzer zur Strafe an einen Ast hängen und auspeitschen. Männer, die Widerstand leisteten, bezahlten mit dem Leben. Andere Gefangene wurden unter Androhung, bei Verweigerung dieses Schicksal zu teilen, von den weißen Herren gezwungen, jene totzuschlagen. Ihre Skelette baumelten zur Abschreckung von Nachkommenden noch lange an den Bäumen.

Die heutigen Menschenhändler handeln in dieser Tradition, wenn sie vor den Augen anderer verschleppter Frauen ein Mädchen zur Strafe für einen Fluchtversuch in die Bewusstlosigkeit prügeln und es anschließend ohne Wasser und Nahrung in ein Kellerloch sperren. Solche Tribunale gab es auch während der Sklavenzeit. An den Methoden, Angst und Schrecken zu verbreiten, um alle Gedanken an Widerstand zu ersticken, hat sich im Prinzip nicht viel geändert. Eigentlich gar nichts.

Aktenkundig ist ein Verbrechen, das vor einigen Jahren passierte, im 21. Jahrhundert. Von der Abteilung Gewalttäter, die es in allen organisierten Banden gibt, wurde ein willkürlich ausgewähltes junges Mädchen zu Tode gefoltert, um den zum Zusehen gezwungenen Frauen zu demonstrieren, was ihnen droht, falls sie zu fliehen versuchen. Belegbar ist nur einziger solcher Fall. Unter den Strafverfolgern, die ich befragte, gibt sich aber niemand der wenigstens tröstlichen Illusion hin, dass es nur diesen einen Fall gegeben hat.

Beliebt bei den Plantagenbesitzern in der Karibik, später auch bei denen in den amerikanischen Südstaaten, war der blutige Zeitvertreib, die stärksten ihrer Sklaven mit bloßen Fäusten so lange gegeneinander kämpfen zu lassen, bis einer tot zu ihren Füßen lag. Der Besitzer des Siegers sammelte die Wetteinsätze ein.

Da geht es im heutigen Menschenhandel humaner zu.

Zwar ist die Prozedur bei Versteigerungen von Mädchen aus Osteuropa entwürdigend, auch sie müssen sich wie einst die Sklaven und Sklavinnen nackt ausziehen und sich begrapschen lassen, bevor sie in die Türkei und nach Serbien, nach Ungarn und Tschechien, nach Frankreich und Italien, nach Holland und Deutschland, in die Golfstaaten, nach Korea und Japan verkauft werden. Junge Frauen, die sich wehren, werden so lange vergewaltigt, bis ihr Widerstand gebrochen ist. Aber nicht umgebracht. Weil sie nur lebend nützlich sind.

Übrigens gab es auch ein kurzes deutsches Kapitel im historischen Sklavenhandel. Brandenburg-Preußen war von 1682 bis 1720 daran in Afrika beteiligt, wenn auch in Größe und Dimension nicht vergleichbar mit den Menschenhandelsnationen England, Holland, Spanien. Eine eigens gegründete *Bran-*

denburgisch-Afrikanische Compagnie (BAC) hatte beim Geschäft knapp drei Jahrzehnte mitgemischt. Ausgangspunkt war der Hafen von Emden, Hauptumschlagplatz das Fort Groß Friedrichsburg im heutigen Ghana. Von dort waren 1683 die ersten »Mohren« nach Berlin gelangt, sie waren damit die ersten dunkelhäutigen Menschen auf brandenburgisch-preußischem Territorium. Friedrich Wilhelm I. hat 1720 das afrikanische Abenteuer beendet, wobei nach Schätzungen von Historikern von den rund 30 000 zur dänischen Karibikinsel Saint Thomas transportierten Sklaven nur 18 000 dort auch lebend ankamen.

Der Soldatenkönig verkaufte die afrikanischen Besitzungen und Forts für unter anderem »12 Negerknaben« an die Niederländisch-Westindische Compagnie. Die zwölf Afrikaner steckte er als Militärmusiker in seine Armee. Sie und weitere später verschleppte Afrikaner lebten in einer eigenen Kaserne in der heutigen Mohrenstraße – daher der Name – in Berlin-Mitte.

Die Briten übten nach der Parlamentsentscheidung gegen den Sklavenhandel Druck auf die anderen Nationen aus. Eher nicht aus moralischen Beweggründen, wie sie die aufrechten Abolitionisten verkörperten, sondern weil sie vielmehr wirtschaftliche Nachteile befürchteten. Denn der Sklavenhandel erbrachte nach wie vor hohe Renditen. Ihre Verwandten in den Vereinigten Staaten beschlossen zwar zeitgleich die Abschaffung, was aber, wie die Geschichte beweist, nur auf dem Papier stand.

Seit der Unabhängigkeitserklärung von 1776 gab es mit dem feierlichen Versprechen in der Verfassung, alle Menschen seien gleich und hätten ein unveräußerliches Recht auf *the pursuit of happiness*, eine bindende moralische Verpflichtung. Die Plantagenbesitzer im Süden der USA scherten sich jedoch den Teufel darum. Sklaven waren privates Eigentum, gingen den Staat deshalb nichts an. Konnten verkauft, vermietet oder gar vererbt werden. Wer ihren Leibeigenen zur Flucht in den sklavenfreien Norden verhalf, wurde angeklagt und verurteilt wegen Menschenraubs und hingerichtet, falls es sich nicht um weiße, sondern um schwarze Fluchthelfer handelte.

Dennoch schafften es Tausende, Sklavenhändlern und Kopfgeldjägern zu entkommen. Harriet Tubman, die einst entflohene Sklavin, heute auf Gedenktafeln als Heldin geehrt, organisierte damals Befreiungsaktionen und half bei der Flucht vieler Sklaven über die Grenze in den sicheren Norden. Sie wurde nie gefasst.

Das Königreich der Niederlande folgte bald dem Trend der Zeit, nachdem beim Wiener Kongress 1815 von allen europäischen Kolonialmächten feierlich das Ende des Sklavenhandels beschworen worden war. Frankreich wie auch Spanien und Portugal ließen sich mit der praktischen Umsetzung des Konferenzbeschlusses von Wien Zeit bis Mitte des 19. Jahrhunderts. Brasilien, seit 1822 unabhängig, das mehr als alle anderen Länder die billige menschliche Ware für seine Plantagen brauchte, wehrte sich noch länger gegen das Verbot. Erst 1885 wurde dort ein entsprechendes Gesetz erlassen.

Seitdem existiert Sklavenhandel auf der Welt offiziell nicht mehr.

Aber Menschenhandel heute ist nichts anderes als Sklavenhandel in moderner Form. Ob albanische und serbische und tschetschenische Männerbanden brutaler mit jungen Frauen umgehen als die ukrainische und russische und türkische Mafia beim Verkauf von Mädchen bei Auktionen in Kiew und Moskau und Istanbul, ob chinesische Triaden mit Zwangsarbeitern mehr verdienen als die italienische Camorra mit Drogen und gefälschten Arzneimitteln, ob kriminelle Vereinigungen aus Bulgarien, Rumänien, Polen, Ungarn, Moldawien,

Tschechien, Slowakei mit dem Verkauf von Haussklaven und Roma-Kindern höhere Renditen erzielen als die Syndikate in Nigeria, Ghana, Burkina Faso unter Mithilfe von Polizisten, Familienclans, Voodoo-Priestern mit »Frischfleisch« für Bordelle in Deutschland, Holland oder Italien, ist wesentlich für die Strategien der amerikanischen DEA (*Drug Enforcement Administration*) oder von EUROPOL, für die Einsatzkommandos der britischen *National Crime Agency* (früher SOCA = *Serious Organised Crime Agency*) oder die der Bundespolizei, für die Cyber Cops des Bundeskriminalamts oder die italienischen Mafiajäger von der Gruppo di Intervento Speciale. Aber die Opfer zahlten und zahlen mit geschundenen Körpern, gebrochenen Seelen und viele mit ihrem Leben.

Wesentliches jedoch unterscheidet den damaligen vom heutigen Handel mit der Ware Mensch. Die modernen Sklavenhändler werden als Verbrecher gejagt und nicht als ehrbare Kaufleute bewundert. Allerdings zu selten gefasst. Indizien und Spuren ihrer Verbrechen gibt es zwar, doch für eine Verurteilung vor einem ordentlichen Gericht brauchen die Ermittler vor allem Zeugen. Die sind dazu meist nicht bereit aus Angst um ihr eigenes Leben und um das ihrer Familien, die von den Tätern bedroht werden für den Fall, dass die Zeugen gegen sie selbst aussagen. Aus Angst aber auch vor Uniformierten. Denn in vielen Ländern, aus denen die Opfer einst voller Illusionen aufbrachen, sind korrupte Polizei und korrupte Justiz die besten – und von den Menschenhändlern bestens bezahlte – Helfer der kriminellen Organisationen.

Menschenhändler müssten wie internationale Terroristen bekämpft werden, mit allen erlaubten Mitteln, und angesichts der Not ihrer Opfer manchmal wohl auch mit den unerlaubten. Wenn es um Terrorismus geht, hat sich die internationale Gemeinschaft bis auf wenige Outlaws darauf verständigt, gesuchte Extremisten zu jagen und sie, tot oder lebendig, für immer aus dem Verkehr zu ziehen.

Gibt es eine vergleichbare gemeinsame Strategie gegen das *Trafficking in Human Beings*, gegen kriminelle Vereinigungen der Menschenhändler, organisiert wie global agierende Konzerne? Wer beherrscht den Markt Europa und den in Deutschland? Sind die Guten gut gerüstet, um wirksam die Bösen zu bekämpfen?

Das müsste sich ermitteln lassen.

KAPITEL 2

Global Player: Menschenhändler

Der Amerikaner ist vom Department of Homeland Security in Washington zu EUROPOL in Den Haag zu seinen entfernten nahen Verwandten geschickt worden. Die Cousinen und Cousins tagen dort, um über Menschenhandel zu diskutieren. Ein krimineller Weltkonzern namens *Trafficking in Human Beings* bedroht die ganze Familie. Auf Basis von Analysen wollen sie beraten, wie nationale Erfahrungen sinnvoll in eine internationale Strategie eingebunden werden können. Was Strategie betrifft, sind die Gegner hoch motiviert und taktisch gerüstet auf dem neuesten Stand der Technik.

In den vergangenen Jahren musste deshalb EUROPOL seine Einsatzpläne stets nach überraschend neuen Schlachtordnungen der feindlichen Heerscharen aktualisieren. Die Globalisierung der legalen Wirtschaft eröffnet gleichermaßen kriminellen Organisationen weltweit Freihandelszonen für illegale Geschäfte. Selbstverständlich hatte EUROPOL-Direktor Rob Wainwright nicht von feindlichen Heeren gesprochen, als er mir das Lagebild gewisser Nationen in Europa aufzeichnete. Es ist aber tatsächlich ein Krieg gegen das Verbrechen, der unter Leitung des Briten koordiniert und parallel an vielen Grenzen, in vielen Dunkelfeldern und in vielen Ländern geführt wird, und Rob Wainwright ist sich der Verantwortung als Pionier in diesen Auseinandersetzungen bewusst.

Doch die Bezeichnung »Krieg« verbietet sich ihm schon wegen der blutigen Völkerkriege in der Geschichte Europas. »Kampf« lautet der adäquate Begriff. Die europäische Polizeibehörde hat in diesem Kampf eine entscheidende Rolle als die Spinne im Netz, in dem sich die Bösen verfangen sollen, weil EUROPOL alle wesentlichen kriminellen Vereinigungen auf dem Radarschirm und somit den besten Überblick hat, weil alle Erkenntnisse, Analysen, Namen, Spuren im hauseigenen Elektronenhirn oder den Gehirnen ihrer Spezialisten gespeichert sind.

Das organisierte Verbrechen gefährdet nicht nur die Staaten, aus denen die Ware Mensch stammt, weil die Starken und die Jungen freiwillig oder gezwungen das Land verlassen und eine Generation für den Aufbau einer Zivilgesellschaft ausfällt. Sondern auch die Transitländer, weil sich auf den Transportrouten eine gewinnträchtige Schattenwirtschaft im Untergrund etabliert hat. Und die bedroht dann die demokratische Kultur in Zielländern, weil Angst vor Kriminalität die bürgerliche Gesellschaft anfällig macht für die »Ausländer raus!«-Parolen fremdenfeindlicher Populisten.

Zwangsprostitution, Zwangsarbeit, Scheinehen, Haussklaven, Organhandel, Zwangsadoptionen: *Trafficking in Human Beings* beginnt nicht mehr wie zu Zeiten des Kalten Krieges, als Europa geteilt war und die Grenzen zwischen Ost und West todsicher bewacht wurden, in Afrika, in Asien oder in Lateinamerika, dominiert von nationalen ethnischen Gruppen. Die Insolvenz des Ostblocks, die Verschrottung des Eisernen Vorhangs, die Grenzen überschreitende Einheit Europas und insbesondere die Globalisierung der Wirtschaft verschafften auch den Gesetzlosen grenzenlose Freiheiten, neue Wachstumsmärkte und in denen internationale Kooperationen. Regionale Banden stiegen im Handel mit Drogen, Waffen, Menschen, gefälschten Arzneimitteln auf in die Weltliga der Kriminalität.

Es wuchs in kriminellen Organisationen zusammen, was sich zuvor im Kampf um Marktherrschaft bekriegt hatte, im Schattenreich der Bösen aber in seinen Zielen immer schon zusammengehörte. Ein *Multi Crime Inc.*, die besonderen Fähigkeiten einzelner Syndikate zum Nutzen aller kriminellen Vereinigungen auf der ganzen Welt einsetzend: chinesische Triaden, japanische Yakuza, kolumbianische Drogenkartelle, italienische 'Ndrangheta, russische Mafiosi, deutsche Rockergangs, nigerianische Voodoo-Banden, türkische Graue Wölfe usw.

Weil sie ihre Kräfte konzentrieren, zum Beispiel auf den klassischen Handelsrouten des Rauschgifts auch Waffen und Menschen transportieren und diese wiederum als Drogenkuriere einsetzen, sind sie international nur dann wirksam zu bekämpfen, wenn die Strafverfolgungsbehörden ihre Kräfte und die Fähigkeiten ihrer Spezialisten ebenfalls global organisieren.

Deshalb ist eine Konferenz wie die heutige vergleichbar mit einem Brainstorming der Besten in einem Unternehmen, das auf dem Markt von Konkurrenten attackiert wird. Auch ein Begriff wie *Crowdfunding* würde als Zielvorgabe passen – Ideen der Besten zu sammeln, die dann in einem gemeinsamen Pilotprojekt umgesetzt werden. Der Amerikaner soll die Strategie der Europäer gegen Menschenhändler anhand konkreter Beispiele kennenlernen, denn das Heimatschutzministerium will mit neuen Informationen über Menschenschmuggler auch die CIA und das FBI füttern. Die Europäer wollen erfahren, was ihnen taktisch weiterhilft, denn Strategen des Gegners hatten auf neue Strategien gegen OK-Vereinigungen noch stets eine Antwort parat gehabt. Das belegen ihre steigenden Umsätze im *Global Criminal Business*.

Beispiel Italien: Den dortigen Markt beherrschen gemeinsam Albaner, Rumänen, Russen, Nigerianer und Chinesen. Die Triaden in der Organisation sind führend im Transport von chinesischen Arbeitern zu Sweatshops, Textilfabriken in der Toskana. Die menschenunwürdigen Zustände in den dort geschätzt 3700 Nähfabriken sind bekannt. Ungefähr 35 000 chinesische Arbeitssklaven stellen dort, 18 Stunden am Tag bei einem Stundenlohn von einem Euro, Billigklamotten her. Ihre Besitzer verdienen Milliarden.

Aber es änderte sich nichts, bis im Dezember 2013 sieben Menschen, die in Gipskartons hausten, bei einem Brand in der Firma Teresa Moda in Prato ums Leben kamen. Aufgrund der öffentlichen Empörung versprach die Stadtpolizei, endlich durchzugreifen, und sogar die chinesische Konsulin in Florenz prangerte die Schande im Namen Chinas an. Triaden bieten ihre Spediteure auch im Frauenhandel an, wofür sie dann beim Schmuggel von Arbeitssklaven durch Albanien oder Rumänien auf die logistische Unterstützung der dort ansässigen Banden zählen dürfen. Im Hintergrund agierende Anführer organisieren die Lieferung von Männern oder Frauen vom Ursprungsland nach Italien.

Viele der übers Mittelmeer nach Europa geschmuggelten Frauen aus Schwarzafrika werden nach der Ankunft regelrecht versteigert. Wie Tiere auf dem Viehmarkt, wie ihre Vorfahren auf den Sklavenmärkten des 19. Jahrhunderts. Auktionen, die im Verborgenen stattfinden in Athen oder Istanbul oder Prag, sind von Männern dominiert. In Italien, dem Hauptzielland, herrscht Gleichberechtigung. Frauen, die Frauen versklaven, »Madames« genannt, selbst mal verkauft als Sexsklavinnen, irgendwann aufgestiegen in der kriminellen Hierarchie, organisieren den Schmuggel von Schwarzafrika nach Westeuropa und steuern dann den Handel. Ihre Methoden haben sie denen der Männer angepasst: Erpressung. Prügel, Ausbeutung. Das hat Tradition in dem Land, aus dem sie und ihre Opfer stammen.

Ein eigenes Geschäftsmodell haben sich Rumänen einfallen lassen: Sie verkaufen die von ihnen aus Osteuropa gelieferten Frauen nicht nur an Bordelle oder direkt an Zuhälter, sondern vermieten sie auf Zeit und lassen sich prozentual an den Einnahmen beteiligen. Falls Nachschub verlangt wird, transportieren sie die Frauen ins nächste EU-Land, wo sie als frischer Import angeboten werden. Von Kriminalisten wird das »mobile Prostitution« genannt.

Türkische Bordelle, in die von einschlägigen Reisebüros regelmäßig zum Beispiel Kegelvereine aus Skandinavien eingeflogen werden, sind berüchtigt, weil in denen Prostituierte besonders unwürdig behandelt werden. Die grundsätzliche, durch den Koran gestützte Missachtung der Frau als dem Manne untertäniges Wesen macht das schamlose Geschäft moralisch sogar noch vertretbar.

Auch in den Vereinigten Staaten von Amerika sind die Händler auf Frischfleisch angewiesen, weil ihre Kunden andernfalls zur Konkurrenz überlaufen. Prostitution ist zwar verboten, Bordelle außer im Bundesstaat Nevada auch, aber der Schwarzmarkt blüht in Sportklubs, Privatwohnungen, Escort Services, Hotels. Frauen reisen mit einem Touristenvisum ein, werden von speziellen Reiseführern der Organisatoren am Flugplatz abgeholt und direkt zur Arbeit gefahren. Bevor ihre Visa abgelaufen sind, verlassen sie das Land wieder. Bis zum nächsten Trip. Die bestens organisierte Mafia mit Firmensitzen in Miami, New York, Chicago und Las Vegas betreibt Callgirl-Ringe entweder in Eigenregie oder als Franchiseunternehmen.

Prostitution ist in den USA aber anders als in Europa nicht

das Kerngeschäft der Trafficker. Schmuggel illegaler Einwanderer bei Kopfpreisen von 3000 bis zu 35 000 Dollar, je nach Handelsweg aus dem nahen Lateinamerika oder dem fernen Asien, ist ein ertragreicheres Business. Die Methoden der Schleuser, von der »Ernte« bis zur Lieferung durchorganisiert mit frei schaffenden Rekrutierern, Transporteuren, Auslieferern, gleichen denen der europäischen Menschenhändler. Über die mexikanisch-amerikanische Grenze werden trotz bewachter stählerner Zäune Tausende von Illegalen ins Land geschleust. Sie sind begehrt auf dem illegalen Arbeitsmarkt, weil sie für Hungerlöhne in der Landwirtschaft oder in privaten Haushalten schuften, keine Sozialabgaben kosten, sich selten beschweren oder die Einwanderungsbehörden informieren. Selbst unter sklavenähnlichen Bedingungen haben sie in den Vereinigten Staaten noch ein besseres Leben als in ihren von Armut, Gewalt und Korruption geprägten Heimatländern Mexiko, Haiti, Puerto Rico usw.

Bezahlen müssen sie übrigens vor Antritt der Reise. Im Land der Freien sind sie nach ihrer Ankunft dann frei. Falls man bei solchen Bedingungen von Freiheit reden kann. Da es sich um Millionen Menschen handelt, die in den vergangenen Jahrzehnten ins Land gelangten und dort arbeiten, ist es aussichtslos, nach ihnen zu fahnden. US-Präsident Barack Obama kündigte 2013 an, mit einer Generalamnestie aus den Illegalen legale Staatsbürger machen zu wollen.

All das ist nicht neu. Das Problem ist seit Jahren bekannt. Der Agent neben mir gähnt. Dürfte wohl eher daran liegen, dass ihn nach dem langen Flug von Washington hierher in Den Haag überraschend noch der Jetlag umarmt. Er fällt aber nicht auf. Noch hat die Konferenz ja nicht begonnen. Belgien steht noch plaudernd mit den Niederlanden herum, Österreich raucht draußen noch schnell eine Zigarette, Spanien zeigt Italien auf dem Laptop noch eine bunte Grafik, und Deutschland liest ein letztes Mal Stichwörter für sein heutiges Referat durch.

Plötzlich ein lautes Geräusch. Ein etwa vierzigjähriger Mann, der seinen Stuhl schon besetzt hatte, schaltet das vor ihm platzierte Mikrofon an und räuspert sich, Mitstreiter im Blick, raumfüllend. Der Amerikaner, schlagartig hellwach, legt sein Smartphone zur Seite und beugt sich vor, um das Schild vor dem eingeschalteten Mikro zu entziffern. »Romania« steht da. Andere im Saal brechen ihre Gespräche ab und schauen auch in Richtung des Rumänen. Der hat jetzt, was er wollte: ungeteilte Aufmerksamkeit.

Er möchte, sagt er, bevor es mit der vorliegenden Tagesordnung losgeht, darauf hinweisen dürfen, dass die Fallzahlen aus Rumänien verglichen mit denen aus dem vorhergehenden Jahr nicht gestiegen seien. Menschenhandel sei zwar nach wie vor ein großes Problem, das müsse er leider zugeben, aber immerhin sei Fortschritt erkennbar, seit die Regierung seines Landes nach dessen EU-Beitritt eine Aufklärungskampagne gestartet habe, in allen Bahnhöfen, im Fernsehen, in Zeitungen, im Rundfunk und in den Schulen. Die Heraufsetzung der Höchststrafen von fünf auf fünfzehn Jahre Gefängnis für Menschenhändler habe außerdem abschreckend in der Branche gewirkt.

Natürlich glaubt das niemand in der Runde, und der Vertreter Rumäniens wahrscheinlich auch nicht, aber der Engländer, der die Tagung über Methoden von Menschenschmugglern und -händlern und die Transportrouten von *Push Countries* in *Pull Countries* leiten wird, aus Herkunftsländern in die Zielländer, nickt ihm zustimmend zu. Obwohl er selbstverständlich weiß, wie einfach es ist, Statistiken so zu manipulieren, dass aus einem in Wirklichkeit vorhandenen Dunkelfeld ein leuchtendes Hellfeld wird. Richtig scheint zwar zu sein, dass sich in Ländern wie Rumänien eine Entwicklung zum Besseren andeutet. Aber die ist noch kaum sichtbar, kaum spürbar und in Zahlen belegbar schon mal gar nicht.

Was nicht allein am bösen Willen der Regierenden liegt. Tatsache ist, dass es in manchen Ländern noch immer kein Bewusstsein dafür gibt, was unrecht ist und was recht. Dass die Gesellschaft durch jahrzehntelange Korruption, Willkür und Zensur in Verwaltung, Justiz und Medien so krank ist, dass es mehr als eine Generation braucht, um das System nachhaltig zu entgiften. Solange aber auch im Prinzip anständige Bürger zufrieden damit sind, durch Bestechungen leichter an Gewünschtes heranzukommen – ein Bett im Krankenhaus, eine Genehmigung für ein Geschäft, einen Arbeitsplatz für den Sohn –, wird sich nichts ändern.

Ein erster Schritt wäre zwar ganz einfach: Polizei und Justiz so zu entlohnen, dass sie für Bestechung nicht mehr so anfällig sind. Aber so simpel ist es eben nicht, wenn der Staat kein Geld hat und das Land zu den Armenhäusern Europas zählt. Die Einzigen, die in solchen Staaten genügend Geld haben und mit den Statussymbolen ihres Reichtums auch ungeniert protzen, sind die Bösen.

Passend dazu wird mir der Brite eine Geschichte erzählen. Eine typische. Die Geschichte von dreizehn Kriminellen, die auf Druck von EUROPOL wegen Menschenhandels verhaftet und angeklagt worden waren. Gestützt auf Beweise, die aus Den Haag übermittelt wurden. Aufzeichnungen mit richterlich genehmigten abgehörten Telefongesprächen, in denen Liefermengen und Transportwege der Waren vereinbart wurden, Hunderte abgefangener E-Mails mit Angaben über Adressaten im Zielland. Die Abnehmer dort hatten zeitgleich mit den Lieferanten in Osteuropa Besuch bekommen von der Polizei. Leichtes Spiel für Staatsanwälte im Westen, aber eigentlich auch für die im Osten, um im Namen des Volkes abschreckende Urteile zu verlangen.

Eigentlich.

Aber nicht in jenem Land, von dem der Chief Inspector sprach. Die meisten Angeklagten wurden freigesprochen, und die zwei, drei, die zu ein paar Monaten Gefängnis verurteilt wurden, betrieben in der Zeit ihrer Inhaftierung ihre Geschäfte aus der Zelle heraus. Der Richter gehörte offenbar insgeheim als stiller Teilhaber zu ihrer Organisation. Aber wie hätte man das beweisen sollen? Eben.

Doch davon berichtete mir Wainwright erst später in der Kaffeepause. Jetzt eröffnet er offiziell im Namen von EUROPOL die Konferenz über *Trafficking in Human Beings*. Der Insider aus Washington und der Outsider aus Hamburg werden zwar wohlwollend freundlich vorgestellt, aber selbstverständlich dürfen wir ab sofort in der Strategiesitzung nur eine stumme und keine fragende Rolle spielen. Im Rechteck der langen Tische sitzen Profis aus West- und Süd-, Ost- und Nordeuropa. Was sie von Analysen und Prognosen, von Erfolgen und Misserfolgen zu berichten wissen, wird gelegentlich untermalt mit Schaubildern und Kurven auf dem flachen Bildschirm oben an der Stirnwand des Konferenzraums. Oder mit einer auf Ermittlungen beruhenden Handelsbilanz der modernen Sklaverei – genannt *Exploitation Value of a Sex Slave in Brothels* –, den geschätzten Einnahmen der im Menschenhandel aktiven kriminellen Organisationen im Dunkelfeld sexuelle Ausbeutung. Die Zahlen können sich aufgrund schwankender Kurse zwischen Euro und Dollar geringfügig verändern, wobei der erzielte Gewinn pro Mensch für die Händler in etwa gleich bleiben dürfte:

Jährliche Einnahmen in Bordellen durch Sexdienstleistungen der – freiwillig oder gezwungenermaßen – eingesetzten Prostituierten: etwa 8,35 Milliarden Euro in Westeuropa und 4,2 Milliarden in Zentral- bzw. Osteuropa. Darin sind enthalten: 150 Millionen Euro Einnahmen durch den Verkauf alkoholischer Getränke an die Kunden, 40 Millionen Euro durch den von Kondomen. Für rund 150 Millionen Euro wurden Zigaretten, Zigarren und Speisen an den Mann gebracht. Im Osten wurden 90 Millionen Euro durch den Verkauf von Alkohol, 15 Millionen Euro durch den von Kondomen und 90 Millionen Euro durch den von Speisen, Zigarren, Zigaretten erlöst. Bei Ausgaben von 700 Millionen Euro für Kost und Logis, 400 Millionen Euro für Honorare an Zwischenhändler, 550 Millionen Euro für Leibwächter oder Zuhälter und einem Einkaufspreis pro Frau in Höhe von 3700 Euro erwirtschaftete ein einzelner »Besitzer« mit einer Prostituierten netto rund 120 000 Euro.

Ausgaben für Kost und Logis in den Bordellen Osteuropas machten nicht mal die Hälfte der Lebenshaltungskosten im Westen aus, auch die Bodyguards standen laut Jahresetat mit rund 200 Millionen Euro um einiges günstiger in den imaginären Büchern der Banden. Aber unter der Rubrik »Bribes«, Bestechung, stehen da 150 Millionen Euro, im Westen null. Das Kopfgeld für eine Frau betrug in Ost- und Zentraleuropa 2000 Euro, ihr jährlicher Beitrag an Sexdienstleistungen für die Bilanz der Firma 60 000 Euro. Wer will, mag ausrechnen, für die einen wie für die anderen Frauen, wie oft jede Einzelne von ihnen angesichts der jeweiligen Gesamtsumme von 120 000 beziehungsweise 60 000 Euro, bei Preisen von 20 bis 40 Euro pro Akt, Bordellbesuchern zu Diensten sein musste. Ich will mir die Anzahl von etwa dreißig Männern pro 16-Stunden-Schicht an sieben Wochentagen und in 52 Wochen pro Jahr aber lieber nicht vorstellen müssen.

Die Aufmerksamkeit des amerikanischen Spezialisten zu meiner Linken gilt zunächst ganz augenscheinlich der Assistentin des Briten. Sie ist aber nicht die einzige Schönheit hier. Er wendet den Blick ab. Zu flirten verbietet sich für ihn wohl automatisch. Die strengen Regeln in den USA, nach denen bereits ein unschuldiger Flirt als sexuelle Belästigung am Arbeitsplatz eingestuft werden kann, hat er gut verinnerlicht.

Und dieser Saal, in dem er sitzt, ist zweifellos ein Arbeitsplatz. Die Zahl der anwesenden Frauen entspricht ungefähr deren Anteil von etwa 40 Prozent der insgesamt 700 Beamten der Behörde. »EUROPOL misst einer ausgewogenen Vertretung von Frauen und Männern große Bedeutung bei. Daher fordert EUROPOL insbesondere Frauen aus allen Mitgliedsstaaten zur Stellenbewerbung auf«, steht folgerichtig am Anfang jeder internationalen Ausschreibung offener Planstellen. Die so oft von Journalisten beschriebene und von Politikern versprochene und von Poeten besungene andere Hälfte des Himmels ist in der europäischen Polizeibehörde ihren Fähigkeiten entsprechend gleichberechtigt in Strategien gegen das organisierte Verbrechen und Analysen über künftige Bedrohungen integriert.

Fünfzehntausend Operationen gegen Kriminelle koordinieren die Frauen und Männer jährlich, die zwanzigfache Menge bewältigen sie an Hinweisen und Anfragen und Antworten. EUROPOL braucht helle Köpfe, wie sie die heute hier Versammelten haben, weniger die harten Kerle. Tough Guys, die in traditioneller Polizistenmanier sexistische Machoscherze über Kolleginnen machen, würden dahin zurückgeschickt, woher sie kamen. Das in Europas Wirtschaft, Politik, Medien heftig diskutierte Thema einer Frauenquote für Führungspositionen würde hier längst in der Asservatenkammer ruhen, falls es eine solche im zehnstöckigen Hauptquartier in der Eisenhowerlaan 73 gäbe.

Gibt es da aber nicht.

Denn Eurofahnder, die den Kampf gegen Grenzen überschreitende verbrecherische Organisationen von Den Haag aus steuern – Menschen-, Drogen-, Waffen-, Kinder- und Organhandel, Geldwäsche, Cyber Crime und Terrorismus –, sollen Spuren finden, sie analysieren und danach die Erkenntnisse an die entsprechenden Polizeidienste der Mitgliedsstaaten übermitteln. Sie dürfen weder hauseigene Asservate sammeln, wie zum Beispiel bei Überfällen verwendete Waffen oder beschlagnahmtes Rauschgift oder Falschgeld, noch selbsttätig schussbereit bei Razzien mitmachen. Bewaffnet sind gut sichtbar nur die holländischen Polizisten am Eingang und gar nicht sichtbar oben auf der Etage die Bodyguards von Rob Wainwright.

Ausnahmen erlaubt das EUROPOL-Gesetz in *Joint Investigation Teams*. In denen arbeiten in genau abgestimmten Fällen nationale Polizeibehörden mit Ermittlern, Forensikern, Fallanalytikerinnen von EUROPOL zusammen. Hier in Den Haag ist beim Kampf gegen das organisierte Verbrechen die Einheit Europas bereits Tür an Tür selbstverständlich praktizierter Alltag, denn nur gemeinsam sind diese Frauen und Männer stark. Der Schatz an digitalen Asservaten aus gesprengten oder ermittelten Netzwerken der OK-Banden ist allerdings hilfreich groß, denn nur EUROPOL hat ganz Europa auf dem Bildschirm, und nur EUROPOL hat Daten über die vielen Wege des Verbrechens vorrätig. Die Eurocops speichern sich Waffen für diese Schlacht. Doch ausschließlich für den notwendigen Hausgebrauch, wie sie versichern.

Was bitte bedeutet »notwendiger Hausgebrauch«?

Nur jene Mitgliedsstaaten, die eine Zugangserlaubnis für den zentralen Rechner in Den Haag besitzen, können sich mit der Waffe *Mobile Office* einwählen und sich mit der Munition

Passwort in der Datenbank aus allen dunklen Ecken Europas bedienen. Die Spuren, die kriminelle Organisationen im digitalen Raum hinterlassen haben, sind gespeichert und können auf Knopfdruck bestimmten Banden oder deren Anführern zugeordnet werden. Bei Kontrollen an den Außengrenzen Europas oder bei Razzien innerhalb der Europäischen Union ist so innerhalb von Sekunden abrufbar, ob da nur ein kleiner Fisch ins Netz gegangen ist oder aber ein großer Hecht.

Das Programm heißt *Analytical Work Files* (AWF). In diesem Rechner wird alles gesammelt – oder gespeichert –, was Mitgliedsstaaten von EUROPOL aufgrund nationaler Erkenntnisse für wesentlich halten und deshalb nach Den Haag übermittelt haben. Falls irgendwo in Europa also eine Schmugglerbande mit eigenartigen Methoden auffällt, zum Beispiel den Transport im Laderaum von Fischkuttern durchführt, kann die Polizei des Küstenstaates in Den Haag anfragen, ob schon mal an einer anderen Küste ein ähnliches Muster des Handels, der Schleusung, ermittelt worden ist. AWF funktioniert sowohl paarweise, also beim Austausch zwischen zwei Staaten, als auch als »Crowdfunding«, wenn sich alle 28 EU-Mitglieder mit Hinweisen einschalten, um dem Mitglied XY Vergleichsmaterial zu übermitteln.

Wissen ist in der Geschichte zwar stets gleichbedeutend gewesen mit Macht. Doch noch nie waren Informationen so wertvoll wie heute. Mehr zu wissen als die Bösen ist in diesen Zeiten die einzige Chance der Guten, jene zu fangen, bevor sie ihre Spuren für immer verwischt haben. Oder ein kriminelles Netzwerk zu zerreißen, bevor sich im Netz Menschen verfangen.

Der Däne Troels Oerting, einer der stellvertretenden Direktoren von EUROPOL und dort Leiter des *European Cyber Crime Center* (EC3), kämpft für einen »freien, sicheren, offenen Cyberspace«. Dass dies eine Herkulesaufgabe ist, weiß er. In der Onlinewelt müssen sich Kriminelle nicht einmal treffen, um Verbrechen zu planen, geschweige denn eine Bande zu bewaffnen, Überfälle durchzuführen, Fluchtautos bereitzustellen. »Sie können Millionen von Euro verdienen, ohne ihre Schlafzimmer zu verlassen.« Die Gefahr, erwischt zu werden, sei ziemlich gering, denn bei Milliarden Internetnutzern weltweit ist es nur logisch, dass sich unter denen Kriminelle bewegen wie Haifische im Wasser. Zwar sind traditionelle Formen der Kriminalität, wie Menschenschmuggel, Waffengeschäfte, Rauschgifthandel, die Haupteinnahmequellen der Organisationen, aber organisiert werden sie längst per Internet.

Was die einen brauchen für ihren Kampf gegen kriminelle Bedrohung, wird von den anderen, also aufgeklärten und aus Erfahrung misstrauischen Bürgern, als bedrohlicher Eingriff des Staates in ihre Privatsphäre bekämpft. Die ist als Grundrecht geschützt. Aber wie sollen wir die Bürger vor Gefahren schützen, erwidern mir hochrangige Ermittler, wenn wir nicht wissen dürfen, wer und wo die sind, die sie bedrohen? Sie sind durch die Einengung mit gesetzlichen Bestimmungen, zum Beispiel des Datenschutzes, zwar oft frustriert, halten sich aber bedingungslos an die Gesetze. So wie es sich in Rechtsstaaten gehört.

Da aber, erlaube ich mir kurz mal ein paar unerlaubte Gedanken und spinne sie weiter mit Blick auf den Amerikaner, da aber die NSA und ihre Buddies vom britischen Geheimdienst GCHQ sowieso alles speichern, wie man seit den Enthüllungen Edward Snowdens, des wie immer vorbildlich investigativen englischen *Guardian* und des *Spiegel* und der *Süddeutschen Zeitung* weiß, E-Mails wie Telefongespräche, mit ihren Algorithmen immer auf der Suche nach verdächtigen Wörtern und Begriffen, die auf islamistische Aktivitäten schließen lassen, und da dies gerechtfertigt wird unter Hinweis auf die Verpflichtung, Gefahr im Verzug rechtzeitig zu erkennen, könnte man NSA und GCHQ doch ebenso gut gegen den internationalen Menschenhandel einsetzen. Deren Hotspots sind ja kein Geheimnis.

Die klassischen Routen des Rauschgift- und Waffenhandels werden von den zuständigen vereinigten kriminellen Organisationen auch für Menschenhandel genutzt. Sie mussten keine neue Infrastruktur aufbauen. Ermittler nennen Drehkreuze des Verbrechens *Criminal Hubs*, über die kriminelle Vereinigungen beim Angriff auf Europa eindringen:

Über das Nordwestdrehkreuz in Belgien und Holland werden Heroin, Kokain, Cannabis sowie synthetische Drogen aller Art verteilt.

Über das Südwestkreuz Spanien gelangen illegale Einwanderer durch professionelle Schleuserbanden nach Europa.

Über das Nordostdrehkreuz kommen aus Russland, aus der Ukraine, aus Weißrussland, aus Litauen Zigaretten, gefälschte Markenartikel, Arbeitssklaven und Prostituierte.

Über das Südostdrehkreuz an der Grenze zwischen Europa und Asien rund um das Schwarze Meer wird Heroinhandel betrieben. Traditionell läuft vieles, wenn nicht gar alles, über die berüchtigte Balkanroute via Türkei, Albanien, Kosovo, Montenegro, Serbien, Bosnien-Herzegowina und Kroatien, im Osten über die Ukraine und Moldawien.

Über das Südkreuz in Italien betreiben internationale kriminelle Vereinigungen mithilfe der weltweit bestens vernetzten Mafiabanden 'Ndrangheta und Camorra hauptsächlich Menschenschmuggel und investieren von italienischen Firmen aus illegal erworbene Gelder in legale Unternehmen.

Doch die Menschenhändler haben auch ganz andere, weit entfernte Absatzmärkte mit Wachstumschancen erobert. Zwangsarbeiter aus China oder Südkorea sind in Russland trotz der langen Transportwege noch günstiger als die eh schon billigen Einheimischen. Von Sibirien aus werden russische Frauen umgekehrt nach Japan, China und Südkorea exportiert. Die Klientel dort zahlt gut – besonders die vielen dort stationierten amerikanischen Soldaten. In Japan beherrscht selbstverständlich die Yakuza die Szene. Nach Aserbaidschan werden für die Bedürfnisse Tausender Arbeiter in der Ölindustrie Frauen aus Bulgarien und der Ukraine geliefert. Russinnen und Polinnen wiederum gelten als Handelsware A sowohl in Israel als auch bei seinen arabischen Todfeinden.

Das alles muss als Wissen gespeichert sein. Nur auf dieser Basis lässt sich eine erfolgreiche Strategie entwickeln. Kriminalistische Thinktanks in den USA und in Europa sind schon deshalb gefordert, weil auf diesen Märkten von kriminellen Organisationen die höchsten Gewinne generiert werden. Man schätzt bei der Mutter UNO und ihrer Tochter ILO, der *International Labour Organization*, dass weltweit zehn Prozent der gesamten Wirtschaftsleistung von OK-Vereinigungen erzielt und größtenteils in legalen Unternehmen weißgewaschen werden.

Experten aus allen EU-Mitgliedsstaaten sind zu dieser Konferenz über Menschenhandel nach Den Haag gekommen, um ihr Wissen einander mitzuteilen und miteinander zu teilen. Als der Brite mir beim Kaffee in der Pause jenen Fall von korrupter Justiz schilderte, meinte er damit ein ganz bestimmtes Mitgliedsland der Europäischen Union. Aber verglichen mit gewissen anderen europäischen Ländern herrschen dort geradezu paradiesische Zustände, weil es neben den korrupten viele unbestechliche Polizisten gebe und unbeeinflussbare Richter und Gefängnisse ohne Handyempfang.

Denn in jenen gewissen anderen Staaten lässt sich gar nicht unterscheiden zwischen Justiz, Polizei, Regierung und organisiertem Verbrechen. Männerbünde, vereint im skrupellosen Streben nach Macht und Geld, regieren dort das Land. Ihre Mittel scheinen unbegrenzt, ihre Methoden sind grenzenlos brutal. Täter müssen keine Strafverfolgung fürchten. Sie demonstrieren im Gegenteil öffentlich, dass sie mit ihren kriminellen Geschäften erfolgreich sind. Hunderttausend-Euro-Villen in Regionen, in denen das Pro-Kopf-Monatseinkommen der Normalbevölkerung – falls die überhaupt Arbeit hat – knappe 300 Euro beträgt, sind schamlose Beweise dafür, dass sich Verbrechen doch lohnt.

Bei einer von EUROPOL koordinierten Operation im Dunkelfeld der Grenze zwischen Albanien und Griechenland, von wo aus albanische Opfer, Männer wie Frauen, illegal in Schnellbooten oder scheinbar legal mit gefälschten Papieren auf Fähren zum Einsatz nach Italien transportiert wurden, blieben im Netz nicht nur Menschenhändler hängen. Sondern auch Dutzende bestochene Beamte aus den vom Grenzverkehr betroffenen Staaten. Visa, Arbeitserlaubnisse und Pässe für 29 Länder, darunter auch für die Vereinigten Staaten von Amerika, waren in modernen Fälscherwerkstätten nach Originalvorlagen aus Konsulaten und Ämtern hergestellt worden.

Gern geschildertes Beispiel, weil es die wirtschaftliche Macht der OK-Banden zeigt, sind die Ermittlungen gegen eine Fälscherwerkstatt in Spanien. Hergestellt auf den modernsten Druckmaschinen, die es legal zu kaufen gab, wurden Führerscheine, Pässe, Geburtsurkunden, Visa, Arbeitspapiere. Wie in einer staatlichen, mit Aufträgen ausgelasteten Firma gingen Spezialisten in drei Schichten ihrem Handwerk nach. Eine Abteilung konzentrierte sich ausschließlich auf die Produktion von landestypischen Symbolen für die Vorderseiten gefälschter Pässe. Den Transport der so bestens Ausgestatteten übernahm ein Reisebüro, das ebenfalls zur Organisation gehörte. Polizisten an den Grenzen oder auf Flughäfen standen für sechshundert Euro, oft dem Mehrfachen ihres legalen Monatslohns, auf der Payroll der Banden.

Albanische Händler konzentrierten sich anfangs auf Geschäfte innerhalb des Landes, indem sie junge Mädchen aus der Provinz mit dem Versprechen auf anständige Arbeit in die Hauptstadt Tirana lockten, wo sie dann in Bordellen, in Klubs, auf der Straße zur Prostitution gezwungen wurden. Sie hatten aber bald erkannt, dass im Menschenhandel international viel mehr zu verdienen war als im nationalen Rahmen, und sich entsprechend neu orientiert.

Zwar haben 112 Staaten weltweit das Palermo-Protokoll zur Bekämpfung des internationalen Menschenhandels unterschrieben und in den Parlamenten ratifiziert, darunter auch Albanien, und anschließend entsprechende Strafen in Gesetzen und Paragrafen verankert. Doch häufig stehen die nur auf dem Papier. In Moldawien beispielsweise, dem zwischen Rumänien und die Ukraine gepressten Armenhaus Europas jenseits der EU, sind in den Paragrafen 165, 206 und 220 des entsprechenden Gesetzes Strafen von sieben bis fünfzehn Jahre Gefängnis für Menschenhandel festgeschrieben. Theoretisch klingt das abschreckend gut.

In der Praxis aber werden, unbelästigt von Strafverfolgern, die Menschen gehandelt wie andernorts Gemüse. Bringen jedoch höhere Gewinne. Männer sind billiger, Frauen teurer. Männer werden auf Baustellen nach Westeuropa geschleust, Frauen an Bordelle in Russland, der Türkei, Saudi-Arabien, Israel verkauft. Händler und ihre Helfer in Polizei, Justiz, Politik arbeiten schmutzige Hand in schmutzige Hand. Die einen halten sie auf, die anderen füllen sie mit Euros. Menschen sind für sie ein Rohstoff wie Öl, Gas, Kupfer. Seit dem Zusammenbruch des Sowjetimperiums hat ein Viertel der erwachsenen

Bevölkerung, darunter rund 400 000 Frauen, Moldawien mit tatkräftiger Hilfe von Schleusern verlassen.

Auch Bulgarien oder Ghana, Pakistan oder Nigeria, Russland oder die Ukraine, Afghanistan oder die Slowakei, Albanien oder Rumänien gelten als Push-Länder. Den nahen wie Bulgarien und den entfernten wie Nigeria gegenüber locken Pull-Staaten wie Österreich oder Italien, die Schweiz oder Frankreich, Niederlande oder Großbritannien, Belgien oder Deutschland mit scheinbar unbegrenzten Möglichkeiten. Die wesentlichen Push- und Pull-Faktoren zu kennen gehört zur Ausbildung aller Profis, die hier im Konferenzraum sitzen. Ist allerdings auch für Amateure leicht zu begreifen:

Push-Faktoren sind hohe Arbeitslosigkeit, Unterdrückung von Frauen, sexuelle und religiöse und ethnische Diskriminierung, kaputte Sozialsysteme, permanente Verletzung der Menschenrechte, Krieg und Katastrophen, Perspektivlosigkeit durch wachsende Armut. Ein Biotop für Menschenhändler. Pull-Faktoren der demokratischen Staaten Westeuropas sind trotz hoher »Gebühren« der Schleuser für den Transport die dortige Nachfrage nach billigen Arbeitskräften und nach sexuellen Dienstleistungen, Zukunftschancen für die nächste Generation, bereits bestehende Diasporas ausgewanderter, oft gar integrierter Landsleute, religiöse Freiheit, soziale Netze – kurzum: die Aussichten auf ein besseres Leben.

Denn die Pull-Länder haben ein Wohlstandsproblem. Finden auf ihren Märkten nicht, was sie zur Grundsicherung ihres Wohlstands brauchen. Billige Arbeitskräfte in der Landwirtschaft oder auf Baustellen, in der fleischverarbeitenden Industrie oder in Hotels, in Krankenhäusern oder in Pflegeheimen, in Putzkolonnen oder in Bedürfnisanstalten. Vor allem aber in den männliche Bedürfnisse erfüllenden Anstalten. Das Geschäft boomt wie nie.

Begehrteste Ware im internationalen Menschenhandel ist die Ware Frau. Sind es, wie die UNO berichtet, 140000, die jährlich aus den Push-Ländern für Bordelle und Straßenstrich angeliefert werden? Wie viele aus freiem Willen, erzwungen durch elendige Zustände in der Heimat? Wie viele, von Kriminellen mit falschen Versprechungen in die Falle gelockt und in noch größeres Elend gezwungen? Sind es 300000 Frauen, wie Hilfsorganisationen vermuten, die meisten von ihnen zwischen achtzehn und zweiundzwanzig, die Jahr für Jahr auf den internationalen Märkten feilgeboten werden, darunter Tausende aus Thailand, Nigeria, Ghana?

Weil das Dunkelfeld riesig ist, existieren nur grobe Schätzungen. Unstrittig ist: Es sind Hunderttausende. Man könnte zynisch die international agierenden Banden, die mit Menschen handeln und Menschen schmuggeln, als globale *Push & Pull-Player* bezeichnen, denn auch im illegalen Business gelten die marktwirtschaftlichen Gesetze von Angebot und Nachfrage.

Falls ein erfolgreicher Bordellier neue Laufhäuser eröffnen will, weil das Geschäft mit Sex europaweit so gut läuft, braucht er frische Ware für seine aus allen sozialen Schichten stammenden Kunden. Er muss mehr anbieten können als die Konkurrenz. Mögliche Objekte der Begierden seiner Klientel lässt er legal in jenen Push-Ländern anwerben, die bereits zur Europäischen Union gehören, wo Freizügigkeit, auch wenn die in Bordellen endet, garantiert ist. Freiwillige gibt es zum Schnäppchenpreis. Entsprechend günstig können sie in den Pull-Ländern auf den Märkten angeboten werden. Vergleichbar den All-you-can-eat-Offerten in billigen Gaststätten, locken Puffs mit Flatrates. Wer will, darf, so oft er kann. Geiz macht geil. Jungen Roma-Mädchen, alle angeblich über achtzehn, was sich aber nicht nachprüfen lässt, hängten ihre Zuhälter in einer deutschen Großstadt im Ruhrgebiet ein Pappschild um den Hals und schickten sie auf die Straße. Darauf stand: »Ficken 5 Euro«.

Für die Vermittlung in Hunderte von Städten und Dörfern im freien Westen zahlen die Endabnehmer den Spediteuren Provisionen pro geliefertem Körper. Angefallene Transportkosten vom Push-Land ins Pull-Land werden gesondert berechnet. Diese Ausgaben müssen die Frauen abarbeiten, bevor sie selbst verdienen am Verkauf ihrer Körper und ihre Einnahmen dorthin als Unterstützung schicken können, woher sie kamen. Puffbesitzer verlangen nicht nur die Rückzahlung ihrer Auslagen für den Transport und für Papiere, verlangen nicht nur Wucherpreise für billige Kost und schmierige Logis. Ihre Investition soll ja auch möglichst hohe Rendite abwerfen, was bedeutet: lange und pausenlos zu Diensten sein. Kein moralisches, aber ein legales Geschäft.

Die Praxis systematischer Ausbeutung gleicht jedoch auch im Falle legal angeworbener und freiwillig Sexdienst verrichtender Frauen der Sklaverei. Auch ihre Menschenwürde wird Tag und Nacht angetastet. Zwar machten sich die meisten Frauen keinerlei Illusionen darüber, was von ihnen verlangt würde, als sie in ihren Heimatländern losfuhren. Für eine bessere Zukunft waren sie bereit, diesen Preis zu bezahlen. Nach ein, zwei Jahren, so hofften sie, würden sie aussteigen und mit dem Verdienst eine anständige Existenz in ihrer Heimat aufbauen können.

Nicht wahr?

Nicht wahr.

In der Realität ist eine Kündigung nicht vorgesehen. Die Frauen werden so lange zur Prostitution gezwungen, bis sie alle Schulden beglichen haben, und sei es am Ende auf dem Straßenstrich im Niemandsland irgendwo im Grenzverkehr.

Die Furcht, dass ihre Familien in den Dörfern, aus denen sie aufbrachen, die Wahrheit über ihren Job im Westen erfahren könnten, macht sie verfügbar fügsam. Da nicht nur in westeuropäischen Pull-Ländern, sondern auch in der Türkei, in den Golfstaaten, in Japan, in Südkorea geschätzt hunderttausendfach Frauen und Mädchen im Wortsinn gebraucht werden, genügt Ware vom legalen Hellfeld-Sexbusiness nicht für die Begehrlichkeiten des Marktes.

Da beginnt im Menschenhandel das riesige Dunkelfeld der Zwangsprostitution.

Wahrscheinlich muss man diese Finsternis so kühl beleuchten wie die Vertreterin des österreichischen Bundeskriminalamts, die den EUROPOL-Kollegen von einer erfolgreich in die Praxis umgesetzten Idee ihrer Behörde berichtet. Wenn man nicht die Emotionen konsequent ausblendete, könnten alttestamentarische Rachegelüste aufkommen im Stile von Auge um Auge, Zahn um Zahn. Was menschlich verständlich wäre, aber selbstverständlich verboten ist in einem Rechtsstaat.

Einige der Guten in Wien haben mit den üblichen polizeilichen Methoden, etwa verdeckten Ermittlungen, versucht, Böse zu verjagen. Vergebens. Die Angst der Frauen vor den Zuhältern war so groß, dass sie selbst dann keine Aussagen machten, als sie befreit wurden und sicher vor Prügel waren. Ihre Angehörigen in Bulgarien, Rumänien, Russland, der Ukraine aber blieben der Rache der Kriminellen ausgeliefert. Die Frauen wussten, dass die Schleuser keine leeren Drohungen ausstießen, sondern handelten. Also schwiegen sie.

Zudem hatten sie in ihrer Heimat oft genug am eigenen Leib erlebt, dass eine korrupte Schutzpolizei nur die schützte, vor denen sie Angst hatten. Dass Uniformierten deshalb nicht zu trauen war. Sobald vor ihnen deshalb Männer in Uniform sitzen, nach Routen, Händlern und Bordellbesitzern fragen, verstummen sie. Es ist mühsam und zu oft aussichtslos, ihr Vertrauen zu gewinnen und sie davon zu überzeugen, dass in einem Rechtsstaat korrupte Polizisten ein Fall für den Staatsanwalt sind.

Deshalb blieb den Österreichern nichts anderes übrig, als sich in solchen Fällen von klassischer Polizeitaktik zu verabschieden. Das Beispiel der Telefonseesorge brachte sie auf die Idee einer neuen Taktik. Sie richteten eine Hotline ein für anonyme Hinweise auf Zwangsprostitution in Bordellen und auf Zwangsarbeit in Privathaushalten und Baustellen. Anders als bei kommerziellen Hotlines wurden Anrufende hier auch nicht in Warteschleifen abgezockt. An allen sieben Wochentagen und rund um die Uhr, 24 Stunden lang, waren echte Menschen am Ende der Leitung, keine nur menschlich klingenden Stimmen von einem Tonband. Mehrsprachige Profis, die alle anonymen Hinweise notierten, an Kollegen weitergaben, die von Fall zu Fall Razzien oder Hausdurchsuchungen veranlassten.

Aber wie haben die Opfer davon erfahren?, schaltet sich fragend Slowenien per Knopfdruck ein. Durch Veröffentlichungen. Durch Mundpropaganda. Durch Hilfsorganisationen, mit denen sich die Polizei bei solchen und ähnlichen Aktionen abstimmt. Durch Handzettel in verschiedenen, in Anbetracht der vermuteten Heimatländer der Opfer naheliegenden Sprachen, die an Bäumen, Laternenpfählen, Hauseingängen, Supermärkten, Tankstellen hingen. Was hat die Aktion langfristig bewirkt?, will jetzt Dänemark wissen. Hoch im Norden Europas wird der Handel mit Frauen zu neunzig Prozent von ausländischen Kriminellen beherrscht. Verdeckte dänische Ermittler einzuschleusen in diese ethnisch geprägten Vereinigungen ist deshalb schlicht unmöglich.

Dem Bundeskriminalamt in Wien ging es auch darum, den

Banden zu signalisieren, dass die Polizei sie auf dem Schirm hat – Verunsicherung des Gegners als taktische Maßnahme. Die Baufirmen oder Hotelpensionen, die sich schwarz auf dem illegalen Arbeitskräftemarkt bedient haben, würden sich das in Zukunft wohl verkneifen. Sie bekamen Hausbesuche von der Steuerfahndung. Vor Bordellen parkten deutlich sichtbar Polizeifahrzeuge. Das schreckte potenzielle Kunden aus bürgerlichen Kreisen ab. Überraschend angesetzte Razzien störten zusätzlich den Geschäftsbetrieb. Man mache sich allerdings keine Illusionen, sagt die Wienerin, dass kurzfristig erfolgreiche Nadelstiche auch langfristige Wirkungen zeitigen.

Weil befreite Opfer selbst dann noch vor Aussagen gegen ihre Peiniger zurückschrecken, wenn sie in einer sicheren Umgebung sind, zum Beispiel in einem Safe House. Aber dass am Ende einer Aktion wieder mal die Bösen erfolgreicher sind als die Guten, kann auch ganz andere Gründe haben.

An dieser Stelle nickt ihr Kollege vom Bundeskriminalamt in Wiesbaden. Der Kriminaldirektor leitet das Referat SO 13, Bekämpfung des Menschenhandels, das zur Abteilung »Schwere und Organisierte Kriminalität« gehört. In seinem Beitrag nach der Mittagspause wird er aus frustrierend leidvoller Erfahrung andere Gründe nennen, warum sich eine kurzfristig erfolgreiche Aktion gegen das organisierte Verbrechen langfristig nicht auszahlt. Weil Folgekosten nicht genehmigt worden waren, wovon er später emotionslos kühl berichtet. Was wiederum nicht nur mich, sondern auch viele seiner Kollegen fassungslos machte, wie am Ende dieses Kapitels noch erzählt werden muss.

Das Budget krimineller Organisationen ist unbegrenzt. Sie können jederzeit mit neuen Strategien auf neue Herausforderungen reagieren und sich die teuersten Experten leisten. Auf der untersten Stufe ihrer Firmen beschäftigen sie zwar, wie einst die traditionellen Gangsterbanden, Totschläger und Vergewaltiger. Aber in den oberen Rängen managen bestens ausgebildete und hochdotierte Juristen und Banker das Geschäft. Sorgen dafür, dass sich die Spur des schmutzigen Geldes irgendwo in der Karibik verliert, genau dort, wohin einst die Sklaven verkauft wurden, und dass Millionen weißgewaschen zurückgekehrt wieder in legale, seriöse Unternehmen gesteckt werden können. Ihre Chefs zählen bei glamourösen Charity-Events der besseren Gesellschaft zu den Ehrengästen, weil sie für Menschen in Not großzügig spenden.

Um die kümmern sich nicht nur internationale Hilfsorganisationen, sondern auch ebenso intensiv internationale Menschenhändler. Seitdem Hunderttausende Syrer vor dem Bürgerkrieg aus ihrer Heimat fliehen mussten und unter erbärmlichen Umständen in den Flüchtlingslagern Jordaniens oder der Türkei oder Ägyptens leben, tauchen die Schlepper und Schläger dort auf, um Organe zu kaufen, im wahrsten Sinn des Wortes das Elend auszuschlachten, oder frische, möglichst jungfräuliche Ware für die Märkte in den Golfstaaten zu akquirieren.

Ihre Methoden gleichen denen der Scouts in Europa. Sie locken mit Jobs, mit einem sicheren Aufenthalt in einem friedlichen Nachbarland. Niemand weiß, wie viele junge Mädchen aus der Not heraus oder von ihren Familien bedrängt zur Prostitution in die Bordelle und Harems des Nahen Ostens gezwungen wurden. Reisespesen fallen kaum ins Gewicht. Der Transport von den Flüchtlingslagern dorthin lässt sich in Tagestouren bewältigen. Am schwersten haben es junge Witwen der im Bürgerkrieg gefallenen Assad-Gegner. Sie gelten als Freiwild, weil sie keiner mehr beschützt. In ihrer hoffnungslosen Lage ist Prostitution für viele die einzige Chance zu überleben.

Beispiel Za'atari in Jordanien, kaum 30 Kilometer hinter der Grenze zu Syrien. Bis Anfang 2012 nichts weiter als ein Luftwaffenstützpunkt der Royal Jordanian Air Force im Nirgendwo. Inzwischen dank der UN-Flüchtlingshilfe eines der größten Zeltlager der Welt, in dem mehr als 150 000 Menschen leben. So viele wie zum Beispiel in Heidelberg. Um ihre minderjährigen Töchter vor Vergewaltigung und Prostitution zu bewahren, verkaufen Eltern die fünfzehn-, sechzehnjährigen Mädchen lieber an einen Beduinen, der eine junge, unberührte Frau für seinen Harem sucht. Statt wie noch Monate zuvor in ihrer Heimat in die Schule gehen zu können, sind die Mädchen, ihrer Kindheit und Jugend beraubt, den Wünschen und Bedürfnissen siebzigjähriger Männer ausgeliefert. Nach dem Gesetz sind solche Ehen in Jordanien verboten, aber um Gesetze kümmert sich im Lager von Za'atari niemand.

Selbst die ökonomische Krise in Pull-Ländern hat die illegalen Märkte in Push-Ländern nicht erschüttert. Im Gegenteil. Sie erblühen. Die Arbeitslosigkeit in osteuropäischen Ländern wuchs noch rasanter als jene in den Sorgenkind-Staaten Griechenland, Portugal, Italien, Spanien. Also war das Angebot in den ehemaligen GUS-Staaten größer als zuvor, die Ware Frau im Einkauf billiger denn je. Das schlägt sich nieder beim Verkauf an Endabnehmer in Westeuropa. Sex zum Ludenpreis von bisher 40 Euro pro Akt gibt es jetzt für die Hälfte.

Ein Schaubild über Strukturen und Stationen und Geschäftsfelder des Menschenhandels, an die Wand des Konferenzraums projiziert, würde etwa so aussehen: Anwerbung im Land X, Schleusung ins Land Y, Ausbeutung im Land Z, und verdient wird mit allem, was illegal ist: Kinderarbeit und Kinderpornografie, Organhandel und Haussklaven, Zwangsarbeit und Scheinehen – und so viel wie mit allem anderen zusammen mit Prostitution. In einer Powerpoint-Präsentation müsste **PROSTITUTION** fett und in Versalien herausstechen.

Der Kampf gegen Menschenhändler bedeutet Sisyphusarbeit. Als ob, meint der Däne in der Runde, im Boxring ein Kind dem Schwergewichtler zwar Schläge versetzen kann – zehn, zwanzig –, der sich jedoch nicht beeindrucken lässt, weil er die Treffer gar nicht spürt. Ein resignierter Unterton jedoch war seinem bildhaften Vergleich nicht zu entnehmen. Im Gegenteil Trotz. Kampfgeist. Hartnäckigkeit.

Die zahlreichen Wege der Bösen und deren Einnahmequellen kennen bei der Tagung alle, die über ihre Erfahrungen berichten und aus ihren Analysen referieren. An welcher Stelle aber attackiert man am besten? Wo tut es den Händlern und Schmugglern richtig weh? Für den *Company Spirit* ist es wichtig, angesichts der feindlichen Übermacht zunächst mal über gemeinsame Erfolge zu berichten. Beispiele dafür gibt es natürlich auch:

Weil tschechische und britische Verbindungsbeamte bei EUROPOL ihre Kollegen in Prag und London mit Daten und Hinweisen versorgt hatten, konnten die in einer Razzia vor Ort zuschlagen. In der Tschechischen Republik wurden die Lieferanten verhaftet, in England zeitgleich die Abnehmer. Die Mädchen und Frauen waren mit vorgeblich leicht zu verdienendem Geld in die Prostitution gelockt worden, sollten für ein Honorar von umgerechnet 1500 Euro zum Schein mit britischen Staatsbürgern verheiratet werden und danach legal im Land arbeiten dürfen. Die Wirklichkeit nach der Einreise sah allerdings anders aus: Zwangsprostitution statt Scheinehe. Dank der *Joint Investigation Teams* von nationalen Polizeikräften und EUROPOL wurden immerhin 38 Opfer befreit und eine Bande dingfest gemacht.

Andererseits jedoch gibt es viele, erschreckend viele Geschichten, die von Niederlagen handeln. Eine von denen hat mir ein Ire erzählt. Bei einer Operation, die er koordinierte, ging es um bulgarische Menschenhändler, die junge Frauen nach Zypern verschleppten – wie Bulgarien gleichfalls ein Mitgliedsstaat von EUROPOL – und sie in Bordellen zur Prostitution prügelten. Ein eindeutiger Fall von Zwangsprostitution. EUROPOL lieferte Indizien und Hintergründe, die zypriotische Polizei handelte. Die Bulgaren wurden verhaftet, die Frauen befreit.

Aber ein Mädchen floh aus der Polizeistation zurück zu seinem Zuhälter. Vor dessen Rache hatte die junge Frau mehr Angst als vor dem, was er ihr weiter antun würde. Oft genug hatte er gedroht, sich an ihrer kleinen Schwester zu rächen, falls sie jemals versuchen sollte, zu fliehen und gegen ihn auszusagen. Ihre Familie aber wollte sie um jeden Preis schützen. Obwohl sie von der nie beschützt wurde, als ihr Onkel sie vergewaltigte und dann an Menschenhändler verkaufte.

Vor Gericht ist die Anklage in Fällen, in denen es keine eindeutigen Beweise gibt, auf Zeugen angewiesen. Auf Frauen, die sich nicht fürchten. Schutzprogramme gibt es in jedem Land, aber es sind viel zu wenige. Selbst wenn die Frauen kooperieren – wie schützt man sie davor, dass der Angeklagte sie beim Prozess mit eindeutigen Gesten wie einer Hand, die wie zufällig über die Kehle fährt, davor warnt, gegen ihn auszusagen, weil dies tödliche Folgen haben dürfte? Auch wenn er verurteilt wird, bleiben seine Kumpane in Freiheit und dort gefährlich wie eh und je.

Die Methode, die Opfer hinter einen Vorhang zu setzen, damit sie auch nicht von Zuschauern im Gerichtssaal erkannt werden, oder ihre Aussagen mittels Video und verzerrter Stimme zu übertragen, wird nicht von allen Richtern erlaubt oder scheitert an Protesten von Strafverteidigern. Unter denen nicht nur die üblichen Verdächtigen, die Advokaten des Satans, wie man sie aus US-Serien kennt, sondern oft auch berühmte Vertreter ihrer Zunft. Dass Geld nicht stinkt, können sie auch auf Lateinisch sagen: Pecunia non olet.

Um Menschenhandel zu verhindern, muss die Polizei da eingreifen, wo er beginnt, und die Kriminellen ergreifen, bevor die ihre Opfer greifen. Im sozialen Umfeld. Aber Freunde und Nachbarn und Angehörige, natürliche Schutzgemeinschaften, denen die ausgespähten Opfer nichts Böses zutrauen, werden oft von der Organisation dafür bezahlt, dass sie als fürsorgliche Lockvögel dienen.

Der Rumäne zu Beginn der EUROPOL-Tagung hatte in seiner Aufzählung verschiedener Maßnahmen den richtigen strategischen Ansatz genannt: Aufklärung direkt in den Biotopen der Armut, über denen die Menschenhändler ihre Geier kreisen lassen. Sie kommen zwar aus unterschiedlichen Nestern, tarnen sich mit bunten Federn, benutzen verschiedene Techniken bei der Jagd, aber alle sind sie vom gleichen Schlag, alle haben sie nur ein Ziel: Beute zu machen.

Zum Beispiel mit der Methode Loverboy. Gut aussehende, freundliche, fürsorgliche und sichtbaren Erfolg – Autos, Geld, Kleidung – zur Schau stellende junge Männer gaukeln ihren ausgespähten Opfern die große Liebe inklusive gemeinsamer Zukunft in einem Pull-Land vor. Verliebte Mädchen, die darauf hereinfallen, sind verloren. Direkt nach ihrer Ankunft in der Zukunft, auf legalem Weg per Zug oder illegal über eine grüne Grenze geschleust, werden sie von ihren sanftmütigen Liebhabern in die Gewalt spezieller Bodyguards übergeben und von denen so lange vergewaltigt, bis jedweder Widerstand gebrochen ist.

In Push-Ländern tauchen Loverboys zunächst nur online und in Chats aus dem digitalen Dunkelfeld auf. Sie verabreden sich für ein Treffen in der realen Welt. Sobald ihre Opfer angebissen haben und ihren Liebesschwüren glauben, werden sie zu einem Ausflug in die Großstadt oder aufs Land überredet. Dort werden sie bereits erwartet.

Dieses Phänomen der Jugendprostitution analysieren Kriminologen und Kriminalisten so: »Mädchen, die von Loverboys zur Prostitution gezwungen werden, unterscheiden sich in vielfältiger Weise von den bekannten Arten der Prostitution, da diese nicht primär in die Drogenproblematik involviert sind, in jedem Fall durch eine affektive Beziehung zu einem Mann zur Prostitution gelangen und aus allen sozialen Schichten kommen, vor allen Dingen jedoch nicht zwingend aus Multiproblemfamilien stammen, sondern nur mit den gängigen Problemen der Adoleszenz konfrontiert sind.« Im Klartext: In einem gewissen Stadium der Pubertät kann es alle jungen Mädchen treffen.

Zuständig in der Organisation für die systemimmanente Gewalt sind *Violence Specialists*, meist Exsoldaten der ehemaligen Sowjetrepubliken. Sie haben alle Arten von Gewalt am eigenen Leib erfahren und toben sich jetzt gnadenlos an hilflosen Frauen aus. Selbst die in vielen Bürgerkriegen verrohten Albaner, die einst die Rotlichtviertel in europäischen Großstädten kontrollierten, vor keiner Gewalttat zurückschreckten und jahrelang einen Ruf als brutalstmögliche Verbrecher zu verteidigen hatten, fürchten die Brutalität der Tschetschenen.

Die hassen vor allen anderen die Russen, und insbesondere an jeder Russin rächen sie sich dafür, was russische Soldaten in ihrer Heimat verbrochen haben. Viele der aus dem Nordkaukasus vor der Gewalt der Besatzer geflüchteten Tschetschenen bezahlen die Schulden für den Transport nach Westeuropa, indem sie sich als schlagende mobile Einsatztruppe verdingen. Skrupel sind ihnen fremd. Falls Vergewaltigung, Prügel,

Essensentzug nicht ausreichen, lassen sie die Angehörigen ihrer Opfer foltern und zeigen diesen Fotos ihrer misshandelten Kinder oder Eltern auf ihren Handy-Displays.

Wenn Loverboys scheitern, wird im Push-Land die Methode Familienbande eingesetzt, um die Mädchen zu ködern. Das kann der Onkel sein, das kann der Vater sein. Zufällig hat der angeblich von Freunden erfahren, dass eine Agentur in der nächstgelegenen Kleinstadt junge Frauen sucht, die im Ausland für ein, zwei Jahre als Kellnerin arbeiten wollen, als Verkäuferin, als Kindermädchen, als Putzfrau. Sie könnten das Vielfache eines heimischen Monatslohns verdienen.

Die seriös wirkenden Vermittler gehören selbstverständlich zur Organisation. Falls die Angesprochenen dennoch zögern, werden sie unter moralischen Druck gesetzt. Kann die Tochter es mit ihrem Gewissen vereinbaren, eine solche, gewiss einmalige Chance auszuschlagen, die ihre Eltern und Geschwister aus der Not befreien würde? Wenn sie dann endlich nachgibt und glaubt, was ihr Verwandte über die Verdienstmöglichkeiten in der Fremde vorschwärmen, haben die familiären Ratgeber ihre Erfolgsprämie verdient, bezahlt von professionellen Menschenhändlern.

Auffallend schönen Mädchen wird mit märchenhaften Geschichten von Gleichaltrigen, abrufbar im Internet, produziert in den Werkstätten des kriminellen Netzwerks, wo auch Pässe und Geburtsurkunden und Arbeitserlaubnisse gefälscht werden, eine Karriere als Model im Westen vorgegaukelt. Wie viele junge Frauen aus ihren naiven Träumen in die Wirklichkeit eines Bordellbetriebs gefallen sind, zur Prostitution gezwungen wurden, weiß niemand. Schätzungen von Polizei und Hilfsorganisationen gehen davon aus, dass jede zweite Prostituierte in Rumänien, Bulgarien, Moldawien unter psychischem Druck oder physischer Gewalt zur Sexarbeit gezwungen wird.

Tarnfirmen pflastern den Weg in die Hölle. Weil OK-Banden wie seriöse Unternehmen auch Marketingabteilungen unterhalten, sind viele der lukrativ erscheinenden Angebote in den einheimischen Zeitungen frei erfunden: Heiratsvermittler, die damit werben, für junge Frauen gut situierte Ehepartner im Westen in petto zu haben. Reisebüros, die für sensationell günstige Preise Busreisen in eines der begehrten Pull-Länder anbieten. Modelagenturen, die vorgeblich im Auftrag berühmter Modehäuser nach neuen Gesichtern für die Catwalks suchen. Touristikunternehmen, die für ihre Kreuzfahrtschiffe Personal suchen.

Die holländische Projektmanagerin Desirée Horbach, geprägt und nicht in Resignation verfallen durch viele Berufsjahre in der Asylpolitik ihres Landes, hat im Sommer 2013 im Auftrag des *European Refugee Fund* ein internationales Symposium organisiert, bei dem Fachleute aus der Praxis berichteten. Hauptthema: An welchen typischen Indikatoren kann man Menschenschmuggel beziehungsweise Menschenhandel erkennen? Und wie kann man die Opfer sicher betreuen, vor allem alleinstehende minderjährige Asylanten, in der internationalen Fachsprache als *Unaccompanied Minors Asylum Seekers* (UMAS) bezeichnet? Die Experten gehen davon aus, dass in den Niederlanden die meisten ausländischen Prostituierten aus Bulgarien, Rumänien, Ungarn und Nigeria kommen und von denen allenfalls 30 Prozent freiwillig ihre Dienste anbieten.

Das Verhältnis von Zwang und Freiwilligkeit lässt sich nur schätzen. Typische Aussagen wie »Vergewaltigt haben mich meine Verwandten zu Hause schon seit Jahren, und niemand hat mir geholfen« sprechen sowohl für die eine als auch für die andere Kategorie. Und das gilt nicht nur für Holland, sondern nach Expertenmeinung im gesamten europäischen Sexbusiness – vom Balkan bis in die Schweiz, von Großbritannien bis

Italien, von Frankreich bis in die Türkei –, und erst recht im größten Markt Deutschland.

Der Amerikaner und ich machen Notizen. Er auf dem Notepad, ich auf Papier. Monate später erfahre ich durch die PRISM-Enthüllung des Whistleblowers Edward Snowden, dass sich zumindest der Agent von Homeland Security die Arbeit hätte sparen können. Weil die National Security Agency (NSA) weltweit E-Mails und Handygespräche abhört und speichert, darunter bestimmt auch solche, in denen Stichwörter wie »Trafficking« oder »Exploiting« vorkommen, Handel mit und Ausbeutung von Menschen. Weil ich aber alles mit einem Bleistift notiere, gibt es keine Spuren außer meiner Handschrift.

Ich schreibe mit:

Zwischen 2009 und 2013 ist die Zahl der Ermittlungen in Fällen von Zwangsprostitution auf das Achtfache gestiegen. Aus Push-Ländern wie Rumänien stammten 3177 Frauen, aus Nigeria 1395, aus Ungarn 1226, aus Bulgarien 860, aus der Slowakei 294 und aus Albanien 278. Dass 42 Prozent der Rumäninnen im eigenen Land anschaffen gingen, ausgebeutet von einheimischen kriminellen Banden, erklärt auch, warum der rumänische Vertreter von einem Fortschritt bei der Bekämpfung des *internationalen* Menschenhandels sprach. Die aufnehmenden Pull-Länder waren hauptsächlich Deutschland, die Schweiz, Österreich, Holland, Frankreich und Großbritannien. Das klingt überschaubar. Die von EUROPOL vermutete Dunkelziffer ist zwanzigmal so hoch.

Worüber man inzwischen Genaueres weiß, sind Einsätze, Strukturen, Methoden der Mittelsmänner auf den verschiedenen Etappen des Menschenhandels. Es beginnt mit denen, die irgendwo in Push-Ländern, bevorzugt in Kleinstädten und Dörfern, Mädchen ansprechen und ihnen tolle Jobs im Westen versprechen.

Sobald die Beute am Haken hängt, angefixt ist, kümmern sich andere Mitglieder der Organisation um den Transport. Die Einreise in den Westen kann mit dem Flugzeug erfolgen, auf einem Schiff, in Autos oder, von Ortskundigen geführt, zu Fuß über eine unbewachte grüne Grenze. Aber selbst bewachte Grenzen sind am Rand der EU kein Hindernis. Die Spediteure bestechen Zoll und Polizei und liefern die Ware in den Ländern ab, in denen sie bestellt wurde. Dort übernehmen Bodyguards der brutalen Art in streng bewachten Häusern des kriminellen Netzwerkes, und von dort aus wird die Ware ausgeliefert an die Produktionsstätten.

Bei einer Razzia in Südeuropa fiel den Ermittlern eine interne Aufstellung in die Hände. Auf der standen Einkaufspreise und Einnahmen pro Dienstleistung: Mädchen aus Brasilien oder China kosteten je 5000 Euro und erwirtschafteten pro Akt 40 Euro. Russinnen, Moldawierinnen, Bulgarinnen und Polinnen waren mit je 3500 Euro Kopfgeld und 30 Euro Verdienst pro Einsatz gelistet. Es folgten Frauen aus der Ukraine, aus Albanien, Ungarn und Lettland zu je 3000 Euro Aquisekosten und 25 Euro pro Dienst am Mann. Am Ende dieser *Bad List* rangierten Rumäninnen und Afrikanerinnen mit je 2000 beziehungsweise 20 Euro.

Um Strategien gegen solche Marktbeschicker geht es heute in Den Haag. Der Brite unterstreicht sein Lob für den Rumänen sogar noch, indem er ironisch darauf hinweist, dass von manch anderen Staaten, darunter sowohl ständige Mitglieder von EUROPOL als auch in deren Strategie eingebundene assoziierte Staaten, überhaupt keine Zahlen zum Thema Menschenhandel geliefert wurden. Entweder, so der naheliegende Schluss, gebe es dort das Problem nicht mehr. Oder aber...

Den Rest des Satzes verschluckt er. Doch alle im Konferenzraum hätten ihn vollenden können. Oder aber, so hätten sie spontan fortfahren müssen, in gewissen Staaten sind die Verbindungen zwischen organisierter Kriminalität und Justiz und Polizei so eng, dass es dort eh sinnlos sei, Statistiken ernsthaft zu bewerten. Weil die Zahlen so lange gefälscht werden, dass aus der in Wirklichkeit gemeinsam betriebenen illegalen Transport AG »Handel & Schmuggel Mensch« eine legale Spedition geworden ist. Bei deren monatlichen Firmeneinkünften von 125 000 Euro, was brutto gleich netto bedeutet, und bei monatlichen Durchschnittseinkommen in gewissen Staaten von 400 Euro für Vertreter des Gesetzes werden die Summen für deren Bestechung aus der Portokasse bezahlt.

Selbstverständlich könnten alle hier anwesenden Beamten die gewissen und gewiss vom Vorsitzenden gemeinten Staaten benennen. Aber dann stünden Bulgarien, Zypern, Tschechien oder Ungarn – und eben nicht nur Staaten jenseits der EU-Grenzen, wie Albanien, Moldawien oder Russland, die spontan auch mir einfallen – im offiziellen Tagungsprotokoll. Was Ärger geben würde, denn das Protokoll wird im nächsten Rundschreiben an jene erwähnten Mitglieder verschickt, die heute nicht anwesend sind. Insgeheim hat sich bis zum Beweis einer Besserung der tatsächlichen Zustände eine inoffizielle EUROPOL-Taktik bewährt. Von der Übermittlung wesentlicher Informationen an Polizei und Justiz werden manche Staaten ausgeschlossen, um dort ansässigen, möglicherweise im Dienst der Gegenseite stehenden Mitlesern keine wertvollen Erkenntnisse auch noch frei Haus zu liefern.

Das ist keine obskure Verschwörungstheorie, sondern belegbare Realität. Einem erst sechzehnjährigen Mädchen war es in einem dieser gewissen Staaten gelungen, aus dem Bordell, in dem es arbeiten musste, zu fliehen, und schaffte es sogar bis zu einer Polizeistation. Es bat die Beamten um Schutz und nannte im Gegenzug Namen. Vor allem den Namen des Mannes, dem das Bordell gehörte. Die Beamten, die den kannten, riefen ihn an. Er möge doch bitte das entlaufene Mädchen abholen, bevor es anderen als ihnen, seinen guten Freunden, solche Schauergeschichten erzählen würde. Wenig später wurde es abgeholt. Es wehrte sich, schrie. Niemand half ihm. Tags darauf fand man die Leiche des Mädchens. Es war vom fünften Stock über den Balkon gestoßen worden. Es gab aber keine Ermittlungen. War offenbar Selbstmord, wurde von der Polizei festgestellt. Und die Akte geschlossen.

Und wie haben die bei EUROPOL davon erfahren? Weil ein Polizist sie anonym darüber informiert hat. Seinen Namen wollte er nicht nennen. Er hatte Angst vor der Rache seiner Kollegen. Deshalb kennt man zwar den Fall. Kann aber nichts unternehmen. Außer den Staat bis zur Wiedervorlage auf die Liste derer zu setzen, deren Passwort für den Rechner in Den Haag nicht für alle gesammelten Daten gilt und die von geheimen Operationen gegen kriminelle Banden erst dann erfahren, wenn die Aktionen abgeschlossen sind.

Auch bei der Ausbeutung als Hausklave, im Fachjargon der Behörden *Domestic Servitude* genannt, trifft es hauptsächlich Frauen. Angeworben werden sie als Dienstbotin, als Kindermädchen, als Haushälterin. Dann illegal ins Land geschmuggelt und dort von denen, die sich locker Personal vom legalen Arbeitsmarkt leisten könnten, von morgens bis Mitternacht und an sieben Wochentagen ausgebeutet, misshandelt, mitunter vom Herrn des Haushalts vergewaltigt. Sie erdulden es. Könnten zwar bei passender Gelegenheit fliehen, aber wohin sollten sie sich in Sicherheit bringen?

Sie haben kein Geld. Sie haben keine Papiere. Sie sprechen nicht die Sprache des Landes. Sie sind Illegale, und sie wissen: Sobald sie aus dem Untergrund, der tatsächlich einer ist, denn sie wohnen in den Kellern der Stadtvillen, auftauchen und bei der Polizei aussagen, schickt man sie, nachdem sie ihre sachdienlichen Hinweise gegeben haben, zurück ins andere Elend. In das ihrer Heimat.

Männer aus den von der Krise besonders betroffenen Ländern Osteuropas werden mit Aussicht auf Arbeit gelockt, die so gut bezahlt sei, dass sie ihre zurückbleibenden Familien ernähren könnten. Solche Angebote ziehen. Schmuggler bringen sie aber nicht etwa nur von Ost nach West und kassieren sie für den Transport ab. Wie eng Menschenschmuggler und Menschenhändler in der russischen Mafia zusammenarbeiten, ist aktenkundig. Viele Männer werden bereits in Moskau von Subunternehmern aus dem Zug geholt und in schrottreifen, kontaminierten russischen Fabriken zur Arbeit gezwungen. Achtzig-Stunden-Wochen, kein freier Tag, keine Bezahlung. Fliehen können sie nicht, ihre Pässe wurden eingezogen. Wer sich wehrt, wird verprügelt.

Der russische Zweig dieses Global Business ist besonders straff organisiert. Geführt meist von ehemaligen KGB-Offizieren oder Kommandeuren der Armee. Sie denken marktstrategisch. Am Schwarzmeer rekrutierte Mädchen und Frauen wurden nicht etwa nach Westeuropa oder nach Moskau transportiert, in der allein nach seriösen Schätzungen rund hunderttausend Prostituierte arbeiten, teils freiwillig, teils genötigt, was etwa dem Zehnfachen der in New York in dieser Branche Tätigen entspricht. Sondern wurden vielmehr durch die halbe Welt verschleppt bis nach Alaska und dort an Bordelle verkauft. Früher hätte es sichtbare Spuren gegeben. Heute gibt es nur E-Mail und SMS, und die werden nach vollbrachter Tat sofort gelöscht.

Falls Arbeitsimmigranten tatsächlich in einem der Pull-Länder landen, ergeht es ihnen nur spürbar besser. Physische Gewalt gegen sie anzuwenden wäre zwar geschäftsschädigend.

Weil Muskelkraft und körperliche Fitness den Marktpreis bestimmen. Doch psychischer Druck reicht aus. Wer sich den Zwischenhändlern unterwegs oder am Ziel widersetzt, wird von denen nicht mehr beschäftigt. Ersatz steht bereit, um für 20 Euro Tageslohn 16 Stunden lang dreckige, gefährliche, harte Arbeit zu verrichten.

Zusammengepfercht leben sie zu sechst in Bruchbuden, für die sie horrende Wuchermieten zahlen müssen. Vermittelt an wohlanständige Unternehmen der fleischverarbeitenden Industrie, des Schrotthandels, der Landwirtschaft, des Baugewerbes. Die überweisen den Vermittlern das Doppelte, das Dreifache davon, was die ihren Arbeitssklaven bezahlen, sparen jedoch nicht nur Sozialabgaben, sondern können auch immer dann, wenn wieder mal ein so typischer Skandal von Ausbeutung auffliegt, treuherzig behaupten, von solchen Methoden ihrer Subunternehmer nichts geahnt zu haben.

Wenn es der portugiesischen Polizei gelingt, Arbeitssklaven zu befreien, sorgt die Organisation im fernen Moskau innerhalb weniger Tage dafür, dass an einer anderen (Bau-)Stelle Ersatz verfügbar ist. Wenn holländische Polizisten Mädchen aus Zwangsprostitution retten, sind die innerhalb eines Tages durch andere ersetzt. Wenn ein belgisches Einsatzteam aufgrund der Aussage einer furchtlosen Frau dafür sorgt, dass ein paar der schlimmsten Zuhälter zu langjährigen Gefängnisstrafen verurteilt werden, sind noch vor dem Urteilsspruch die frei gewordenen Planstellen im Bordell von anderen Schlägern aus der Organisation besetzt.

Bei der Zerschlagung einer irakisch-kurdischen Organisation, die für 3000 Euro Kopfgeld den Transport von Vietnamesen mit gefälschten Papieren über Moskau nach Belgien und von dort weiter über den Ärmelkanal nach England anbot, koordinierte EUROPOL Polizeieinsätze in sechs Mitgliedsstaaten. In Frankreich, Holland, Tschechien, Deutschland, Ungarn und Großbritannien. Die Ungarn waren involviert, weil es für zusätzliche 10 000 bis 15 000 Euro ungarische Visa, ausgestellt in Hanoi, zu kaufen gab und damit verbunden die Garantie, im Zielland Ungarn sicher per Direktflug von Budapest nach London einreisen zu können.

Bis zum Abflug wurden die Vietnamesen in Wohnungen der Menschenschmuggler in der französischen Hauptstadt untergebracht und bewacht. Ihr Netz hatten die kriminellen Schleuser von Vietnam über Polen, Tschechien, Frankreich, Ungarn und Deutschland bis zum Ziel England gespannt. Bei der Aktion mit zeitgleichen Einsätzen in diesen Staaten machte die jeweilige Staatsmacht dutzendfach Beute. Den Franzosen gelang sogar ein Zufallstreffer auf einem anderen Geschäftsfeld des organisierten Verbrechens. Quasi nebenbei entdeckten sie eine Cannabisfarm in der Normandie.

Worüber die Holländer nur müde lächeln. Sie schätzen, dass in ihrem kleinen Land etwa 30 000 Cannabisplantagen mit je 200 Pflanzen betrieben werden, oft nur dadurch zu ermitteln, dass die Elektrizitätswerke in bestimmten Regionen oder Straßen oder Häusern erhöhten Stromverbrauch registrieren und die Polizei informieren. Die jährliche Ernte beziffern sie auf ungefähr 750 Tonnen (Stand Sommer 2013), die einen Marktwert von etwa sieben Milliarden Euro haben und zumeist ins Ausland verkauft werden.

Arbeitssklaven in verschlossenen Lastwagen zwischen die in Frachtpapieren aufgelistete und tatsächlich geladene Ware zu pferchen wurde den Schmugglern zu riskant, seit nach der Entdeckung von 58 toten Chinesen im Jahr 2000, erstickt während der Überfahrt von Rotterdam nach Dover, die Kontrollen auf beiden Seiten des Ärmelkanals verschärft wurden. Die Männer waren von der chinesischen OK-Gruppe *Snakeheads* für Arbeit in Sweatshops und Restaurants angeworben wurden. Erste Etappe: ein Flug von Peking nach Belgrad. Dort gab es bei der Einreise dank der klammheimlichen Mithilfe örtlicher Kleinkrimineller keine Probleme. Mit verschiedenen Autos wurden die Chinesen dann durch Ungarn, Österreich, Frankreich nach Holland gefahren und dort auf ihre furchtbare letzte Reise geschickt.

Menschen zu schmuggeln oder zu verkaufen ist eine Straftat, jeder Handel beginnt mit Schmuggel. Doch strafrechtliche Unterschiede im Hinblick darauf, was dem einen als Verstoß gegen die Gesetze eines Staates, dem anderen als ein Verbrechen gegen konkrete Personen gilt, sind bei dieser Konferenz keine Rede wert. Vielmehr geht es um eine grundsätzliche Aufhellung des Dunkelfeldes, in dem Menschenhandel und -schmuggel zu einer unheimlichen Krake verschmelzen. Ganz egal, in welchem Push-Land die lauert, und ganz egal, in welchem Pull-Staat sie ihre Beute absetzt.

Menschenhandel ist stets verbunden mit illegaler Immigration. Das sechzehnjährige Mädchen aus Bulgarien, das mit einem Touristenvisum in Heathrow landet, ist bereits an die albanische Mafia verkauft, noch bevor es den Flughafen überhaupt verlassen hat. Es ist zwar unter falschen Voraussetzungen – Arbeit als Au-pair-Mädchen – ins Land geschmuggelt worden. Aber jetzt ist es eine Beute der Menschenhändler, vorgesehen für die Prostitution in England. Der Handel geht später weiter von einem Land ins nächste. Es wird innerhalb der kriminellen Organisation dabei stets aufs Neue ausgebeutet.

Neben den großen organisierten Banden sind auch Kleinkriminelle und Verwandte der Opfer im Menschenhandel aktiv – sieht man einmal von den Schmuggelrouten ab, die in China, Pakistan, Thailand oder Nordafrika ihren Ausgang haben. Schleusung findet auch im privaten Lieferwagen statt und ist strafbar auch dann, wenn Vater und Sohn nur einen Flüchtling unter der Ladung versteckt haben.

Auf der Grundlage von Meldungen aus den Mitgliedsstaaten schätzen Analysten in Den Haag, dass es neben den Dutzenden von OK-Multis Tausende kleiner Gruppen gibt, die im Menschenschmuggel und Menschenhandel mitmischen. Drei-Mann-Betriebe. Kleinhandwerker. Familienunternehmen. Eine kriminelle Mikrowirtschaft im Schatten der Makroökonomie und schwer zu fassen, weil sie sich nicht nur in dem Dunkelfeld bewegen wie die Großen, sondern sich auch noch in deren Schatten verbergen.

Profis hatten sorgfältig darauf geachtet, steht in einem Abschlussprotokoll von EUROPOL, dass ihr Business nicht auffiel, hätten mit allen Mitteln ihre Spuren verwischt, damit sie »nicht auf das Radar gerieten. Gruppen aus Kroatien hatten sich für die Operation mit Schmugglern aus anderen Ländern verbündet. Ihre Ware in kleinen Fuhren mit Taxis, Privatautos oder Lieferwagen über die Grenze transportiert, dann an geheime Treffpunkte gebracht und das Geschäft abgeschlossen.« Das Geld wurde via Western Union Bank überwiesen, die Illegalen in verschiedene Busse verfrachtet, deren Fahrer bestochen worden waren. Verdienst der Bande, die dank einer Razzia aufflog: 1500 Euro pro Kopf, was bei insgesamt 192 aus dem Nahen Osten nach Europa geschmuggelten Menschen mit nur einer einzigen Aktion rund 300 000 Euro erbrachte.

Worauf wir strategisch reagieren müssen, referiert aus der Perspektive von Pull-Staaten nach dem Rumänen mit Powerpoint-Präsentationen und Fallstudien die Belgierin – und der Amerikaner, der seine Müdigkeit endgültig besiegt zu haben scheint, speichert Schlüsselbegriffe ab –, sind die mächtigen Allianzen zwischen unabhängig operierenden Banden. Global wie national. Die einen sind spezialisiert auf Waffenhandel, aber unterstützen logistisch auch diejenigen, die mit gefälschten Arzneimitteln oder Rauschgift Geschäfte machen. Menschenhändler wiederum bieten ihre Ware Mensch auch als Drogenkuriere an. Banden der Triaden, führend beim Handel mit Zwangsarbeitern in Italien, kooperieren mit der dortigen Mafia, albanische und russische Kriminelle, darunter ehemalige Offiziere oder KGB-Agenten, sorgen für den Schutz der Transporte auf den Routen von Ost nach West.

Weil in Belgien gespart werden muss und auch in ihrer Abteilung Budgetkürzungen erfolgen, fehlt es der Referentin an Womanpower, um aufgrund vieler einzelner Fälle eine Analyse zu erstellen. Sie bittet alle im Saal, ihr konkrete Beispiele zu mailen. Dann könnte sie das, was sie vorgetragen hat, noch vertiefen.

Alle wissen, dass es simples Polizeihandwerk ist, Bordellbetreiber zu ermitteln. Die veröffentlichen in Anzeigen und im Internet, was sie zu bieten haben. Eine bestimmte Straße im Rotlichtviertel von Amsterdam, berichtet der Holländer, wird abschätzig »20-Euro-Gasse« genannt, weil dort so viele nigerianische Frauen auf den Strich gehen, dass sie sich gegenseitig unterbieten für Sexdienste. Eine Razzia durchzuführen auf der Suche nach Illegalen und Händlern, die sie als Prostituierte vermarkten, sei ein Routinejob. Ließe sich jederzeit organisieren.

Oder wenn blonde junge Mädchen, begleitet von finsteren Typen, aus einem Haus treten und in eine Limousine mit verdunkelten Scheiben verfrachtet werden, ist der Verdacht naheliegend, dass die jetzt irgendwohin gebracht werden zum Zwecke der *Sexual Exploitation*, der sexuellen Ausbeutung. Und dass dies bestimmt kein freiwilliger Akt ist, denn sonst würden die Frauen nicht von diesen vierschrötigen Kerlen begleitet werden. Auch da ließe sich problemlos zugreifen.

Aber man müsste die Zuhälter nach 24 Stunden wieder freilassen, müsste die Mädchen wieder auf die Straße schicken, denn ohne ihre Aussagen könne man nicht beweisen, dass sie zur Prostitution gezwungen wurden und werden. Zu hoffen, dass eine Frau ihre Angst besiegt, dass es ihr auch gelingt, zu entfliehen, und dass sie sich sogar freiwillig für Aussagen in einer Polizeistation meldet, ist keine besonders überzeugende Strategie der Verbrechensbekämpfung.

Also?

Also sollten *Joint Investigation Teams* in Europa gut vorbereitet, gut abgeschottet – denn hochbezahlte Hacker sind längst integriert in OK-Banden – zeitgleich an einem bestimmten Tag zu einer bestimmten Uhrzeit nicht nur zuschlagen, Verdächtige festnehmen, Opfer befreien, sondern auch Computer und Handys konfiszieren, zeitnah auswerten und mit dem Material gleich das ganze Netzwerk erledigen.

Auf die Idee sind die Profis natürlich auch ohne mich schon gekommen. Zum Beispiel am 25. Oktober 2012 beim Unternehmen *Common Action Day*, organisiert vom Referat zur Bekämpfung des Menschenhandels im Bundeskriminalamt, koordiniert von EUROPOL. In Nigeria, in der Schweiz, in Schweden, in Spanien, in England, in Italien, in Belgien und in Deutschland wurden insgesamt 468 Personen überprüft, wie es so fein in den Ermittlungsprotokollen heißt: in Reisebüros des Push-Landes Nigeria, die zur kriminellen Organisation gehörten, auf dem Straßenstrich oder in Bordellen in Zürich und in Rom, in Brüssel und in Berlin, in London und in Madrid.

Das hören die in Den Haag versammelten Kollegen des Deutschen, der darüber berichtet, zwar gern. Weil er mit Fakten belegen kann, dass im Kampf gegen die Internationale der Menschenhändler eine internationale Kooperation wesentlich ist. Aber bevor die auf die Idee kommen könnten, ihm dafür geistig auf die Schultern zu klopfen oder real auf die Tischplatten vor ihnen, dämpft er die Begeisterung mit einigen weiteren Fakten.

Denn mehr als ein Nadelstich war die Operation *Common Action Day* am Ende des Tages dann eben doch nicht. Für die Auswertung der bei den Razzien beschlagnahmten Computerfestplatten, für die Übersetzungen der vielsprachigen Mitteilungen in den Mailboxen der konfiszierten Handys, für die Entschlüsselung der in codierten E-Mails gespeicherten Telefonnummern und Mailadressen hätten die Polizeibeamten einen Sonderetat gebraucht. 20 000 bis 25 000 Euro pro Monat nach ihrer Schätzung. Ein paar Monate lang. Dolmetscher sind teuer, und so viele gibt es auch nicht, die den Sicherheitsbestimmungen des Amtes entsprechend eingesetzt werden dürfen. Vor dem Fall des Eisernen Vorhangs genügte einst die Kenntnis von ein, zwei Sprachen, in denen sich Kriminelle austauschten, beispielsweise Italienisch, beispielsweise Englisch. Heute sind es Dutzende. *Multi Crime* ist seiner Natur gemäß multilingual.

Der Antrag auf einen Sonderetat wurde abgelehnt. Nicht etwa von EUROPOL. Sondern von der fürs entsprechende Budget zuständigen EU-Kommission. Europa müsse sparen, zitiert der Deutsche aus der Begründung in seinen Papieren. Der Franzose glaubt, sich verhört zu haben, und fragt nach. Der Amerikaner grinst und tippt in sein Smartphone. Der Slowene protestiert fürs Protokoll. Die Belgierin rollt mit den Augen. Der Engländer kündigt die Mittagspause an. Ich schreibe mit.

Tage später beginnt meine Reise in die Nacht bei einer Razzia der Bundespolizei.

KAPITEL 3

Im Einsatz: »Operation Scheich«

Der Polizist nimmt mir die stählerne Ramme ab. Er trägt den schweren Stahl, den ich selbst beidarmig kaum hatte heben können, lässig schaukelnd in einer Hand. Mit der anderen zieht er sich das Visier seines Schutzhelms übers Gesicht, testet das Funkgerät auf seiner linken Schulter, spricht ins Mikrofon des Headsets, horcht auf die Antwort und nickt. Die Verbindung zur Einsatzleitung steht.

Außer dem leisen Zwitschern soeben im ersten Tageslicht erwachter Vögel kein Geräusch nirgendwo. Stille vor dem Sturm. Der Countdown läuft, ist hörbar aber nur für Männer mit einem Knopf im Ohr. Gleich wird der Stahl-Träger, den man in diesem Zusammenhang wohl als Ramm-Bock bezeichnen darf, allerdings nur in diesem, gefolgt von vier Vermummten, auf deren Uniformrücken ebenfalls »POLIZEI« steht, eine Tür im Seitentrakt des Hauses aufbrechen, und dann könnte es laut werden.

Sehr laut.

Versammelt hatten wir uns, während die kleine Stadt noch schlief, kurz nach fünf Uhr morgens im Hinterhof einer Tankstelle. Dem Pächter gefroren die Gesichtszüge, als er gähnend ein Fenster im ersten Stock öffnete, um die Wetterlage zu erkunden. Statt grauer Wolken oder aufgehender Sonne sah er schwarze Gestalten, die auf seinem Grundstück standen und sich unterhielten. Alle bewaffnet. Wenige Frauen, viele Männer. Einige trippelten vor den Einsatzautos auf der Stelle und schauten verstohlen zu dicken Baumstämmen im Garten.

Der Tankwart wähnte sich im falschen Film. Lautstark forderte er Aufklärung. Als ihm glaubhaft versichert wurde, dass es sich nicht um einen Überfall, sondern um einen bevorstehenden Einsatz der Bundespolizei handelte, öffnete er mit einem langen Schlüssel die Toilette.

Auf den ersten Blick hätte es sich sogar tatsächlich um Dreharbeiten für einen TV-Krimi handeln können, in dem sich »SOKO XY« auf einen Einsatz vorbereitete, Action als Ouvertüre für die folgenden neunzig Minuten. Noch aber würde kein Fernsehzuschauer wissen, um welches Verbrechen es ging und wer gejagt werden soll.

Das weiß in der Wirklichkeit auch der städtische Beamte nicht, der an diesem Morgen dienstverpflichtet wurde. Er war zwar wie angeordnet pünktlich zur Stelle, aber desorientiert, weil sich niemand um ihn kümmerte. Vor Aktionen dieser Art, in denen aufgrund der Ermittlungen nicht von unmittelbarer »Gefahr im Verzug« (GiV) auszugehen ist, werden über jedweden Zweifel erhabene Staatsbürger gebeten, als neutrale Beobachter die Polizei zu begleiten. Falls bei einem späteren Prozess Strafverteidiger unangemessene Gewalt der Staatsgewalt gegen ihre Klienten beklagen, könnten die Aussagen eines Augenzeugen, so wie ihn heute Morgen der müde Zivilist verkörpert, entscheidend sein für die Wahrheitsfindung und das Urteil der Richter.

Manchmal wird vor einer Razzia nach dem Zufallsprinzip auch ein Nachbar der Zielperson eingeweiht und als Zeuge verpflichtet, was im konkreten Fall ausgeschlossen ist, weil niemand weiß, ob ein Nachbar wirklich nur ein netter Nachbar ist. Sondern in Wirklichkeit zu den nicht gar so netten

Verwandten des Hauptverdächtigen gehört. Einige von denen wohnen in seiner unmittelbaren Umgebung hier auf dem flachen Land, wie sich im Lauf der monatelangen Ermittlungen herausgestellt hatte. Fünf Wohnungen sollen deshalb zur gleichen Zeit wie das wichtigste Objekt, das Haus des Chefs, Schlag sechs Uhr durchsucht werden.

Deshalb war auch bei der Planung von der Staatsanwaltschaft beschlossen worden, dass die Rolle des Betrachters von außen ein Vertreter der Kommune einnehmen müsse. Vereinbart mit dessen Vorgesetztem auf dem kleinen Dienstweg. Außer Ort und Uhrzeit bekam er trotz Nachfragen keine weiteren Hinweise. Erst jetzt, kurz vor dem Einsatz, wird er darüber informiert, was gleich passieren dürfte und worin sein stummer Part besteht. Sein Handy darf er nun nicht mehr benutzen. Vertrauen ist gut, Kontrolle jedoch besser.

Diese bevorstehende Aktion gegen Schleuser, nicht nur diese hier, wurde unter strikter Geheimhaltung koordiniert und geplant. Weniger aus Angst vor einer undichten Stelle bei der Polizei oder der Justiz. Für Informationen bezahlte korrupte Staatsdiener sind eher in der amerikanischen Unterwelt anzutreffen als in der deutschen Provinz. Sondern weil die technischen Begabungen und Möglichkeiten der kriminellen Gegenseite nicht einzuschätzen waren. Denn wer grundsätzlich davon ausgeht, abgehört zu werden, könnte umgekehrt auf die Idee kommen, seine Gegner, also gewisse Abteilungen von Strafverfolgungsbehörden, mithilfe hochbezahlter Profis ebenfalls abhören zu lassen. Längst sind auch Spezialisten gewisser Organisationen – und nicht nur diejenigen von Geheimdiensten, Verfassungsschutz oder Polizei – jederzeit in der Lage, fremde E-Mails zu speichern und Telefongespräche aufzuzeichnen. Die rote Linie zwischen dem, was per Gesetz erlaubt ist, und dem, was die Grundrechte der Bürger verletzt, haben insgeheim oft auch diejenigen überschritten, die eigentlich die Verfassung schützen sollen.

Bis zum heutigen *Operation Day* ist alles verschlüsselt und die Planung möglichst geheim gehalten worden. Die Notwendigkeit solcher Vorsichtsmaßnahmen überzeugte sogar den Tankstellenpächter, der sich anfangs noch lautstark darüber beschwert hatte, nicht informiert worden zu sein über das Heerlager auf seinem Hof.

In dem hält jetzt eine Limousine. Zwei abgeschlaffte Männer in Zivil steigen aus. Sie haben die ganze Nacht über das Haus des Verdächtigen observiert. Seit gestern Abend hat der es nicht verlassen. Auch die Rückseite des Gebäudes haben beide, sich abwechselnd, im Auge behalten. Reine Routine. Jetzt geben sie ihren uniformierten Kollegen letzte Informationen mit auf deren Weg. Ihre Pflicht haben sie zwar schon erfüllt, aber sie wollen im Hintergrund verfolgen, wenn die gleich losstürmen.

Ihre Zielperson liegt um diese Zeit vermutlich noch im Tiefschlaf. Das Ende der Nacht gilt als idealer Zeitpunkt für unangemeldete Besucher. Grundsätzlich, überhaupt, auf der ganzen Welt, und heute nicht nur hier, sondern an 28 Orten, zumeist Dörfer oder Kleinstädte in Niedersachsen und Nordrhein-Westfalen. Weil in Gemeinden der Glaubensgemeinschaft dort die meisten verdächtigen Mitglieder der Schleuserbande leben, sind Razzien in genau diesen Bundesländern geplant. Dreihundert Bundespolizisten wurden für die überall Punkt sechs Uhr beginnenden Einsätze eingeteilt, alle gerüstet wie die hinter der Tankstelle versammelten.

Wir fahren los.

Außer ein paar Rentnern, die ihre Hunde ausführen, begegnet uns niemand. Sie blicken der Kolonne neugierig hinterher. Dass so früh am Morgen in ihrer Siedlung plötzlich so reger

Verkehr herrscht, dürfte sie erstaunt haben. In ein paar Stunden werden sie mehr wissen.

Nach knapp zehn Minuten biegen wir ab in eine Seitenstraße. Links und rechts spitzgieblige Einfamilienhäuser, eingerahmt von Vorgärten mit gestutzten Hecken, keine wachsamen Gartenzwerge. Stille. Lautlos rollen Autos im Leerlauf aus, schweigend verteilen sich Polizisten rund um ein Grundstück. Der Trupp, der das Haus stürmen soll, stellt sich, Maschinenpistolen im Anschlag, vermummt rechts vom Eingang auf. Ich bin selbstverständlich unbewaffnet, aber in schützender Obhut des Kommissars, mit dem ich vor drei Stunden in Hamburg gestartet bin.

Selbstverständlich jedoch hat sich die Anspannung auch auf mich übertragen. Die Frage, geboren aus jungstypischer Lust an Räuber-und-Gendarm-Spielen, ob ich nicht gemeinsam mit den Männern das Objekt anschleichen dürfe, verkneife ich mir. Käme nicht so gut an und wäre wohl zudem nicht besonders komisch angesichts der Straftaten, die der Bande vorgeworfen werden. Ihr Oberhaupt schläft, aber niemand weiß, ob er Waffen gelagert hat und ob er die bei Gefahr in Verzug benutzt. Das ließ sich in den abgehörten Telefonaten nicht feststellen. In denen ging es um Routen, Kopfgeld, Treffpunkte. Ein Staatsanwalt hat wegen bandenmäßig betriebenen Menschenschmuggels nach Paragraf 232 des Strafgesetzbuchs viele Haftbefehle unterschrieben.

Noch sechzig Sekunden.

Die Polizisten, die ich gerade noch bei der Tankstelle gesehen habe und die jetzt das Haus umstellt haben, roter Klinker, unterbrochen von weißen heruntergelassenen Rollläden vor den Fenstern unten wie oben, kann ich jetzt nicht mehr erkennen. Die kleinen Unterschiede zwischen Männern und Frauen sind unter schusssicheren Westen verborgen. Vier Maskierte stehen aufgereiht hinter dem Rammbockträger Sie gleichen einer schwarzen Pythonschlange. Noch verharren sie in Habachtstellung. Bereit zum Angriff. Wartend auf den Einsatzbefehl

Der wird pünktlich um sechs Uhr erteilt. Ob er, wie im *Tatort* so oft gehört, »Zugriff!« lautet oder einfach »Jetzt!«, weiß ich nicht. Zu hören ist nichts. Die Männer jedenfalls laufen los. Was folgt, ist Routine, ist ihr Handwerk, das haben sie in der Ausbildung oft genug geübt: Ramme weit ausholend in die Tür donnern, falls nötig zweimal, aber höchstens dreimal, denn länger hält kein Holz dem Stahl stand. Als sie drin sind im Haus, stürmen sie auf der Treppe nach oben. Pünktlich um 6.02 Uhr steht die Staatsgewalt, vertreten durch die Bundespolizei, am Bett des Bandenchefs, weckt ihn, weist sich aus und wünscht ihm einen für ihn nicht mehr so guten Morgen.

In den Nachbarhäusern schliefen bis dahin noch die Gerechten. Der Krach einer splitternden Tür und die Rufe haben sie geweckt. Nun sind sie wach. Hinter geschlossenen Fenstern tauchen erschrockene Gesichter auf. Der Schrecken verflüchtigt sich jedoch schnell. Bereits im nächsten Augenblick werden Handys und Fotoapparate sichtbar. Showtime. So viel Aufregendes, wie jetzt gerade vor aller Augen abläuft – und zwar live! –, ist in der Kleinstadt am Rand von Irgendwo noch nie passiert, so etwas kannten sie bisher nur aus dem Fernsehen. Es muss deshalb für den nächsten Stammtisch dokumentiert werden.

Die Polizisten haben einen uniformierten Kameramann dabei, der alles filmt. Denn die Aktion wird weit entfernt, in einem Konferenzraum der ehemaligen Lettow-Vorbeck-Kaserne in Hamburg, umgebaut und aufgerüstet für polizeiliche Aufgaben und Bedürfnisse, ebenso gespannt verfolgt. Ein Dutzend Zivilisten, Männer und Frauen, sitzen vor Bildschirmen. Die Vorhänge zugezogen, dunkel der Raum. Wacklige Schwarz-Weiß-Bilder der »Operation Scheich« gegen eine Bande von Menschenschmugglern als Liveübertragung. Der Einsatzleiter hatte auf einer Luftmatratze in seinem Büro geschlafen, bevor er sich um vier Uhr früh unter die Dusche und danach in den »War Room« begab. Von dem aus werden die Razzien koordiniert, hier wird alles, was die Beamten draußen bei Durchsuchungen finden, auf Computerfestplatten gespeichert. Das werde ich aber erst am Nachmittag nach meiner Rückkehr erfahren.

»War Room« ist ein Begriff, den die Einsatzleitung selbstredend niemals gebrauchen würde, sondern nur meine Assoziation, geprägt von Bildern aus Filmen, deren Titel ich vergessen habe. Die Zeiten, da in der Kaserne am Stadtrand von Hamburg Soldaten der Bundeswehr theoretisch den Ernstfall probten, sind dank Gorbatschow Geschichte. Erhalten blieben die Außenfassaden von Gebäuden um den ehemaligen Exerzierplatz herum. Innen herrscht ein anderer Geist. Was mir ein englischer Polizeioffizier auf meine Frage erwiderte, wie er nach vielen Dienstjahren seine Motivation definieren würde – »What makes you run, Sir?« –, könnte auch hier die passende Antwort sein: Wir machen den Unterschied aus zu den Bösen. So einfach ist das.

Die einst gegeneinander wettrüstenden Supermächte sind seit Ende des Kalten Krieges miteinander konkurrierende Händler des Todes und verkaufen ihre Produkte an Staaten, egal wo auf der Welt. Die einen lieber an Iran und Syrien, die andern lieber an Israel und Saudi-Arabien. Neben den offiziellen Geschäften der Rüstungsindustrie gibt es seit dem Zusammenbruch des Ostblocks natürlich auch längst einen inoffiziellen Markt für Waffen aller Art. Der wird bestückt und kontrolliert von kriminellen Organisationen. Sie haben früh ihre Chancen erkannt und sich die Dienste von sachkundigen Offizieren gesichert, die nach ihrer Entlassung aus den verschiedenen Armeen des untergegangenen Sowjetimperiums keine berufliche Perspektive mehr hatten.

Kriminelle Organisationen gehören nicht nur zu den Gewinnern der Globalisierung, weil sie für ihre Waren – Waffen, Rauschgift, Menschen – neue Märkte beliefern konnten. Sondern auch zu den Profiteuren der vom Volk erkämpften Freiheit. Im Kommunismus gab es offiziell keine kriminellen Organisationen, weil es sie nicht geben durfte, obwohl es sie im Untergrund gab. Deshalb konnten sie nach der Auflösung der Herrschaftsstrukturen in gewissen Staaten das Recht der Stärkeren zum Gesetz erklären und die Macht übernehmen. Daran hat sich bis heute nichts geändert. Die Bestechung der jeweils Regierenden ist in ihren Etats fest eingeplant.

Ein Dunkelfeld.

Wer sich in dem bewegt, ist eine unsichtbare Größe. Also fern der überschaubaren eigenen Welt. Näher sitzt dem Normalbürger die Angst vor Einbruch, Autodiebstahl und Überfall im Nacken. Genau solche Delikte gehören aber ebenfalls zum Arsenal der OK-Banden. Es werden ja nicht nur Menschen geschmuggelt, die sich in Westeuropa ein besseres Leben erhoffen und bereit sind, sich auf viele Jahre hinaus bei den Transporteuren zu verschulden. Sondern mit jeder Schleusung auch kleine und nicht so kleine Kriminelle, die sich die Reise leisten können, oder aber Banden für bestimmte Aufträge, bezahlt von Organisationen im Hintergrund.

Am Anfang steht immer die Schleusung. Egal, ob es um illegale Migration geht – das Stammgeschäft –, oder ob die Schmuggler ihre Dienste und ihre Infrastruktur – Helfer, Routen, Unterkünfte – fallweise an andere Organisationen vermieten, die ihre Spezialisten in die Zielländer transportieren wollen. Die Konkurrenz auf dem Markt des Verbrechens ist groß. Deshalb bleibt kein Beet im Dunkelfeld unbeackert. Zu den Arbeitern im Weinberg der Bösen, die ihre Ernten abliefern müssen und von den OK-Vereinigungen nach Einsatz bezahlt werden, gehören Taschendiebe und Bettler, Einbrecher und Autoknacker, Drogenkuriere und Hütchenspieler. Auf einer Skala der Kriminalität würden sie unter »Kleinkriminelle« gelistet, was nicht nach großer Gefahr für die Gesellschaft klingt, sondern eher bedrohlich für Einzelne – aber sie sind Mitglieder der organisierten Kriminalität und damit Teil der riesigen Krake. Bevorzugt streckt die ihre Tentakel nach Berlin aus. Nicht nur wegen der geografischen Nähe zu Osteuropa, wohin sie sich zurückzieht, sobald die Beute sicher ist und die Polizei naherückt.

Sondern auch, weil es in der Metropole klandestine Stützpunkte für das organisierte Verbrechen gibt, von denen aus Einbrüche und Überfälle, auch mal ein schneller Auftragsmord, geplant und erledigt werden können, ohne dass man auffällt. In Berlin leben, so die Schätzungen über »irreguläre Migration« im EU-Forschungsprojekt »Clandestino« – doch diese Ergebnisse dürften inzwischen schon wieder überholt sein durch die Wirklichkeit –, etwa 100 000 Illegale: Russen, Rumänen, Bulgaren, Albaner, Tschetschenen, Ukrainer, Libanesen. Wie viele von denen aufgrund ethnischer, nationaler, religiöser Bande ihren Landsleuten helfen und sie beherbergen für eine Beteiligung an der Beute, weiß natürlich niemand. Dass es viele tun, bezweifelt aber gleichfalls niemand.

Selbst wenn die eingeschleusten Kriminellen auf frischer Tat gefasst werden, haben solche Erfolge allenfalls numerischen Wert in der Polizeilichen Kriminalstatistik. Denn die Täter kennen weder die Schleuser und deren Routen noch gar die Chefs in Russland, der Türkei, Rumänien oder Bulgarien, in deren Auftrag sie unterwegs waren. Sie verweigern die Aussage nicht nur deshalb, weil es ihre Pflicht ist und sie Familien zurückgelassen haben, die in Gefahr wären, sobald sie redeten. Sie schweigen vor allem auch deshalb, weil sie nichts wissen. Die Organisation sorgt im Gegenzug für die Angehörigen, solange die Haft andauert. Die frei gewordene Planstelle wird umgehend neu besetzt. Es gibt genügend Bewerber.

In Fernsehnachrichten werden gern Actionbilder von Einsätzen der Staatsmacht in irgendeinem Rotlichtviertel gezeigt, und immer siegen dabei die Guten. Also die Polizei. Anständige Mitbürger erschaudern wohlig bei der Ausstrahlung, denn es betrifft sie ja nicht. Solche Razzien kommen zwar gut an in der Bevölkerung, sind jedoch selten mehr als ein publikumswirksamer Showdown ohne sachdienliche Folgen. Denn erst nach einer Aktion beginnt die eigentliche Arbeit der Polizei. Reichen die Indizien aus für einen Haftbefehl gegen Bordellbetreiber oder Zuhälter und damit für Untersuchungshaft? Oder müssen die Festgenommenen mangels Beweisen anderntags wieder freigelassen werden, was dann nicht öffentlich gezeigt wird? Gibt es vor Gericht verwertbare Aussagen von Prostituierten oder schweigen die aus Angst vor den Konsequenzen?

Denn das Geschäft boomt, und jede Störung schmälert die Gewinne. In Deutschland kaufen Tag für Tag ungefähr 1,2 Millionen Männer sexuelle Dienstleistungen. Da nicht jeden Tag dieselben antreten, ist die Dunkelziffer höher. Und da nicht alle Freier aus der Unterschicht stammen, sondern viele besser gestellte Greise zur Kundschaft gehören dürften, ist ausgerechnet auf diesem Feld die Utopie einer klassenlosen Gesellschaft von Karl Marx verwirklicht. Experten der Dienstleistungsgewerkschaft Ver.di schätzen, dass in rund 3500 angemeldeten Etablissements in Deutschland durch etwa

200 000 Prostituierte ein Jahresumsatz von rund 14 Milliarden Euro erzielt wird. Andere Organisationen gehen sogar von 400 000 Frauen aus, die in Deutschland sogenannte Sexarbeit leisten. Genaueres weiß man nicht. Es gibt naturgemäß keine Statistiken, weil im Rotlicht nach wie vor vieles im Dunkeln geschieht. Die abgeführten Steuern der sogenannten Arbeitgeber sind wie die anderer Unternehmer aus seriösen Firmen ein fester Posten im Etat des jeweiligen Bundeslands.

Weil es käufliche Liebe schon immer gab und weil es sie immer geben wird – wobei der Begriff »Liebe« in diesem Zusammenhang eine eher abartige Umschreibung dessen ist, was im Zehnminutenakt tatsächlich vollzogen wird –, wäre das alles keiner weiteren Rede wert. Auch keiner üblen Nachrede, denn über Moral lässt sich trefflich streiten, und wer den ersten Stein wirft, sollte sich zuerst vergewissern, nicht im Glashaus zu sitzen. Doppelmoral kommt bekanntlich vor dem Fall. Die meisten Frauen aus Russland, der Ukraine, Bulgarien, Ungarn, Tschechien, Rumänien ahnten oder wussten, was auf sie zukommen würde. Sie haben sich dennoch freiwillig verpflichtet in der Hoffnung, nach zwei, drei Jahren mit dem leibhaftig Ersparten in ihren Heimatländern eine bürgerliche Existenz aufbauen zu können. Geachtet daheim statt wie in der Fremde geächtet.

Was sie erleben, ist eine brutalstmögliche Behandlung durch Zuhälter, die zu den marktdominierenden OK-Organisationen gehören. Weil die Geschäfte in der Sexbranche so ertragreich waren, mischten die OK-Banden mit – und das Milieu auf. Im Vergleich zu den einrückenden ausländischen Truppen waren deutsche Rotlichtkönige wie der legendäre Wilfried Schulz in Sankt Pauli und ihre Vasallen einst so etwas wie gütige Monarchen. Sie hatten ab den 80er-Jahren gegen die Invasoren jedoch keine Chance. Albaner lösten dann schlagkräftig oder todsicher die Jugos und die Türken ab, Tschetschenen holten sich von denen brutal ihren Anteil, mit rücksichtsloser Machogewalt mischten Rockerbanden die Szene auf. Die Bundespolizei hat sie alle auf dem Radarschirm.

Aber es sind verdammt viele.

Wenn sich kriminelle Banden gegenseitig die Köpfe einschlugen und einschlagen, wäre das gleichfalls keiner weiteren Rede wert. Es trifft ja immer die Richtigen. Aber wie in allen Kriegen leiden auch in diesen Kämpfen die Unschuldigen. Um für die Prostituierten menschenwürdige Bedingungen zu schaffen, beschloss die damalige rot-grüne Bundesregierung im Jahr 2002 ein Prostitutionsgesetz. Politiker schwärmten geradezu davon, dass aufgrund der Legalisierung von Prostitution im schmutzigen Gewerbe europäische Sozialstandards besser eingehalten werden könnten, was logischerweise die Lage der Frauen entscheidend verbessern würde – Lohnfortzahlung im Krankheitsfall, Renten-, Kranken- und Arbeitslosenversicherung. Endlich sei das Dunkelfeld aufgehellt worden. Strafbar blieb Ausbeutung, gestrichen wurde der von der Wirklichkeit ja eh längst überholte Paragraf gegen Förderung der Prostitution.

Das neue Gesetz freute jedoch vor allem die Menschenhändler, denen eigentlich die Grundlage für ihre Geschäfte entzogen werden sollte. Denn eine strafbare Ausbeutung musste ihnen jetzt erst mal nachgewiesen werden. Ohne Aussagen der von ihnen so gnadenlos Benutzten ist das schier unmöglich. Vor Gericht zählen nur Zeugenaussagen. Die Frauen aber schweigen. Sie haben mehr Angst vor der Polizei als vor denen, die sie prügeln und missbrauchen. Mehr noch: Zuhälter und Frauen halten zusammen, so absurd das klingen mag. Die einen sind Täter und die anderen Opfer. Aber sie haben gemeinsame Interessen. Die Besitzer wollen ihre Ware nicht verlieren, weil sie sonst ihr Bordell schließen müssten. Die Prostituierten wollen vor allem nicht ausgewiesen werden, weil sie mit dem Wenigen, was ihnen bleibt, immer noch so viel verdienen, dass sie ihre Angehörigen in Rumänien, Bulgarien, Moldawien ernähren können. Die Erfahrung aus ihrer Heimat hat außerdem zu viele gelehrt, dass es besser ist, der Polizei nicht zu trauen. Weil sie im Zweifelsfall nicht von ihr beschützt würden.

Was es wiederum für die Ermittler in Deutschland so schwer macht, das Vertrauen der Frauen zu gewinnen und sie davon zu überzeugen, dass sie selbst mit solchen »Kollegen« nichts gemein haben. Wer dennoch von den Befreiten Informationen über Strukturen und Hintermänner erwartet, braucht Geduld und erst recht eine passende Strategie. Ideal wären eine Betreuung von Aussagewilligen in Zeugenschutzprogrammen an sicheren Orten, Therapien, Deutschkurse und somit Perspektiven für die Zukunft. Statt sie nach Aussagen wieder in die Bordelle oder auf den Strich zu entlassen oder gar als illegal Eingereiste abzuschieben in das Land, aus dem sie kamen.

Ein Fall für Polizei und Justiz wird so etwas erst dann, wenn Mädchen und Frauen zur Prostitution nachweislich gezwungen werden oder wenn nachweislich Zuhälter mit *Subotniks* genannten Maßnahmen – abgeleitet von vorgeblich freiwillig geleisteten Einsätzen im einstigen Sowjetsystem – auf das reagieren, was bei ihnen als unerlaubtes Verhalten bei der Arbeit gilt: zum Beispiel auf Verweigerung gewisser Sexpraktiken oder von Sechzehnstundentagen ohne Freizeit. Mit *Subotniks* bestrafte Frauen werden, zur Abschreckung für andere, von mehreren Männern gleichzeitig vergewaltigt und mit Geldstrafen belegt, sodass ihnen vom »Liebeslohn« selbst nichts mehr bleibt. Dafür holen sich die Besitzer ihre Fachleute, die *Violent Specialists*, die sonst in versteckten osteuropäischen Lagern eingesetzt werden, in denen junge Mädchen so lange vergewaltigt werden, bis sie sich den Anweisungen fügen und sich dorthin schicken lassen, wohin sie zum Einsatz befohlen werden.

Fünfzig bis sechzig Prozent ihrer Einnahmen, so die branchenüblichen Bedingungen, müssen die Frauen freiwillig abliefern an den Betreiber des Bordells, in dem sie arbeiten. Von den verbleibenden vierzig bis fünfzig Prozent nimmt sich ihr »Besitzer« die Hälfte. Vom Rest werden Kosten für Schlafplatz und Verpflegung abgezogen, sodass am Ende für die Frauen selten mehr als ein Zehntel ihrer erwirtschafteten Einnahmen bleibt. Falls sie die Schulden für Visa und Transport nicht beglichen haben, werden sie von sogenannten Platzmännern selbst dann überwacht, wenn sie kurzzeitig ihren Arbeitsplatz – daher im Jargon »Platzmänner« genannt – für Einkäufe verlassen. Freiwillige haben zumindest mal Ausgang in die nicht von Rotlicht und Trieben geprägte normale Welt. Zwangsprostituierte aber werden unter Verschluss gehalten und mit Drogen willenlos gemacht.

Das Gesetz, lautete bereits nach wenigen Jahren eine Bilanz von Klaus Hiller, damals Präsident des Landeskriminalamts Baden-Württemberg, sei zwar von der Mehrheit des Bundestags in bester Absicht zum Schutz der Prostituierten beschlossen worden, habe sich jedoch in der polizeilichen Praxis eher als kontraproduktiv erwiesen: »Insbesondere durch die Abschaffung des Tatbestandes der Förderung der Prostitution wurde von der Bordell- und Zuhälterszene der Druck der Strafverfolgung genommen. Die Polizei hat keine Ermittlungsansätze mehr, um in das Rotlichtmilieu einzudringen und Verdachtsmomente von Menschenhandelsfällen zu erlangen.«

Umständlich formuliert, aber was er meinte, ist inhaltlich klar: Es hat sich nicht nur nichts verbessert, die Lage hat sich vielmehr verschlechtert. Denn nach wie vor werden ausländische Frauen ausgebeutet, nach wie vor bestehen die alten mafiösen Strukturen, und nach wie vor werden die organisiert von Menschenhändlern. Die grenzüberschreitende Kriminalität ist für OK-Banden mittlerweile so profitabel, dass Verluste im Drogenhandel, falls zum Beispiel ganze Schiffsladungen vom Zoll konfisziert werden, problemlos ausgeglichen werden können durch steigende Gewinne beim Waffen- oder Frauenhandel.

Bei Letzterem ganz besonders. Es muss nämlich nachgewiesen werden, dass der Täter von der »Zwangslage der Opfer Kenntnis hatte und sie trotzdem im Bordell beherbergte«, also ausbeutete. Verfahren gegen die modernen Sklavenhalter sind zudem zeitaufwendig und teuer, was auf manche Staatsanwälte abschreckend wirkt. Menschenschmuggel dagegen ist leichter nachweisbar als Menschenhandel, und der Erfolg zeigt sich hier entsprechend schneller in Verurteilungen.

Ausbeutung ist es laut Strafgesetzbuch, wenn ein Zuhälter mehr als fünfzig Prozent der Einnahmen für sich behält. Ein-Mann-Betriebe aber, in denen ein Mann drei, vier Frauen für sich arbeiten lässt, gehören der Vergangenheit an. Kriminelle Vereinigungen beherrschen den Markt. Multis. Großkonzerne mit Tausenden von Mitarbeitern agieren wie Unternehmen der legalen Wirtschaft mit eigenverantwortlichen Profitcentern, die bei der Zentrale ihre Gewinne abliefern und sich in Vorstandssitzungen abstimmen müssen. Nur dass sie im Unterschied zu Verlagen, Automobilkonzernen oder Kosmetikfirmen, die Umsatz machen mit Büchern und Zeitschriften, Limousinen und Lastwagen, Parfüms und Salben, ihre Gewinne halt mit Waffen, Rauschgift, Menschen erzielen.

Die Internationale der Ware Mensch KG bedient über offene Grenzen hauptsächlich Deutschland mit »Frischfleisch«. Nach dem EU-Beitritt Bulgariens und Rumäniens sind die Marktpreise für Sex so tief gefallen, dass nur noch Großbetriebe profitabel wirtschaften, die bei Bestellung zuverlässig liefern können. Masse macht Kasse: Bei Sonderaktionen, vergleichbar Schnäppchen in Mediamärkten, stehen Männer aus allen sozialen Schichten an in Reih und Glied, weil sie für einen Pauschalpreis von zum Beispiel 50 Euro mit Frauen in Großbordellen, wie sie in den vergangenen Jahren in grenznahen Regionen – Schleswig-Holstein, Saarland – eröffnet wurden, und in Saunaklubs machen dürfen, was ihnen zu Hause von ihrer Gattin oder ihrer Freundin verwehrt wird.

Für die Bekämpfung krimineller Organisationen ist qua Gesetz das Bundeskriminalamt zuständig: für den Handel mit Waffen, den mit Rauschgift, den mit Falschgeld, den mit gefälschten Arzneimitteln und für die Abwehr terroristischer Vereinigungen. Im Menschenhandel ist der Nachweis, dass es sich bei den Tätern um kriminelle Vereinigungen handelt, gegen die automatisch das BKA ermitteln müsste, schwer zu erbringen. Verdeckte Ermittler einzuschleusen in die zumeist ethnisch und national geprägten Strukturen ist aussichtslos. Das erklärt die in Relation zu den tatsächlichen Verhältnissen geringen Fallzahlen, die im BKA-Bundeslagebild »Menschenhandel zum Zweck der sexuellen Ausbeutung« vom Dezember 2013 genannt werden: Nur 769 Tatverdächtige innerhalb des Jahres 2012, die meisten von ihnen Bulgaren, Rumänen, Deutsche. Nur 612 Opfer, wobei wiederum die meisten aus Rumänien und Bulgarien stammen – Anstieg gegenüber dem Vorjahr 58 Prozent –, 15 Prozent davon minderjährig, Mädchen unter 18, zwölf von ihnen unter 14 Jahre alt. BKA-Präsident Jörg Ziercke: »Im Bereich Menschenhandel müssen wir von einem hohen Dunkelfeld ausgehen.«

Auch andere Kriminologen gehen, den Zahlen ebenso sehr misstrauend wie ich, nach wie vor von einem »erheblichen Dunkelfeld« aus, weil sich der »Menschenhandel vor allem durch komplexe und nur schwer zu ermittelnde Tatstrukturen« auszeichnet. Sie wissen von der geringen Aussagekraft jeder Statistik. Denn unentbehrlich sind die »Aussagen von Opfern, um erfolgreich Strafverfolgungsmaßnahmen durchführen zu können«. Das scheitert oft daran, dass viele Prostituierte beteuern, ihre Tätigkeit freiwillig auszuüben, weshalb »die Drohkulisse, die im Hintergrund von Tätern aufgebaut wird«, unentdeckt bleibt. Bitterer kann die Wirklichkeit, in der eine »Kooperation mit Polizei oder Beratungsstellen deshalb eher selten« sei, nicht beschrieben werden. Der resignative Unterton ist zwischen den Zeilen herauszuhören.

Es mag zwar öfters gelingen, Täter beim Schmuggel von Menschen in flagranti zu erwischen. Aber dass sie die Menschen nicht nur über Grenzen schmuggeln, sondern mit ihnen auch handeln, sie im Zielland verkaufen, müsste erst einmal bewiesen werden. Dazu braucht es vor allem Aussagen der Opfer. Der Vorschlag in einem EU-Gesetzentwurf, künftig Ermittlungen und Strafverfolgung selbst dann einzuleiten, falls keine Anzeigen oder Aussagen vorliegen, klingt zwar trotzig gut. Für die Verteidiger von Angeklagten allerdings nach einem Elfmeter vor einem leeren Tor.

Anders ausgedrückt: Menschenhandel ist ein »Kontrolldelikt«, also ein Delikt, das nicht automatisch durch Betroffene angezeigt wird, sondern nur dann entdeckt wird, wenn die Strafverfolgungsbehörden regelmäßig und vor allem überraschend Bordelle kontrollieren.

Das Referat Menschenhandel (SO 13) des Bundeskriminalamts, dessen Chef ich bei jener Tagung in Den Haag zugehört hatte, gehört zwar der Realität entsprechend zur Abteilung »Schwere und Organisierte Kriminalität«. Aber aktiv werden darf das BKA erst dann, wenn ermittelte Handelsstrukturen eindeutige Hinweise auf kriminelle Vereinigungen ergeben haben. Ohne die Überwachung von »Prostitutionsstätten«, wie Bordelle in einer öffentlichen Anhörung im Rechtsausschuss des Deutschen Bundestags im Sommer 2013 bezeichnet wurden, gibt es keine verwertbaren Indizien, die auf eine kriminelle Organisation hindeuten.

Außerdem sind die klassischen Produktionsstätten – welch ein Begriff für das menschenverachtende Dunkelfeld der Prostitution! – längst verteilt nicht nur auf Bordelle, sondern auch auf Love-Mobile (Wohnwagen am Straßenrand), auf kurzzeitig angemietete Terminwohnungen, auf Escort Services. Beim Straßenstrich, wo sogenannte Armutsprostituierte aus Osteuropa zu Billigpreisen angeboten werden – 80 Prozent aller in Deutschland tätigen Prostituierten kommen aus Ländern des ehemaligen Ostblocks –, fragt erst recht niemand nach einem Gewerbeschein.

Hilfreich wäre es schon, wenn die Gewerbeordnung in eine Gesamtstrategie eingebunden werden könnte. Da ist laut Paragraf 38 »überwachungsbedürftiges Gewerbe« aufgelistet, zum Beispiel der Handel mit Edelsteinen, Schmuck, Autos, Altmetallen. Wer damit sein Geld verdienen will, wird überprüft. Wer dagegen ein Bordell betreibt, hat nach behördlicher Erteilung der »Produktionserlaubnis« allenfalls mal die Steuerprüfung zu fürchten.

Denn in der Wirklichkeit sind hauptsächlich kriminelle Vereinigungen sowohl im Menschenschmuggel als auch im Menschenhandel aktiv, und deshalb ist die Grenze zwischen Schmuggel und Ausbeutung in den Dunkelfeldern der einschlägigen Gewerbetreibenden fließend. Das wissen zwar alle Strafverfolger. Doch in einem Rechtsstaat muss ihr Wissen vor Gericht belegbar sein durch Aussagen, Fakten, Indizien – und das wiederum wissen die von der anderen Seite. Weshalb sie fachkundige Anwälte engagieren und nicht nur deren Höchsttagessätze bezahlen, sondern zusätzliche Erfolgsprämien, falls ein Prozess mit Freispruch endet.

Die Gruppe, deren Netz an diesem Morgen um sechs Uhr früh zeitgleich an verschiedenen Orten zerrissen wird, ist nicht im DAX des Verbrechens gelistet. Die Männer gehören, um einen Begriff aus der Wirtschaft zu bemühen, zum Mittelstand. Der Chef und seine Brüder führen ein Reisebüro mit wenigen festen Angestellten und vielen freien Mitarbeitern, die von Fall zu Fall, von Reise zu Reise pauschal bezahlt werden. Dieser spezielle Touristikunternehmer braucht keine Werbung. Seine Leistungen haben sich bei Interessierten herumgesprochen.

Eine Religionsgemeinschaft, zu der weltweit 600 000 Gläubige gerechnet werden, dient dabei als Tarnung für die Geschäfte des Scheichs – die Religionsgemeinschaft der Jesiden. Sie sind überzeugt, ein direkt von Adam abstammendes Volk zu sein.

Der Mann, der soeben in seinem Haus geweckt wurde, hält sich mit seiner vielköpfigen Familie seit 2006 in der Bundesrepublik Deutschland auf. In der jesidischen Gemeinde ist er geachtet als ein religiöses Oberhaupt, als Scheich, dessen Befehle befolgt werden. Da die meisten der in Deutschland ansässigen Jesiden in großen Gemeinden in Niedersachsen und Nordrhein-Westfalen leben, fanden in diesen Bundesländern Razzien und Hausdurchsuchungen statt. Die Festgenommenen stehen selbstverständlich nicht für die Gesamtheit der Jesiden, die meisten von ihnen leben gesetzestreu, wie der Zentralrat der Jesiden betonte. Aber diese heute verhafteten Wenigen sind Kriminelle, und sie sind reich geworden durch Menschenschmuggel.

Und wie reich: Die Summe der Vermögenswerte, die als Einnahmen des »Reisebüros Flüchtling« bis zum Prozess beschlagnahmt worden sind – Geld, Autos, Elektronik –, beträgt

406 000 Euro. Gewinne in dieser Höhe können aufgrund der monatelangen Ermittlungen nachgewiesen werden. Sichtbar nach außen war vom Reichtum nichts oder nur wenig. Die Häuser und Wohnungen, die ich im Zuge der Razzia sehe, fallen nicht aus einem spießig-durchschnittlichen Rahmen. In den Garagen stehen zwar einige Limousinen der Oberklasse, doch es handelt sich um Gebrauchtfahrzeuge. Nicht aufzufallen gehörte zur Tarnung. Selbstverständlich erbaten und erhielten die Familien Unterstützung vom Staat und auch das ihnen zustehende Kindergeld.

Aus den religiösen Festungen dringt zwar selten etwas nach draußen, aber ein in polizeilicher Terminologie »Vertrauensperson« (VP) genannter Informant beziehungsweise eine Informantin hat der Bundespolizei im Dezember 2012 erste Hinweise auf die kriminellen Geschäfte gegeben. Der Tipp lautete, dass der Scheich und die Seinen unter dem Deckmantel, Hilfe für verfolgte Glaubensbrüder und -schwestern zu leisten, professionell Menschenschmuggel betreiben und Illegale aus dem Irak oder aus Syrien nach Europa schleusen würden. Das Kopfgeld betrage zwischen 4500 und 10 000 Euro, je nach Schwierigkeit der gewählten Fluchtrouten über Land oder übers Meer.

So begannen die Ermittlungen. Von da an wurde das Telefon des Scheichs abgehört, standen seine Aktivitäten unter Beobachtung. Die Verhandlungen und Reiseplanungen abzuhören bedeutete technisch keine besondere Herausforderung für die Polizei. Was die Aktion so teuer machte, insgesamt wohl um die 120 000 Euro bis zu jenem Morgen, waren die Honorare für Dolmetscher. Alle Gespräche mussten übersetzt und für die Ermittlungen dokumentiert werden. Das kostet. Generell sind seit dem Zusammenbruch des Ostblocks und erst recht seit dem Schengener Abkommen 1995 – mit offenen Grenzen innerhalb der EU – bei Aktionen gegen Menschenschmuggler oder -händler die Honorare für Dolmetscher größter Posten bei den Ausgaben.

Was manches Zögern mancher Dienststellen erklärt: Seitdem sie in einigen Bundesländern autonom darüber entscheiden können, wofür sie ihren Jahresetat nutzen, sind ihnen neue Computer als Hilfstruppen für ihre Beamten näher als eine einmalig teure Aktion wie jene, die heute morgen so spektakulär geendet hat.

Stück für Stück, Parzelle um Parzelle hellte sich bei den Ermittlungen das Dunkelfeld auf. Ein kriminelles Netzwerk im Namen vorgeblicher Nächstenliebe. Wer nicht genügend Geld für die Reise nach Europa hatte, dem wurde unter jesidischen Brüdern und Schwestern ein Kredit gewährt. Wie viele Illegale gezwungen waren oder wurden, ihre Schulden abzuarbeiten unter menschenverachtenden Bedingungen auf Baustellen, in der Gastronomie, in der Landwirtschaft, in der Altenpflege, in Privathaushalten, ist nicht bekannt. Das Gesetz des Schweigens gilt sowohl für sie als auch für diejenigen, die sich billiger Arbeitskräfte um des eigenen Mehrwerts willen bedienen.

Gelegentlich wurde es blutig. Nach der »Dublin 2 Verordnung« müssen Flüchtlinge bekanntlich in dem Land Asylanträge stellen, in dem sie anlanden. Ihre Fingerabdrücke werden bei Eurodat, dem gemeinsam von der jeweiligen Polizei, der Justiz, den Grenzern betriebenen Informationssystem der Schengen-Staaten, gespeichert. Nur das jeweilige Ankunftsland ist zuständig für Erteilung oder Verweigerung einer Aufenthaltserlaubnis. Mit dieser auf einer Konferenz in Dublin beschlossenen Regelung soll verhindert werden, dass im Falle einer Ablehnung die Menschen von ihren Schleusern über die offene Grenze ins nächste europäische Land transportiert werden und dort erneut einen Asylantrag stellen können.

Klingt theoretisch. Klingt nach Solidarität europäischer Staaten untereinander. Klingt nach einer klugen gemeinsamen Strategie. Die Praxis sieht nicht so gut aus. »Dublin 2« ist ein Papiertiger. Länder wie Griechenland und Italien schließen aus Geldmangel ihre Aufnahmelager, drücken den Illegalen einen für neunzig Tage im Schengen-Raum gültigen Fremdenpass in die Hand samt zum Beispiel 500 Euro Wegzehrung für Fahrtkosten und Spesen und schicken sie mit den besten Grüßen auf Nimmerwiedersehen ins nächste Land. Beliebtestes Zielland ist Deutschland.

Das darauf abzielende Geschäftsmodell des Scheichs könnte man, wenn ein solcher Vergleich nicht ausgesprochen zynisch wäre, als Marketingidee bezeichnen. Er bot seiner Klientel für einen Aufpreis von 600 Euro an, ihr die Fingerkuppen zu schleifen, damit die bei Aufgriff im Land X genommenen Fingerabdrücke nicht mit den bei Eurodat gespeicherten im Land Y vergleichbar sein würden. Die Operation fand in Kellern bestimmter Häuser statt, damit die Schmerzensschreie nicht nach draußen drangen.

Doch das Abschleifen der Fingerkuppen, ohne Betäubung, ist nicht nur eine brutale Prozedur, ist nicht nur schmerzhaft, nicht nur blutig, sondern vor allem: sinnlos. Denn die Papillarleisten wachsen nach, und die Fingerabdrücke können im Handumdrehen wieder ihren Besitzern zugeordnet werden. Außerdem werden bei Ermittlungen routinemäßig ganze Handflächen gescannt, denn auch die haben eine eigene, unverwechselbare, persönliche Identität.

In einem der Keller fanden an diesem Morgen Einsatzkräfte nicht nur das Handwerkszeug der Schleifer, sondern auch Hautpartikelchen der Opfer. Damit sind DNA-Analysen möglich und deren Ergebnisse so sicher wie die Erkenntnisse nach Methoden der Daktyloskopie. Es wurden auch eingetrocknete

Blutreste entdeckt. Für die Spurensicherung und die Kriminaltechnik eine leichte Aufgabe, Haut und Blut zu analysieren, mit den in der DNA-Datei gesammelten Informationen zu abzugleichen und dann bestimmten Personen zuzuordnen.

Die Einnahmen für den »Reiseveranstalter« waren steuerfrei, was bedeutet: brutto gleich netto. Das Gesamtwert der illegalen Schmuggelware dürfte bei einem festgestellten Pro-Kopf-Preis zwischen 4500 und 7500 Euro mindestens 600 000 Euro betragen haben. Rund 200 000 Euro fielen an für Transportkosten, für Honorare der ungefähr dreißig zur Bande gehörenden Helfer im In- und Ausland, für die Bestechung korrupter Grenzwachen.

Nach Erkenntnissen des Kriminologen Markus Pfau, basierend auf seinen Erfahrungen in einer Ermittlungsgruppe der Bundespolizei, können über den Daumen gepeilt drei Kategorien von Schleusern unterschieden werden. Die einen helfen sozusagen privat bei einem illegalen Grenzübertritt und lassen sich nur die entstandenen Unkosten bezahlen. Da geht es nachts mit sogenannten Fußschleusern über eine grüne Grenze, drüben warten Fahrer, die für den Weitertransport sorgen. Andere helfen verfolgten Landsleuten und organisieren deren Flucht gratis. Sie könnte man mit jenen idealistischen Fluchthelfern vergleichen, die in vergangenen finsteren Zeiten unter der Berliner Mauer Fluchttunnel in die Freiheit gruben. Die eigentlichen Zielobjekte der Bundespolizei stammen aus der Kategorie drei – kriminelle organisierte Banden, die mit Menschenschmuggel Geld verdienen.

Für die Reise ins vermeintliche Paradies Westeuropa muss an die Schleuserbanden, je nach geografischer Lage des Ursprungslandes, unterschiedlich viel bezahlt werden: Vom Irak oder vom Iran oder von Afghanistan oder Pakistan nach Griechenland sind je nach Entfernung zwischen 3500 und

11 000 Euro fällig. Von Istanbul nach Athen, wo dann meist die nächste kostenpflichtige Etappe beginnt, 2500 bis 3000 Euro. Von der Türkei nach Griechenland über die grüne Grenze ist es entsprechend billiger: 1000 bis 1500 Euro betrug der Marktpreis im Sommer 2013.

Geradezu ein Schnäppchen für Flüchtlinge ist die Reise von Albanien nach Griechenland: 750 bis 1000 Euro. Denn wer dort ankommt, wird sofort in ein Abschiebelager gesteckt, wenn nicht das Abtauchen in den Untergrund, in die Schattenwirtschaft gelingt. Was immer schwieriger wird, seit aus ihrer Not heraus die Griechen selbst solche Jobs annehmen, die sie früher den Illegalen überlassen hatten. Auch übers Meer von Nordafrika nach Spanien oder Italien werden bis zu 1500 Euro pro Kopf verlangt. Es bleibt steuerfrei genügend für die Menschenschmuggler selbst dann übrig, wenn bei der Überfahrt ein paar Dutzend von denjenigen Flüchtlingen ertrinken, die nicht – wie viele andere – bei Antritt der Reise bar bezahlt, sondern sich verschuldet haben und die aufgrund ihres Todes ihre Schulden nie mehr begleichen können.

Das Geschäft von Schleusern, von wo nach wo sie auch schleusen mögen, braucht ein Netzwerk von Helfern wie jedes legale Touristikunternehmen. Kunden müssen geworben, Reiserouten geplant werden, unterwegs Betreuer der Reisenden bereitstehen bei jederzeit möglichen Komplikationen oder Änderungen der Routen. In Konsulaten der begehrten europäischen Pull-Länder, nicht nur in der deutschen Vertretung in der Ukraine, wurden gefälschte Visa für Stückpreise um die 1000 Euro verkauft. Seit dies aufflog, setzt die Bundespolizei dort an den Quellen gezielt ihre Spezialisten ein, die »Dokumenten- und Visaberater« (DBV). In nur einem Jahr entdeckten die rund 20 000 Fälschungen mit den entsprechenden Folgen für die Aussteller.

Solche verstärkt durchgeführten Einsätze würden das Geschäftsmodell der Schleuser nachhaltig stören. Es fehlt nicht etwa an den nötigen Experten der Bundespolizei. Die gibt es. Sondern an der notwendigen Kooperation deutscher Botschaften und Konsulate in bestimmten Ländern. Die kümmern sich bevorzugt um die wirtschaftlichen Interessen der Bundesrepublik. Die Herrschaften vom diplomatischen Dienst, sagte mir abfällig ein Verbindungsbeamter, sind sich zu fein.

Kriminelle Vereinigungen in der Champions League des Verbrechens werden geleitet von Paten im Hintergrund. Sie delegieren und bewegen sich in der Gesellschaft wie die oft zitierten Fische im Wasser. Also im Mainstream. An den Bossen sind die Polizeibehörden auch am meisten interessiert. Sie suchen die Chefs, nicht die Abholer, die Fahrer, die Herbergseltern, die Endabnehmer. Die lassen sich durch Observationen ermitteln. Ihre Auftraggeber nicht. Ein Netz der Schmuggler und Händler zu zerreißen, ohne die Spinne in der Mitte zu erwischen, ist ein Pyrrhussieg.

Deshalb wird bei Ermittlungen unterschieden zwischen kriminellen Schleusern und organisierter Schleusungskriminalität: Lokale Schleuser lassen sich dafür bezahlen, dass sie Menschen illegal in das Land bringen, in dem die ihre Zukunft sehen. Es ist, sagte mir ein Experte der Bundespolizei, auf beiden Seiten eine Win-Win-Situation – die einen verdienen viel Geld, die anderen zahlen viel Geld für den Transport dorthin, wo sie künftig viel Geld verdienen wollen. Sie fühlen sich nicht als Opfer. Es war ihre freiwillige Entscheidung, die Heimat zu verlassen, also haben sie keinen Grund, sich über ihre Reiseveranstalter zu beschweren, und hüten sich vor allem davor, die etwa bei der Polizei anzuzeigen.

Denn sie sind Illegale, sie haben keine Papiere, sie arbeiten in der Schattenwirtschaft, sie müssen vermeiden, womit sie den Behörden des Ziellandes auffallen würden. Die würden sie dann dahin zurückschicken, woher sie kamen. Deshalb ist das Dunkelfeld in Deutschland kaum auszuleuchten. Schätzungen schwanken zwischen mindestens 100 000 Illegalen – was allenfalls die Untergrenze sein dürfte, denn allein in Berlin sollen ja bereits so viele leben – und einer Million, wovon nichtstaatliche Hilfsorganisationen ausgehen. Ins Land geschleust über traditionelle Handelswege wie die Maghrebroute (Nordafrika, Mittelmeer), die Balkanroute (Türkei, Griechenland, Balkanstaaten), die Ostroute (Russland, Ukraine) und die jeweiligen Zentren Istanbul, Athen, Kiew, Warschau, Moskau, Prag.

Wer nach der Ankunft einen Asylantrag stellt, macht seinen Aufenthalt vorläufig legal und bekommt einen Platz in einem Asylbewerberheim zugewiesen, erhält Sachleistungen statt Geld, aber keine Arbeitserlaubnis. Die Entscheidung über den Antrag kann lange dauern. Im Herbst 2013 lebten laut einer internen Statistik der Bundespolizei 110 000 Menschen in Deutschland, deren Asylanträge in letzter Instanz von einer mit Verfahren eingedeckten und überlasteten Verwaltungsjustiz abgelehnt wurden und die täglich ihre Abschiebung erwarteten. Tatsächlich wurden im ersten Halbjahr 2013 aber nur 5,3 Prozent der abgelehnten Asylbewerber zurückgeschickt in das Land, aus dem sie geflüchtet sind.

Das ist bekannt. Daran hat sich trotz aller politischen Initiativen, die Lage der meist ja arbeitswilligen Asylbewerber zu verbessern, in den vergangenen Jahren nichts geändert. Wenn irgendwo mal wieder die Welt in Flammen steht, steigt die Zahl der Flüchtlinge – und es steigen ebenso die Einnahmen der Schmuggler.

Aus dem Bürgerkrieg in Syrien flohen nicht nur Millionen Menschen in Zeltlager in Nachbarländern. Tausende machten sich auf nach Europa und in die Bundesrepublik. Von manchen Deutschen, wie jenen im Sommer 2013 in Berlin-Hellersdorf, wurden sie nicht mit offenen Armen, sondern mit gestrecktem Arm empfangen. Gegen die völkischen Genossen ergingen Strafbefehle. Hinter der Polizeikette zeigten Demonstranten den rechten Wutproleten ihren ausgestreckten Mittelfinger, und Wochen später streckten Hunderte von Bürgern aus Hellersdorf den Fremden die Hand entgegen und überreichten ihnen in einer Menschenkette der Anständigen von nebenan Spielzeug, Kleidung, Küchengeräte, Möbel.

Nach dem gültigen Verteilerschlüssel für die sechzehn Bundesländer muss Berlin zwar nur fünf Prozent aller Asylsuchenden aufnehmen. Aber in Wirklichkeit ist es so, dass zwanzig Prozent aller Flüchtlinge erst einmal in die deutsche Hauptstadt geschleust werden, wie mir der zuständige CDU-Senator Mario Czaja erklärte. Von denen tauchen viele sofort nach ihrer Ankunft ab in den Untergrund der City. Tausende. Jahr für Jahr.

Die Illegalen sind nirgendwo in Europa willkommen, allenfalls werden sie geduldet und ausgebeutet für die Dienstleistungen Sex und Altenpflege sowie als Bauarbeiter auf Großbaustellen. Wenn sie dafür nicht bereitstehen, sondern zum Beispiel nur überleben wollen in einigermaßen sicheren, bescheidenen Umständen, wenn sie Menschenrechte fordern, weil die nun mal für alle Menschen gelten, erhebt sich aus dem Schlaf der Vernunft das Ungeheuer Volkswut. In Frankreich brannten die Slums der Roma, in Griechenland und in Ungarn marschierten Faschisten, machten Jagd auf Linke und Juden und Roma und alle, die eine andere Hautfarbe haben. Die Angst vor Fremden wird umso mehr zum Hass auf Fremde, je tiefer der Intelligenzquotient der Protestierer unter die 80er-Marke rutscht. Dummheit, Intoleranz, Fremdenhass sind international.

Was sie tatsächlich in Zielländern erwartet, erzählen die

Schleuser ihren künftigen Kunden natürlich nicht. Grob vereinfacht – und diese Unterschiede schlagen sich ebenso nieder in den entsprechenden Paragrafen des Strafgesetzbuches – handeln Schleuser zwar mit Menschen, sind aber streng genommen keine Menschenhändler. Sie lassen sich zwar bezahlen, doch liefern sie die Menschen da ab, wohin die wollen. Nach Abschluss des Geschäfts kümmern sie sich um den nächsten Transport. Menschenhandel dagegen, *Trafficking in Human Beings*, bedeutet nicht nur, dass Frauen und Männer und Kinder verschleppt wurden. Was bereits ein schweres Verbrechen wäre. Sondern zusätzlich Ausbeutung durch Zwangsarbeit, Zwangsprostitution, Haussklaverei.

Schleusungskriminalität umschreibt sowohl Schmuggel als auch Handel. Sie ist so etwas wie die Mutter all dieser Straftaten, davon handeln alle Geschichten aus der Finsternis. Kriminelle Organisationen haben, draufgesattelt auf das Schleusungsgeschäft, alle möglichen anderen Delikte im Angebot, wie Raub, Erpressung, Diebstahl. Alles bei ihnen zu buchen. Mit Menschenhandel jedoch erzielen sie Höchstgewinne. Die Wachstumsraten auf dem Markt beweisen es. Sie sind zweistellig: bei der Zahl der erfassten Schmuggler eine Zunahme von 2011 auf 2012 um 22 Prozent, bei der Zahl der Eingeschleusten um zwölf Prozent.

Auf der Autofahrt zur »Operation Scheich« am Rand der Republik habe ich gelernt, dass für Laien unwesentliche Unterschiede zwischen Schleuserbanden und Schleusungskriminaliät wesentlich sind für Profis. Die wissen mehr. Wenn Schleusungskriminalität jetzt nicht konsequent mit allen Mitteln bekämpft wird, dann etablieren sich langfristig kriminelle Organisationen als Unternehmer der Schattenwirtschaft so effizient wie die in jenen osteuropäischen Ländern, von denen ich in Den Haag bei EUROPOL zu viel erfahren habe.

Ein organisiertes Dunkelfeld ist als Gegenwelt die eigentliche Gefahr für die politische Stabilität einer demokratischen Gesellschaft. Falls Schattenwirtschaft erst einmal in klandestinen festen Strukturen funktioniert, wird der Kampf gegen die Herren der Finsternis ungleich schwerer, wird es ungleich schwerer, ihnen etwas nachzuweisen, zumal es längst zur gängigen Methode des Verbrechens gehört, illegal erworbene Einnahmen in legale Unternehmen zu stecken und auch saubere Geschäfte zu betreiben. Oder Scheinfirmen zu gründen, die nur eine Hausnummer und einen Briefkasten brauchen, und, sobald das Geld gewaschen ist, sie wieder aufzulösen und im Dunkelfeld unterzutauchen.

Auch diese Art des Geldwaschens ist keine neue Erfindung. Die Mafia in Italien und die in den USA bedienen sich ihrer schon seit Jahrzehnten. Das war ihre höchsteigene Geschäftsidee. Weil Verbrechen ein *Global Business* geworden ist, helfen sich aber kooperierend nun die nationalen kriminellen Vereinigungen bei Bedarf gegenseitig. Bündeln ihre besonderen Stärken bei besonderen Einsätzen. Die einen zum Beispiel sind wie ihre Väter spezialisiert auf Gewalt, die anderen haben ihre Söhne auf Business Schools geschickt und lassen sie nun Firmen gründen am Ende der Welt. Eine schmutzige Hand wäscht die andere.

Gibt es für die Polizei im Push-Land, falls die Behörden mal nicht Teil der Organisation, sondern saubere Staatsdiener sind, vor Ort typische Verhaltensmuster oder auffällige Indizien, bei denen sie hinschauen sollte? Natürlich gibt es die, sichtbar und unschwer zu ermitteln. Überall dort, wo Armut und Arbeitslosigkeit herrschen, haben die Rekrutierer, in allen kriminellen Organisationen agierendes Fußvolk des Verbrechens, mit ihren Lockrufen ein Heimspiel. In Transistrien und Moldawien wie in Nigeria und Ghana, in Pakistan wie in Rumänien, in Bulgarien wie in Russland. In einer Auflistung der Bundespolizei werden die Verlockungen genannt: gut bezahlte Jobs in der Gastronomie oder in Gebäudereinigungsfirmen, in Altenheimen oder in Privathaushalten, in Schlachthöfen oder in der Sicherheitsbranche. Vermittlungshonorare übernehmen die jeweiligen Arbeitgeber in den Pull-Ländern.

Im jeweiligen Push-Land ist vorab nur zu bezahlen, was umschrieben wird als Unterstützung »bei der Einreise, beim Transport, bei der Pass- und Visabeschaffung sowie bei Unterkunft und Verpflegung«. Formuliert in Anzeigen. Offeriert in Reisebüros. Anklickbar auf Homepages der Arbeitsagenturen. Wer kein Geld hat, darf Schulden machen, diese in Raten abstottern und wird nach geglückter Ankunft auf dem Sklavenmarkt Europa verkauft, versteigert oder vermietet. In die Prostitution, in die Schwarzarbeit oder in die Schattenwirtschaft gezwungen.

Die Wirklichkeit irgendwo in einem heruntergekommenen Stadtteil in Deutschland – und es gibt viele solcher Viertel sowohl in den neuen als auch in den alten Bundesländern und, mit ähnlichen Strukturen, in allen westeuropäischen Staaten – sieht dann zum Beispiel so aus:

Wegen der kurzen Anreise bevorzugt aus Bulgarien oder Rumänien werden zu Gruppentarifen ganze Familien oder Clans eingeschleust. Organisiert von »Reisebüros«, bewacht von »Reisebegleitern«, denen sie sich blind anvertrauen müssen, weil nur die sich in der Fremde auskennen. Deren Versprechungen haben sie geglaubt und deshalb ihre Dörfer verlassen. Am Ziel angekommen, ist für die Transporteure die Pflicht erfüllt, der Job getan. Sie übergeben die Ware an einen ortsansässigen Partner der Organisation. Der übernimmt nunmehr als Gläubiger die angefallenen Schulden der »Reisegruppe«. Für ihn ein Geschäft ohne Risiko mit hohen Renditen.

Denn von jetzt an verdient der Subunternehmer an der Ausbeutung. Entweder dadurch, dass er seine Opfer in verrottete Wohnungen in jenen baufälligen Häuser pfercht, die er Jahre zuvor günstig erworben hatte, weil niemand sonst die hatte kaufen wollen. Verlangt zum Beispiel 500 Euro Kaltmiete für zwei Zimmer plus Küche unterm Dach, Klo auf dem Hof, Nebenkosten extra. Falls die Bewohner nicht rechtzeitig bezahlen, werden sie über Nacht samt ihrer wenigen Habseligkeiten auf die Straße gesetzt. Ihre Pässe behält er dann so lange, bis sie die Schulden beglichen haben. Um Nachmieter muss er sich nicht sorgen. Die werden ihm frei Haus geliefert.

Oder er verleiht die Männer an ein Mitglied seiner Sippe, das wiederum als Subsubunternehmer regelmäßig je nach Bedarf Tagelöhner für örtliche Drecksarbeiten vermittelt, die kein Deutscher mehr erledigen würde. Es zahlt dem Verleiher dafür eine Pauschalsumme, die es sich wiederum in doppelter Höhe von den »Arbeitgebern« auszahlen lässt.

Am Ende solcher Ausbeutungsketten bleiben etwa 20 Euro pro Zwölfstundentag für die übrig, die unter menschenunwürdigen Bedingungen geschuftet haben. Davon zahlen sie Miete oder tilgen Schulden. Fürs alltägliche Leben, Essen und Trinken müssen nicht nur die Männer, sondern möglichst alle Familienmitglieder beisteuern. Die Frauen gehen putzen. Viele Töchter, man ahnt es, notgedrungen anschaffen. Die Jüngsten zum Betteln und Klauen auf die Straße.

Diese Beispiele sind bekannt gewordene Einzelfälle, aber leider wohl symptomatisch für die herrschenden Zustände in den Dunkelfeldern. Die Opfer beklagen sich dennoch nicht. Nicht nur nicht, weil sie gar nicht wissen, wohin sie sich mit Beschwerden wenden sollen. Nicht nur nicht, weil sie sich nicht in der Sprache ihrer neuen Heimat verständigen können. Nicht nur nicht, weil sie Kindergeld bekommen, wofür ihr Pate sorgt und seinen Anteil davon abzieht.

Sondern auch und vor allem deshalb nicht, weil es ihnen da, woher sie kamen, noch schlechter ging. Ihre Sitten und Gebräuche haben sie mitgebracht. An denen halten sie fest, weil sie sonst gar keinen Halt mehr haben. Das fällt ihren deutschen Nachbarn unangenehm auf. Die werfen der Politik vor, sie vor diesem »Zigeunerpack« nicht zu schützen. Und wählen bei nächster Gelegenheit »Ausländer-raus!«-Rattenfänger oder gehen gar nicht mehr zur Wahl. Die Zeitbombe tickt. Die Politiker der demokratischen Parteien schauen zu, obwohl keine Zeit zu verlieren ist, bis sie hochgeht. Unternehmen sehenden Auges nichts, um eine Erosion oder, um im Bild der Zeitbombe zu bleiben: eine Explosion der – noch – aufgeklärten, mehrheitlich toleranten Zivilgesellschaft zu verhindern.

Was lange gärt, wird letztendlich Wut. Die Nullnummern von der NPD sind keine Gefahr für den Staat. Gefährlich wird es dann, wenn Volkes Stimmungen von Rattenfängern aufgenommen und verkündet werden. Wenn sich die »Alternative für Deutschland« für eine Alternative gegen die »entartete« Demokratie – so wörtlich ihr Vorsitzender – hält.

Auch der Mann, dessen Haus vor zehn Minuten gestürmt worden ist, gehörte zu den Kunden des Sozialstaats. Auch er bezog Kindergeld für seinen Nachwuchs. Was ihn von den tatsächlich auf staatliche Hilfe angewiesenen Armen unterscheidet, denen Asyl zu gewähren sich geziemt, ist seine kriminelle Energie. Sein Fall bietet keinen Anlass für sarrazinesken Populismus. Beim Weckruf durch die Bundespolizei ist seine kriminelle Energie aber nicht rechtzeitig erwacht, und weil im Haus keine Waffen gefunden wurden, wird die Razzia erfolgreich beendet.

Jetzt sitzt der Scheich auf einem Sofa, Hände hinterm Rücken gefesselt, angestarrt aus dem Nebenraum von seiner Frau und seinen halbwüchsigen Kinder, und studiert Zeile für Zeile den Haftbefehl, der ihm zuvor verlesen wurde. Er macht keine Angaben zu den Vorwürfen, er schweigt und wird kurz darauf, Lederjacke über den Kopf gezogen, von Polizisten abgeführt. In den Nachbarhäusern blitzen Fotoapparate und leuchten Linsen der Kameras.

Für den 35-Jährigen war die vergangene Nacht auf lange Zeit die letzte, die er in Freiheit verbracht hat. Er ist der Organisator, der Chef. Er wird der Hauptangeklagte sein, wenn der Prozess beginnt. Er muss mit einer langjährigen Gefängnisstrafe rechnen, zumal einer seiner Kumpane angesichts der erdrückenden Beweise auspacken wird, um als Kronzeuge im Gegenzug mit einer Bewährungsstrafe davonzukommen.

Der entsprechende Paragraf 96 des Aufenthaltsgesetzes, auf dem die Anklage beruht, lautet: »Mit Freiheitsstrafe bis zu fünf Jahren oder mit Geldstrafe wird bestraft, wer einen anderen anstiftet oder ihm dazu Hilfe leistet«, Ausländer illegal ins Bundesgebiet einzuschleusen, »dafür einen Vermögensvorteil erhält oder sich versprechen lässt«. Und mit »Freiheitsstrafe von sechs Monaten bis zu zehn Jahren wird bestraft«, wer dabei »gewerbsmäßig und als Mitglied einer Bande, die sich zur fortgesetzten Begehung solcher Taten verbunden hat, handelt, eine Schusswaffe bei sich führt […] oder den Geschleusten einer das Leben gefährdenden, unmenschlichen oder erniedrigenden Behandlung oder der Gefahr einer schweren Gesundheitsschädigung aussetzt«.

Solche klaren Vorgaben schätzen die Staatsanwälte. Denn Verfahren gegen Schleuser, die bei Razzien aufgegriffen werden und gegen die handfest ermittelte Beweise vorliegen wie in der heutigen »Operation Scheich«, führen zu vorzeigbaren Erfolgen, die in Statistiken und Lagebildern vermeldet werden. Menschenhandel dagegen, der immer und überall mit der illegalen Einschleusung von Menschen beginnt, ist ungleich schwieriger zu belegen, weil die Beweislage zumeist davon abhängt, ob die Opfer bereit sind, gegen Täter auszusagen. Inhaltlich bieten die Paragrafen 232 und 233 des Strafgesetzbuchs, »Menschenhandel zum Zwecke der Ausbeutung«, immerhin alle Möglichkeiten, bei Urteilen den Rahmen des Gesetzes voll auszuschöpfen:

»Wer eine andere Person unter Ausnutzung einer Zwangslage oder der Hilflosigkeit, die mit ihrem Aufenthalt in einem fremden Land verbunden ist, zur Aufnahme oder Fortsetzung der Prostitution oder dazu bringt, sexuelle Handlungen, durch die sie ausgebeutet wird, an oder vor dem Täter oder einem Dritten vorzunehmen oder von dem Täter oder einem Dritten an sich vornehmen zu lassen, wird mit Freiheitsstrafe von sechs Monaten bis zu zehn Jahren bestraft […] der Versuch ist strafbar. Auf Freiheitsstrafe von einem Jahr bis zu zehn Jahren ist zu erkennen, wenn das Opfer ein Kind ist, das Opfer schwer misshandelt oder in Gefahr des Todes gebracht wird, gewerbsmäßiges oder bandenmäßiges Vorgehen gegeben ist […]« (Paragraf 232).

»Wer eine andere Person unter Ausnutzung einer Zwangslage oder der Hilflosigkeit, die mit ihrem Aufenthalt in einem fremden Land verbunden ist, in Sklaverei, Leibeigenschaft oder Schuldknechtschaft oder zur Aufnahme oder Fortsetzung einer Beschäftigung bei ihm oder einem Dritten zu Arbeitsbedingungen, die in einem auffälligen Missverhältnis zu den Arbeitsbedingungen anderer Arbeitnehmerinnen oder Arbeitnehmer stehen, welche die gleiche oder eine vergleichbare Tätigkeit ausüben, bringt, wird mit Freiheitsstrafe von sechs Monaten bis zu zehn Jahren bestraft […]« (Paragraf 233).

Dass sich dies für Juristen liest wie reine Poesie, ahne ich. Für andere wie mich dagegen wie Juristendeutsch. Dennoch muss juristisches Schwarzbrot auf den Tisch. Es klingt zwar an den Stammtischen der Nation stets einleuchtend, wenn härtere Strafen für allerlei Verbrechen verlangt werden. Doch in einem Rechtsstaat, was Deutschland ist und worin es sich von den meisten der Staaten unterscheidet, aus denen die Illegalen kommen, gelten die bestehenden Gesetze. So soll es sein, so muss es sein. Neue Gesetze braucht es nicht.

Aber die Urteile im Rahmen dieser Paragrafen sollten nicht von Bundesland zu Bundesland so unterschiedlich ausfallen, erklärt mir ein Kriminaldirektor aufgrund leidvoller Erfahrungen. In dem einen werde zur Bewährung ausgesetzt, was im anderen zu langen Haftstrafen führe. Oder es werden gar, wie geschehen, von 35 Fällen mangels beweiskräftiger Zeugenaussagen 30 eingestellt. Was verständlicherweise die Ermittler frustriere.

Erardo C. Rautenberg, Generalstaatsanwalt des Bundeslandes Brandenburg, ein Mann der Theorie und ein Mann der Tat, gab bei einer Anhörung zum Thema Menschenhandel vor dem Sachverständigenrat Verständliches zu Protokoll. Es ist richtig, sagte er, eines der wesentlichen Probleme bei der strafrechtlichen Bekämpfung des Menschenhandels sei nun mal, dass »nur wenige Fälle zur Kenntnis der Strafverfolgungsbehörden gelangen, das heißt, es existiert ein großes Dunkelfeld. Ursächlich hierfür ist, dass die Opfer des Menschenhandels diese Straftaten nur selten zur Anzeige bringen.« Der auf die Frauen ausgeübte Druck, etwa »durch die Androhung von Gewaltanwendung gegen im Herkunftsland lebende Familienangehörige, ihre mangelhaften Deutschkenntnisse, ihr zumeist illegaler Status und das auf ihre Erfahrungen in den Herkunftsländern zurückzuführende, von den Tätern noch geschürte Misstrauen gegenüber staatlichen Stellen halten die Frauen davon ab, ihre Notlage den deutschen Behörden zu offenbaren.«

Selbst wenn die Polizei bei Razzien Opfer befreien kann, sind diese danach nicht frei. Ihre Angst zwingt sie oft in eine Art Vorbeugehaft. Die ihrer Peiniger. Die haben ihnen vorbeugend für solche Fälle alles mögliche Böse angedroht. Weil sie mit Gewalt zur Zwangsprostitution geprügelt wurden, sind sie selbst traumatisiert. Weil Täter zum inneren Kreis ihrer Verwandten gehören, schützen sie die. Weil sie erzogen wurden, Männern zu gehorchen, wehren sie sich nicht. Weil sie sogar mit den 300, 400 Euro, die ihnen monatlich von den 8000, 9000 bleiben, die Zuhälter und Bordellbesitzer an ihren Dienstleistungen verdient haben, die Großfamilie in Rumänien oder Bulgarien oder Moldawien ernähren können, fühlen sie sich am Ende noch nicht einmal als Opfer.

Ohne verwertbare Aussagen können die Täter nicht bestraft werden. Händler müssen »lediglich befürchten, dass ihnen die Frauen durch Ausweisung abhanden kommen« (Rautenberg), was sie aber nicht weiter stört in ihren Geschäften, denn Ersatz zu beschaffen ist angesichts des scheinbar unerschöpflichen Reservoirs von jungen Frauen in den Armutsländern Osteuropas oder Asiens kein Problem.

Prostitution zu fördern und daran zu verdienen wäre für den Scheich, der heute morgen heimgesucht wurde, eine Todsünde. Ein Verstoß gegen Gottes Gebote. Menschen ins Land zu schmuggeln ist dagegen nur ein Verstoß gegen gültige Gesetze. Das weiß er. Er kannte das Risiko, und er ließ es sich teuer bezahlen.

Der neben ihm, dem Chef, wichtigste Mann in der Organisation, auch der ein Jeside, ist um sechs Uhr früh 300 Kilometer entfernt in der Nähe von Celle ebenfalls festgenommen worden. Er war zuständig für die Finanzen des Unternehmens. In seiner Person vereinigte er Buchhalter und Banker, und dies bei einer international tätigen Bank, die allerdings weder Bilanzen veröffentlicht noch Konten führt und keine Zweigstellen unter fester Adresse in festen Gebäuden unterhält. Dennoch ist das virtuelle Geldinstitut weltweit unter dem Namen Hawala bekannt.

Das bereits im frühen Mittelalter im Vorderen Orient entstandene System (abgeleitet vom arabischen »hawwala« = wechseln, überweisen) benutzen in der Neuzeit in Europa oder in den USA lebende Migranten für Überweisungen an ihre Familien, wenn diese in Ländern leben, in denen es keine oder wenige Banken gibt. Jahrzehntelang wurde für Auslandsüberweisungen das auf der ganzen Welt funktionierende System von Western Union benutzt, doch in dem Netz bleiben Spuren zurück, und die können bei Verdacht auf kriminelle Aktivitäten ermittelt werden. Hawala hinterlässt keine Spuren – weshalb zum Beispiel in Deutschland Hawala-Banking verboten ist –, denn es gibt keinerlei Aufzeichnungen über Transaktionen, sondern als Garantie nur das Wort unter Gleichgesinnten. Hawaladare müssen einander vertrauen, sonst funktioniert das System nicht.

Auf der Basis langfristig aufgebauten Vertrauens laufen die Geschäfte grundsätzlich nach stets gleichem Muster ab, egal wo auf der Welt: Im Land X übergibt der Kunde an einen ihm bekannten Hawala-Banker eine bestimmte Summe, der wiederum einen ihm vertrauten Hawala-Banker im Land Y irgendwo auf der Welt beauftragt, diese Summe an Personen auszuzahlen, die sich unter einem Codewort oder mit einer bestimmten Zahlenreihe bei ihm melden. Mehr als Summe und Code werden nicht mitgeteilt. Es tauchen nie Namen auf. Man ahnt, für wen das besonders interessant ist.

Die Provision der Hawaladare beträgt zwischen 1,25 Prozent und fünf Prozent der Gesamtsumme. Was nach Peanuts klingt, soweit es um ein Kopfgeld geht wie jenes vom Reisebüro des Scheichs verlangte von zum Beispiel 7500 Euro. Aber die Masse macht es. Nicht nur bei ihm. Nach Schätzungen der UNO wechseln weltweit auf diesem Weg unglaubliche zweihundert Milliarden Dollar jährlich ihre Besitzer. Davon zwei Prozent Provision, verteilt auf die recht überschaubare Zahl der Hawala-Banker – das schmeckt nicht mehr nach Peanuts, sondern nach vier Milliarden Dollar Mehrwert. Selbstverständlich steuerfrei.

Hawala ist in vielen Ländern auch für staatliche und nichtstaatliche Hilfsorganisationen die einzige Chance, Geld direkt an notleidende Menschen zu überweisen. Vor allem in Ländern der einst sogenannten Dritten Welt, wo es kein funktionierendes Bankensystem gibt, oder bei Katastrophen, die schnelles Handeln nötig machen. Ob die Spenden dann tatsächlich bei denen ankommen, die in Not sind, ist nicht garantiert, auch in solchen Fällen halten als Zwischenhändler kriminelle Banden die schmutzigen Hände auf. Ein Dunkelfeld. Darüber wird allerdings ungern gesprochen, um nicht die Spendenbereitschaft der Mitleidigen zu gefährden.

Was der Banker im Ursprungsland dem Banker im Ausgabeland schuldet, wird später beglichen, manchmal in bar, manchmal in Form von Lieferungen von Waren wie Autos oder Fernsehapparaten, manchmal in Goldbarren. Wichtigstes Handelszentrum für den Austausch von Vorauszahlungen und Verrechnungen ist Dubai. Beide Hawaladare bekommen die gleiche Provision. Es ist eine Frage der Ehre, den anderen nie zu betrügen. Ob einst bei den Tempelrittern oder heute bei gläubigen Muslimen: Wortbruch war und ist eine Todsünde gegenüber Gottes Geboten und wurde und wird entsprechend geahndet. Damals mit einem finalen Schwerthieb. In der Neuzeit werden betrügerische Banker aus der internationalen Hawala-Gemeinschaft getilgt. Fortan sind sie in der geheimen

Branche nicht mehr vermittelbar. Sie können keine Geschäfte mehr tätigen, weil ihnen keiner mehr Geld anvertrauen würde.

Im Jesiden-»Reisebüro« des heute verhafteten Scheichs bezahlten per Hawala in Deutschland ansässige Angehörige für die Flucht ihrer Familien, die aus Syrien oder dem Irak illegal nach Europa reisen wollten. Der zuständige Hawala-Banker übermittelte ein Codewort an seinen Kollegen vor Ort. Sobald der die Nachricht über den Erhalt der »Reisekosten« bekam, erteilte er örtlichen Fluchthelfern die Erlaubnis für den Transport. Da es keine Aufzeichnungen gibt, die für Geheimdienste, Polizei, Steuerfahnder hilfreich wären, sondern nur handschriftliche Listen mit Codenamen und Summen, aus denen mangels Echtnamen keine Schlüsse gezogen werden können, haben längst auch Terroristen und kriminelle Organisationen das System für ihre Transaktionen adaptiert.

Hauptsächlich jene, die aus arabischen beziehungsweise islamischen Ländern Menschen schmuggeln oder mit Menschen handeln und das Hawala-System kennen. Ihr Beispiel machte weltweit Schule, auch dies eine Folge der globalisierten Wirtschaft. Russische Drogendealer, serbische Waffenhändler und nigerianische Familienbanden vertrauen inzwischen auf Hawala. Letztere ganz besonders.

Denn der Schmuggel von nigerianischen Frauen nach Europa erfüllt alle Kriterien für Menschenhandel selbst dann, wenn die Frauen sich freiwillig in die Hände der Schmuggler begeben und wissen, was von ihnen verlangt werden wird. Geleitet wird so ein Netzwerk von einer »Madame«, früher selbst Prostituierte, inzwischen reich geworden und aufgestiegen in der kriminellen Hierarchie. Sie kauft vor Ort nicht nur die Ware ein, sie nimmt sie in Besitz. Schwarze Magie und Aberglaube, Rituale aus dem Voodoo-Kult festigen die Leibeigenschaft.

Die Rekrutierung geschieht auf ähnliche Weise wie in Osteuropa. Junge Mädchen in den Slums werden angesprochen und mit Aussicht auf leicht zu verdienendes Geld angelockt. Dann setzen die Banden auf die in Nigeria traditionelle Angst vor dunklen Mächten. In den Voodoo-Schreinen wird eine für aufgeklärte Europäer absurd-schaurig anmutende Zeremonie abgehalten. Immer begleitet von Voodoo-Priestern, die im Dienst des kriminellen Netzwerks stehen und vom wahren Glauben eines wahren Priesters so weit entfernt sind wie die »Madames« von einer Madame. Den Opfern werden Finger- und Fußnägel sowie Haarbüschel abgeschnitten. Meist Schamhaar. Alle körpereigenen »Asservate« werden in »Voodoo-Pacs« zu Beuteln gebunden und im Schrein aufbewahrt. Die Frauen müssen das Blut eines geschlachteten Huhns trinken, dessen Herz roh verzehren und am Ende des Rituals schwören, ihren »Madames« zu gehorchen, sie nicht an die Polizei zu verraten und ihnen nie wegzulaufen. Brächen sie diesen Eid, würden Voodoo-Götter sie ins Jenseits befördern. Und zwar direkt in die Hölle.

Von dem Aberglauben gefangen, an den sie aber glauben, werden sie mit falschen Pässen und gefälschten Visa von einer weiteren Abteilung des Netzwerks nach Europa geschleust. Die ihren Leib als Lustobjekt abgeben, bekommen in der Fremde zu essen und zu trinken und einen Schlafplatz. Mehr nicht. Ihre Schulden bei den einzelnen »Madames« betragen etwa das Zehnfache dessen, was Prostituierte aus Osteuropa abarbeiten müssen, 30 000 bis 50 000 Euro. Pro Dienstleistung sind 20 Euro fällig. Die werden verrechnet mit Kost und Logis, und falls die Frau nur auf dem Straßenstrich und nicht in einem Bordell eingesetzt wird, werden rund 500 Euro im Monat für die ihr von ihren Besitzern zugewiesene Ecke abgezogen.

Bevor eine Prostituierte schuldenfrei ist und auf eigene Rechnung ihre Dienste verrichtet, bis sie sich vielleicht selbst Sklavinnen halten kann, so wie sie als Sexsklavin gehalten wurde, dürften mehrere tausend Dienstleistungen von ihr erbracht worden sein. Die »Madames« sammeln das Geld bei ihnen direkt nach erfolgter Leistung ein und bewahren es auf. Größere Summen bis zu jeweils 100 000 Euro werden über einen Hawala-Banker nach Nigeria transferiert. Die Frauen bekommen so lange nichts, bis die Schulden bezahlt sind oder bis sie als Wrack zurückgeschickt werden in die Heimat.

Bei den Durchsuchungen im Haus des Hawala-Bankers der jesidischen Menschenschmuggler fanden die Beamten nur eine handschriftliche Liste. Einen Zettel. Den zu enträtseln kann nicht gelingen, solange der Verfasser schweigt. Andererseits empfanden die Ermittler klammheimliche Freude. Denn auch der Hawaladar hat jetzt keine Unterlagen mehr über Schuldner und Gläubiger seiner Gemeinschaft.

Wie solche Geschäfte konkret beginnen in irgendeinem fernen armen Land, hat das *United Nations Office on Drugs and Crime* nach Aussagen eines Flüchtlings beispielhaft für ähnliche Fälle dokumentiert und an Polizeibehörden vieler Mitgliedsstaaten geschickt:

»Ich ging in einen bestimmten Laden in der Stadt, aus der ich stamme. Da saßen ein paar junge Männer und eine Frau. Sie boten mir Tee an. Dann redeten wir. Wohin ich gehen wolle, fragten sie. ›Europa‹, erwiderte ich. ›Klar, Europa. Alle wollen nach Europa. Aber welches Land genau?‹, wollten sie wissen. ›Irgendwohin, egal, da, wo ich bleiben kann.‹ Sie berieten sich kurz, und dann sagte einer: ›Okay, derzeit können wir Ihnen anbieten ein nordamerikanisches Land und zwei Zielländer in Westeuropa. Aber Sie müssen wissen, das kostet eine Menge Geld. Zwar müssen Sie bei uns viel bezahlen. Aber dafür bekommen Sie auch das, was Sie wollen.‹ Ich fragte, wie viel ich bezahlen und wie lange ich warten müsse, bevor es losgeht. ›Das nordamerikanische Land kostet 10000 Dollar, und wir können das innerhalb der nächsten zwei, drei Wochen arrangieren. Das eine westeuropäische Land kommt auf etwa 8000 Dollar, und bis es so weit ist, dauert es auch etwa zwei, drei Wochen. Beim anderen ist es billiger, 7000 Dollar, und das können wir innerhalb der nächsten fünf Tage anbieten.‹ Ich entschied mich für Land zwei.«

Zuständig und entscheidend aktiv bei der Bekämpfung organisierter Schleusungskriminalität in Deutschland ist die Bundespolizei. Zu deren Aufgaben zählt zum Beispiel auch der Schutz von Flughäfen und Bahnhöfen, Grenzkontrollen zu Wasser, zu Lande, in der Luft, wie es im Gesetz heißt, der Schutz der deutschen Botschaften im Ausland, aber auch Einsätze bei Flutkatastrophen wie im Sommer 2013. Seit einigen Jahren gehören Bundespolizisten zu den Flugzeugpassagieren auf bestimmten Strecken. Ähnlich den US-Marshalls, die seit dem Anschlag auf das World Trade Center bei amerikanischen Fluggesellschaften als *Frequent Flyers* an Bord sind. Gekleidet wie andere Zivilisten, aber im Gegensatz zu denen bewaffnet.

Die Bundespolizei ist dem Innenministerium unterstellt, ungefähr 40000 Frauen und Männer sind in der Behörde an vielen Außenstellen beschäftigt. Ihrem Auftrag entsprechend, gegen illegale Migration vorzugehen, bedient sie sich einer Taktik, die bereits 50 Kilometer vor einer Grenze in einem »Fahndungskorridor« zum Einsatz kommt. Die Rede ist von einer Art Schleierfahndung, bei der in mehr oder weniger breiten Korridoren entlang von Grenzen verdachtsunabhängige Personenkontrollen durchgeführt werden. Inzwischen ist das in den meisten Bundesländern ein Relikt aus besseren schlechten Zeiten. Denn bei offenen Grenzen gibt es in Europa andere weit offene »Korridore«, um ans Ziel zu gelangen.

Also sind Ermittlungen in ethnisch geprägten Ghettos der Großstädte erfolgversprechender. In Deutschland wären das zum Beispiel Berlin, Dresden, Frankfurt, Köln, Hamburg, das gesamte Ruhrgebiet. Oder man muss mit Observation direkt vor Ort in den Ländern beginnen, wo die Anwerbung organisiert wird. Grenzpolizeiliche Verbindungsbeamte (GVB) helfen den jeweiligen Polizeibehörden. Was sich hinter dem Namen *Integrated Border Management*, zu dem sie beitragen, tatsächlich verbirgt und ob der gute Klang auch eine richtige Melodie ergibt, werde ich bald in Warschau genauer erfahren.

Die Strategie gegen die kriminellen Schleuserbanden, koordiniert eingesetzt durch eine sogenannte Führungsgruppe, einen Ermittlungsdienst und – für meist verdeckte operative Maßnahmen – durch Mobile Fahndungseinheiten (MFE), vergleichbar den Mobilen Einsatzkommandos der Bundesländer, muss laufend verbessert, revidiert, erneuert werden. Sie ist also kein festes, sondern ein flexibles Werkzeug. Auf die Taktik von kriminellen Schleusern spontan zu reagieren würde dem Wunsch des Volkes – und dem der Volksvertreter – entsprechen, wäre aber oft reiner Aktionismus ohne nachhaltige, greifbare Ergebnisse.

Für eine zielgerichtete und erfolgversprechende Gegenstrategie braucht es Zeit und Experten aus allen Abteilungen: Fahnder. Ermittler. Analysten. Jede Information ist erst einmal gleich wichtig. Jede Spur zunächst gleich wesentlich. Fehler sind erlaubt. Menschen machen nun mal Fehler. Sodann wird nicht alles infrage gestellt, sondern nur nach einem neuen Ansatzpunkt gesucht. Ebenso pragmatisch werden Ermittlungen, die trotz wochenlanger Anstrengung zu keinen Erkenntnissen geführt haben, wieder abgebrochen. Im GASIM, dem »Gemeinsamen Analyse- und Strategiezentrum illegale Migration«, werden zwischen den einzelnen Behörden unter Federführung der Bundespolizei Erfahrungen ausgetauscht und ausgewertet. Mit Landeskriminalämtern gibt es gemeinsame Ermittlungsgruppen, weil aufgrund von Erkenntnissen aus den GASIM-Sitzungen die Aktionen deutscher *Joint Investigation Teams* gegen Schleuser direkt zu Menschenhändlern führen.

Erst die Analyse danach ergibt eine sinnvolle neue Taktik. Ob es zwei Monate dauert, bis die steht, oder ein Jahr, hängt ab von den jeweiligen Herausforderungen. Ob die einfach zu durchschauen – und zu kontern – sind oder so komplex, dass es noch Nachhilfe weiterer Spezialisten bedarf. Dass Steuerfahnder gerade bei Menschenschmuggel eine wesentliche Rolle spielen müssen, weil nur die bei Razzien doppelte Buchführung oder Steuerhinterziehung entdecken – was der an Grenzen erfolgreiche Beamte gar nicht finden kann –, ist unstrittig. Vor wenigen Jahren hätte das wegen der Konkurrenz von Bundespolizei, Bundeskriminalamt, Zoll und Landeskriminalämtern zu Eifersuchtsdramen geführt. Inzwischen ist die »Finanzkontrolle Schwarzarbeit« (FKS), eine Einheit der Bundeszollverwaltung, in der gemeinsamen Strategie von allen Strafverfolgungsbehörden akzeptiert und als unverzichtbar anerkannt. Knapp 2000 Fahnder und Ermittler unter den insgesamt sechseinhalbtausend Beamten der »Finanzkontrolle Schwarzarbeit« an insgesamt 43 Hauptzollämtern sind Teil der Gesamtstrategie. Wegen Steuerhinterziehung hat es einst Al Capone erwischt, der sich für unverwundbar hielt.

Drei Wochen nach jener morgendlichen Razzia ließ ich mir von hochrangigen Beamten der Bundespolizei ihre Gesamtstrategie erläutern. Sie werden mir nicht alles erzählt haben, das wäre kontraproduktiv. Aber ich hörte von Fällen aus dem Alltag, in denen Dolmetscher für einen einzigen Prozess gegen eine Bande von Menschenschmugglern 10 000 abgehörte Telefonate übersetzen und aufschreiben mussten. Und ich erfuhr, wie fassungslos die Ermittler waren, als in einem Fall von Menschenhandel die Urteile verkündet wurden: Wegen »schweren Menschenhandels, Zuhälterei, räuberischer Erpressung, Einschleusung von Ausländern für sexuelle Ausbeutung« wurden zwar mehrjährige Haftstrafen verkündet.

Aber alle auf Bewährung. Selbst wenn die Täter in anderen Fällen tatsächlich ihre Gefängnisstrafe antreten müssen, sagte mir einer der Beamten, dann ist es für viele aus Ländern wie Pakistan, Bulgarien, Russland oder Rumänien in deutschen Haftanstalten angenehmer zu leben als zu Hause in Freiheit.

Wesentlich für die Ermittlungsarbeit ist die uneingeschränkte Kommunikation zwischen den einzelnen Fachabteilungen. Was Schreckliches passieren kann, falls Informationen nicht ausgetauscht werden zwischen Verfassungsschutzämtern und BKA und LKAs, hat eine fassungslose Öffentlichkeit erfahren, als die terroristische Vereinigung NSU eher zufällig aufflog und auch nur dadurch, weil sich zwei als normalkriminelle Bankräuber eingestufte Verbrecher durch Selbstmord ihrer Festnahme entzogen. In Wahrheit gehörten sie zu einer kriminellen Vereinigung. Eigentlich ein Fall fürs Bundeskriminalamt.

Doch dessen Hilfsangebote, in Richtung einer kriminellen Vereinigung zu ermitteln, lehnten die Landeskriminalämter ab. Es passte nicht ins Bild, das sie sich von den Tätern gemalt hatten, weil sie getreu ihrer Vorurteile die Morde an türkischen Mitbürgern für Racheaktionen einer türkischen Organisation hielten.

Es waren, wie man dann erfuhr, allerdings keine Türken, die schossen und raubten und mordeten. Sondern deutsche

Rechtsextremisten. Nazis. Jahrelang hatten sie getötet. Die Informationen, die es über sie tatsächlich gab – und bereits sehr früh –, hätten viele Morde verhindert. Doch die Tatortspuren wurden nicht, wie es eigentlich selbstverständlich ist für Profis, vernetzt zu einem Gesamtbild. Kriminalgeografen, *Crime Mapper* im Fachjargon, beispielsweise eine Geoprofilerin wie die bei Scotland Yard engagierte Deutsche Christine Leist, hätten das gekonnt. Kriminalgeografen wurden aber nie angefordert.

Alle verfügbaren Informationen werden bei der Bundespolizei gesammelt und gespeichert und in einem Puzzle zusammengefügt zu einem Lagebild. Wie auch sonst in der klassischen Polizeiarbeit braucht es nicht nur Gespür, was in anderen Berufen als Talent bezeichnet wird, sondern auch Erfahrung. Die von Ermittlern, die von Fahndern, die der Spurensicherung, die von Analysten. Nur als Team haben sie eine Chance gegen die Teams von der anderen Seite. Dann geht ihnen bei einer Razzia gegen illegale Bordelle oder sogenannte Modellwohnungen auch eine Bande von Menschenhändlern ins Netz.

Denn auch die Kriminellen ermitteln. Nämlich die besten Routen für den Schmuggel. Dafür kaufen sie sich ortskundige Führer ein. Denn auch die Kriminellen fahnden. Nämlich nach dem geringsten Risiko für ihre Geschäfte. Denn auch die Kriminellen analysieren. Nämlich die sich ändernden wirtschaftlichen Bedingungen. Seit Fischern auf See immer weniger verwertbarer Fang in die Netze geht, nehmen zum Beispiel manche das Angebot eines OK-Netzwerks an und bringen die Ware Mensch übers Meer zu einer abgelegenen Bucht, wo dann zum Beispiel Taxifahrer warten, die im Auftrag von Schmugglern für die Weiterreise ans Ziel sorgen. Denn auch die Kriminellen suchen. Nämlich nach hinterlassenen Spuren, um sie zu verwischen. Denn auch die Kriminellen planen. Nämlich auf der Basis ihrer Lagebilder neue Strategien.

Also müssen mögliche Schwachpunkte in denen ermittelt werden. In einer Kampagne mit Taxiunternehmen wurden Fahrer anhand von Informationsblättern über gewisse immer wieder vorkommende Indizien aufgeklärt, die einen Verdacht auf illegale Transporte nahelegen. Analysen von Schmuggelrouten hatten ergeben, dass Taxifahrer in bestimmten Regionen gegen gute Bezahlung unfreiwillig Mittäter waren, weil sie Fahrgäste an einem vereinbarten Treffpunkt abholten und in ein *Safe House* der nächsten größeren Stadt fuhren.

So waren Taxifahrer unschuldig zu Helfern der Kriminellen geworden, weil sie nichts ahnen konnten von den wahren Hintergründen einer Fahrt, bei der sie scheinbar legal so viel verdienten wie sonst in einer ganzen Schicht. So entstand bei einer Analystentagung im Bundespolizeipräsidium in Potsdam die Idee, sie kundig zu machen über die Strukturen und Wege des Menschenschmuggels und sie um Alarmierung zu bitten, falls ihnen etwas verdächtig erscheint.

Wichtiger aber ist die Vorbereitung auf das, was in der Zukunft auf Europa zukommen wird, sind Prognosen aufgrund vorliegender Fakten. Angenommen, die Schere zwischen Arm und Reich geht nicht nur in Deutschland immer weiter auseinander, wo es ein funktionierendes soziales Netz gibt, sondern auch in Osteuropa, in Südeuropa. Angenommen, es werden in einer durchaus absehbaren Zukunft noch viel mehr Menschen als heute versuchen, in die Länder zu gelangen, in denen es Hoffnung auf Arbeit gibt – egal welche. Dann dürfte es noch mehr kriminelle Einschleusungen geben als heute, dürften die Ghettos in deutschen Großstädten wachsen oder zu Unruheherden werden, wie bereits geschehen in Frankreich, und dürfte der Widerstand der einheimischen Bevölkerung gegen die vielen ausländischen Flüchtlinge, verstärkt durch Panikmacher von rechts, gleichfalls wachsen. Die Szenarien sind begründbar realistisch. Die Fakten erlauben Hochrechnungen. Falls es gelingt, aufgrund von Auswertungen hoch qualifizierter Analytiker vorauszudenken – was nichts weiter heißt, als bereitzustehen dort, wohin die Schmuggler und Händler liefern –, hätte die Bundespolizei eine wirksame Waffe in der Hand.

Die Taktik ist im Prinzip nicht neu, aber die zur Verfügung stehenden Mittel und Methoden sind es. Schon vor mehr als fünfzig Jahren hat der damalige Polizeipräsident von Nürnberg, Horst Herold, nach diesem Denkmuster Verbrechensbekämpfung betrieben. Davon ausgehend, dass es strategisch richtig sein würde, die Polizeikräfte dort zu bündeln, wo sich in der Vergangenheit die meisten Überfälle und Einbrüche ereigneten. Die Häufung dürfte kein Zufall gewesen sein. Sondern der entsprechende Schauplatz ein natürlicher Hotspot der Kriminalität.

Also warteten seine Kriminalbeamten genau dort auf ihre Kunden, statt ihnen nach erfolgter Tat hinterherzulaufen. Herolds Plan ging auf, und die Zahl der Straftaten in Nürnberg halbierte sich innerhalb eines Jahres. Nach dieser Blaupause organisierte der spätere BKA-Präsident Herold die Rasterfahndung, als die Rote Armee Fraktion dem Staat den Guerillakrieg erklärte.

Übertragen auf die heutige Zeit und die Aufgaben der Bundespolizei heißt das: Statt sich immer wieder nur reagierend auf Strategien der Menschenschmuggler einzustellen – beispielsweise auf deren Taktik, die Flüchtlinge nicht wie bisher per PKW-Transport über die Grenzen der mittel- und osteuropäischen Länder zu schleusen oder per Boot nach Griechenland und in die Türkei, sondern überraschend etwa über

Dänemark einreisen zu lassen –, lieber vorausschauend selbst agieren. Ein Worst-case-Szenario ausmalen. Was wäre das Schlimmste, das in Zukunft passieren könnte, und wie müsste die Polizei sich darauf vorbereiten? Die Bundespolizei braucht erstens ein größeres Budget. Zweitens mehr Personal. Drittens eine auf die kriminellen Herausforderungen kühl taktisch reagierende Politik.

An der vor einer knappen Stunde um sechs Uhr aufgebrochenen Tür sind bereits Schlosser und Tischler im Einsatz. Reparaturen gehören zum Service der Bundespolizei nach solchen Razzien. Ich stelle mir vor, wie laut der Mann von der Homeland Security, der in Den Haag neben mir saß, über derartige Sitten lachen würde. Auf eine solche Idee käme man in den Vereinigten Staaten nie.

Ach, altes Europa.

Wir müssen, erklärt mir der Kommissar auf der Rückfahrt, strategisch global und nicht europäisch oder gar national denken. Nicht erst dann ermitteln, wenn die Schleuser bereits bei uns angekommen sind. Sondern viel früher an den Außengrenzen der Europäischen Union. Seine Aufgaben reichen sogar noch über diese Grenzen hinaus, und sein Job ist beispielhaft für diese Strategie. Er gehört zu einer Abteilung der Bundespolizei in Schleswig-Holstein. Die bewacht deutsches Staatsgebiet entlang der Ost- und Nordsee. Aber wird auch aktiv, wenn weit weg vor der Küste Nigerias kriminelle Vereinigungen, landläufig Piraten genannt, ein Schiff unter deutscher Flagge überfallen und die Besatzung zu erschießen drohen, falls ihnen nicht Millionen Euro Lösegeld bezahlt werden.

Sobald die Besatzung befreit ist, nach Rückeroberung des Schiffes, sei es durch Lösegeldzahlung der Reederei, sei es durch den Einsatz hoch bezahlter Söldner, die in ihrem ersten Leben in den Armeen Großbritanniens oder Frankreichs oder Deutschlands ausgebildet wurden, sichern Spezialisten aus Neustadt in Holstein die Spuren der Piraten. Die werden gespeichert oder analysiert bei Eurodat und in einer europäischen »Agentur für operative Zusammenarbeit an den Außengrenzen« mit Sitz in Warschau. Was dröge nach einer der vielen EU-Behörden klingt, die sich um Probleme kümmern, von denen man bis vor ihrer Gründung nichts wusste. Bei dieser aber haben sich kluge Köpfe Europas zum Schutz der Außengrenzen vereint. Frontkämpfer der besonderen Art.

Um Opfer von Menschenhändlern auch dann identifizieren zu können, falls sie unauffällig wie Touristen wirken, haben die Mitarbeiter dieser Agentur ein »Survival Kit« höchst ungewöhnlicher Art erdacht. Die Ideen für den »Überlebensbaukasten« sind in einem 164 Meter hohen, eher nach Manhattan passenden Wolkenkratzer in Warschau entwickelt worden. Kleine Helfer für eine Rettung aus Gefahr und Not. Aber zu oft kommen sie nicht rechtzeitig an, um ein Mädchen retten zu können vor den Fängen des Bösen.

KAPITEL 4

Grenzfälle: Ware Frau

Gekidnappt wurde das Mädchen, gerade mal vierzehn Jahre alt, morgens auf dem Weg zur Schule. Das Land, in dem es ihr geschah, ist zwar keine lupenreine Demokratie, gehört aber zu den Staaten, die bei einem »Operation Day« gegen OK-Banden kooperieren, statt Kriminelle rechtzeitig warnen zu lassen. Im Baltikum wächst trotz wirtschaftlicher Probleme eine abwehrbereite Zivilgesellschaft. Die nur bedingt abwehrbereit war, als Elena auf ihrem Schulweg entführt wurde.

Elena ist selbstverständlich nicht ihr richtiger Name.

Dorfbewohner sagten später aus, das Letzte, was sie von ihr gesehen hätten, sei ihr Kopf gewesen, umklammert von einem großen Kerl, der sie auf den Rücksitz eines Autos drückte, das mit laufendem Motor am Straßenrand wartete. Ein anderer Mann saß am Steuer. »Hat sie denn nicht um Hilfe geschrien?«, wurden die Augenzeugen gefragt.

Nein, sie hätten keine Schreie gehört. Offenbar habe ihr der Typ den Mund zugehalten. Dann sei der Wagen mit quietschenden Reifen gestartet und in einer Staubwolke verschwunden.

Es hätte zwar gepasst zu den bekannten Verdachtsmomenten, von denen viele einer juristischen Nachprüfung standhalten, dass es nach wie vor in gewissen Ländern bei solchen Fällen nichts nützen würde, die Polizei zu rufen. Weil die von denen bezahlt wird, die sie jagen sollte. In dem Fall war es anders. Die Polizisten steckten nicht mit den Bösen unter einer Decke. Sondern gehörten bereits damals zu den Guten.

Es war einfach schon zu viel Zeit vergangen, bis sie alarmiert wurden. Die Entführer hatten bereits einen zu großen Vorsprung. Gegen den BMW der Kidnapper ließ sich mit den Ladas der Polizei keine Verfolgungsjagd gewinnen. In welche Richtung die mit ihrem Opfer fuhren, wussten die anständigen Polizisten nicht. Ihre Kollegen an den Grenzübergängen nach Lettland, nach Polen, nach Weißrussland und in die russische Exklave Kaliningrad waren zwar informiert worden in der Hoffnung auf Kommissar Zufall.

Aber der war an dem Tag nicht im Dienst. Er hatte frei.

Das alles passierte, bevor Litauen in die Europäische Union aufgenommen wurde und sich somit verpflichtete, die in Europa gültigen Grundsätze der Menschenrechte zu achten. Zu denen gehört neben vielen guten anderen der staatlich garantierte Schutz von Leib und Leben seiner Bürger. Eine Entführung nach Art des damaligen Überfalls ist den Gangstern inzwischen zwar zu riskant, denn Aufsehen zu erregen schadet ihren Geschäften. Die verheißen trotz gestiegener Einkommen in Litauen, Estland oder Lettland, die laut Statistik jedoch noch nicht mal die Hälfte der durchschnittlichen in Westeuropa erreicht haben, nach wie vor hohe Gewinne im Menschenhandel. Sowohl mit dem innerhalb der nationalen Landesgrenzen als auch mit dem in die weite Welt.

In die EUROPOL-Strategien gegen die russische oder die lettische Mafia werden Moskaus ehemalige Trabanten deshalb aktiv eingebunden. Estland, Lettland und Litauen sind auf Landkarten der europäischen Kriminalgeografen als Nordostkreuz des organisierten Verbrechens verzeichnet. Die drei Ostseeanrainer haben aber längst noch nicht alle Dunkelfelder ihrer politischen Biografie aufgehellt.

Denn alte Machthaber vereinigten sich nach dem Kollaps des sowjetischen Imperiums mit neuen Mächtigen zu kriminellen Organisationen. Ziel ihrer Geschäftsverbindung ist, womit auch immer, wo auch immer, wie auch immer, die Ausbeutung des Menschen. Das entsprach schon im Kommunismus der Wirklichkeit, obwohl den Völkern von den Herrschenden offiziell andere Signale verkündet worden waren: nach geglückter Weltrevolution in klassenloser Gesellschaft das Ende der Ausbeutung. Im Chaos des Systemuntergangs und in der rechtlosen Übergangszeit fanden vor allem aus der Armee entlassene Offiziere in der osteuropäischen Mafia eine neue Heimat, die so gut organisiert war wie ihre alte.

Im Gegensatz jedoch zu manchen Nachbarstaaten stehen Politiker in Litauen nicht auf Gehaltslisten von kriminellen Organisationen. Wenigstens die Fronten sind klar definiert. Das Kartell handelt zwar vorrangig mit Heroin aus Zentralasien, das weitergeleitet wird über die vier Balken des Nordostkreuzes – zu dem im Süden die russische Exklave Kaliningrad gehört –, an Großdealer in Westeuropa oder Russland. Ein gutes Geschäft. Aber die Routen lassen sich ebenso gut nutzen für andere Geschäfte.

Zum Beispiel für den Handel mit Menschen.

Wegen ihrer günstigen Lage an den Außengrenzen der Europäischen Union haben kriminelle Handelsfirmen die baltischen Staaten sowohl als Transitländer als auch als Rohstoffquellen für die Ware Mensch in ihre Strategie eingeplant. Sie können nicht so unverschämt offen agieren wie ihre Konkurrenten auf Auktionen in Prag oder Kiew, wo Frauen im kriminell-sexuellen Komplex regelrecht versteigert werden. Menschenhändler werden nicht wie anderswo in Ost- und Südosteuropa verschont, weil sie unter dem Schutz korrupter Politiker stehen, sondern im Baltikum zumindest verfolgt. Die dort aktiven OK-Banden sind dennoch gefährlich, wenngleich sie nicht die innere Sicherheit der Staaten gefährden.

Auch Spediteure, die tagsüber ihren legalen Geschäften nachgehen, verdienen nachts prächtig am illegalen Handel. Prostituierte aus Litauen, Lettland und Estland werden außer nach Deutschland bevorzugt in skandinavische Länder wie Finnland und Dänemark transportiert. Aus Russland oder der Ukraine oder Weißrussland angelieferte Frauen verbleiben kurzfristig im kriminellen Drehkreuz, bevor sie an OK-Banden in Südosteuropa weitergereicht werden.

In Schweden behindert das Verbot »des käuflichen Erwerbs sexueller Dienstleistungen« ihr Business. Erlassen wurde das Gesetz zum Schutz der Frauen vor Kriminellen. Ihre Kunden sollen durch hohe Geldstrafen vom Einkauf abgeschreckt werden. Irland und Norwegen haben 2009 kaum modifiziert das schwedische Modell übernommen. Zwar waren auch norwegische Frauenverbände grundsätzlich dafür, befürchteten aber gleichzeitig, dass sich die gute Absicht, der Schutz der Prostituierten, ins Gegenteil verkehrt, sobald diese abgedrängt würden in noch dunklere Felder und da erst recht schutzlos der Gewalt von Freiern und Zuhältern ausgeliefert wären.

Es gibt unter Feministinnen heftige Diskussionen über den richtigen Weg. Wie lässt sich die Situation von Prostituierten nachhaltig verbessern? Denn das Gewerbe zu verbieten und damit in den Untergrund zu drängen ist keine ernsthaft diskutierte Alternative. Die einen empfehlen das Modell Schweden allen von Prostitution betroffenen Ländern Europas, also allen. Die anderen halten das für die genau falsche Alternative, weil das die Dunkelfelder des Rotlichtmilieus nicht etwa aufhellt, sondern sie im Gegenteil vergrößert. Zuhälter würden samt ihrem Besitz abtauchen in den Untergrund und wären dort für Kontrollen kaum noch greifbar. Die Auseinandersetzungen werden so verbissen geführt, als ginge es ans Selbsteingemachte und nicht etwa vorrangig um das Schicksal der Prostituierten.

Als für Prostituierte in einem Lagebild der UNO die Bezeichnung »Sexworker« verwendet wurde, protestierten Anhängerinnen der Verbotsstrategie. Käuflicher Sex habe mit einer Arbeitsleistung im klassischen Sinn nichts zu tun, und der Begriff sei deshalb frauenfeindlich. Ihr Vorbild ist die amerikanische Staatsanwältin Kathleen Rice. In New York ist, wie in allen amerikanischen Bundesstaaten außer Nevada, Prostitution zwar verboten, was aber die Zielgruppe nicht hindert, nach eindeutigen Angeboten zu suchen, getarnt als Fitness-Center, Escort-Service, Wellness-Hotel. Von Rice beauftragte verdeckte Ermittler haben in den vergangenen fünf Jahren laut ihrer Homepage genau 5834 Freier auf frischer Tat ertappt und festgenommen. Die verhängten Geldstrafen sind eher Peanuts für die Klientel. Was ihnen dagegen richtig wehtut und die eigentliche Strafe ist: Sie werden samt Foto, Name und Adresse im Internet an den Pranger gestellt. Schadenfreude und Verachtung in ihrem sozialen Umfeld sind ihnen ebenso gewiss wie gewisse Diskussionen am häuslichen Kamin,

Eine Änderung von Gesetzen samt Strafandrohung verändert nichts an der unveränderbaren Triebkraft der Triebe. Im Europa der offenen Grenzen funktioniert das Geschäft in alle Richtungen. Weshalb Freier aus Schweden oder Norwegen die Fähren nach Riga oder Tallinn besteigen und sich straffrei dort bedienen lassen. Laut UNICEF sind zwischen 20 und 50 Prozent der im Baltikum tätigen Prostituierten minderjährig, doch die große Spanne der Angabe »zwischen 20 und 50 Prozent« ist ein Indiz dafür, dass es in Wahrheit keine belastbaren Erkenntnisse gibt.

Bei der *European Police Chiefs Convention* (EPCC) 2013, zu der sich auf Einladung von EUROPOL und Litauen, das damals turnusmäßig die EU-Präsidentschaft innehatte, zweihundert hohe Polizeioffiziere in Den Haag trafen, darunter auch Experten aus Russland, Israel, Kolumbien, der Türkei und den USA, forderte Litauens oberster Polizeigeneral eine zügige Verwirklichung neuer taktischer Maßnahmen gegen kriminelle Organisationen, gemeinsame Operationen an den allseits bekannten Brennpunkten, zu denen sein Land ohne Zweifel gehöre, und eine spürbare Erhöhung entsprechender Budgets durch Regierungen der hauptsächlich betroffenen Länder.

Welche damit gemeint waren, musste er nicht erwähnen. Aber auch andere als Rumänien oder Bulgarien, die üblichen Verdächtigen, hätten genannt werden können. Zum Beispiel die Türkei. Zum Beispiel die Tschechische Republik mit dem Hotspot Prag. Zum Beispiel Ungarn, zum Beispiel Griechenland. EUROPOL-Analysten schätzen, dass in den vergangenen zehn Jahren über die Grenzen zu Bulgarien, Georgien, Armenien, Aserbaidschan allein in die Türkei 250 000 Mädchen und Frauen verbracht worden sind. Viele machten die Reise freiwillig und wussten, was von ihnen erwartet wurde.

Die Nachfrage aus türkischen Bordellen ist gestiegen, seit nicht nur einheimische Kunden versorgt werden wollen. Sie bevorzugen die Ware Frau aus osteuropäischen Ländern. Sondern auch, weil aus Skandinavien, aus Russland, sogar aus den USA Charterflieger voll mit Sextouristen anlanden. Nicht nur Männer auf der Suche nach preiswerter Entspannung mit jungen Mädchen. Sondern auch viele Homosexuelle oder Pädophile, die sich für den Urlaub einen Knaben gebucht haben. Menschenhändler reagieren als skrupellose Geschäftsleute mit entsprechenden Angeboten. Wenn vierzehn-, fünfzehnjährige Jungen nachgefragt sind, besorgen sie die aus Ländern wie Rumänien, Bulgarien, Georgien und schicken sie zum Beispiel in der Türkei, in Griechenland, in England auf den Markt. Diskret ins Hotel oder direkt ins Haus geliefert – oder als Fastfood auf dem Straßenstrich verkauft. Auch das homosexuelle Prostitutionsmilieu wird von OK-Banden beherrscht. Auch dort gilt das Gesetz der Stärkeren.

Viele der Frauen, die im Gegensatz zu den Freiwilligen mit falschen Versprechungen angelockt und dann in die Prostitution gezwungen worden sind – laut EU-Kommission zwei Drittel aller Prostituierten in der Türkei –, werden auf einem der geheimen Sklavenmärkte für Einsätze innerhalb der Türkei versteigert oder direkt von albanischen, serbischen, russischen Organisationen übernommen und mithilfe von deren türkischen Partnern nach Frankreich und Großbritannien, Holland und Deutschland, Österreich und in die Schweiz geschleust. Von den geschätzt 3600 kleinen und großen in Europa aktiven kriminellen Organisationen, darunter viele Schmugglerbanden, deren Dienste man zum Festpreis buchen kann, sollen innerhalb der Türkei mehr als 200 tätig sein.

Biotope der Gesetzlosen, Staaten also, die sozusagen »außerhalb des Gesetzes« stehen, wie jenseits der EU-Außengrenzen Albanien, Kosovo, Serbien, Bosnien-Herzegowina, Montenegro, Moldawien oder Transnistrien, sind für Menschenhändler ein Garten Eden. Die Rekrutierung dort läuft wie geschmiert. Wer stört, wird entweder geschmiert oder für immer entsorgt.

Was für den Rauschgifthandel die Grenzregion zwischen Myanmar, Thailand, Laos bedeutet, berüchtigt als das Goldene Dreieck, ist für den Menschenhandel der Balkan. Sowohl für die Anlieferung als auch für die Vermarktung. Sowohl als Quelle als auch für den Weitertransport. Siebzig Prozent der Bordelle im Kosovo werden von albanischen Kriminellen kontrolliert. Ihre Methoden, Gewalt auszuüben, haben sie in ihrem vorherigen Beruf bei der Polizei oder den Geheimdiensten erlernt. Sie brauchen keine Zusatzkurse für ihre neuen Jobs als Menschenhändler, Zuhälter, Vergewaltiger, Leibwächter, Totschläger.

Nachschub für ihre Produktionsstätten bestellen sie direkt bei heimatlichen Clans. Auf welche Weise die den Lieferauftrag erfüllen, ist egal. Alle Mittel für ihren Zweck sind erlaubt. Die einzigen Kriminellen, die sich vor den Albanern nicht fürchten, sind die Tschetschenen. Weil deren Gewaltbereitschaft keine Grenzen kennt, verbreiten sie Angst und Schrecken in ganz Europa. Ein hochrangiger Ermittler der Bundespolizei, der jeden Satz sorgfältig auf politische Korrektheit überprüft, bevor er ihn freigibt, bezeichnet die Mehrheit der 2012 und 2013 nach Deutschland eingereisten Tschetschenen, geprägt von vielen Jahren blutiger Auseinandersetzungen mit den Russen, mit nur einem Wort: »verroht«. Mehr noch: Es sind Gruppen religiöser Fanatiker dabei, Salafisten zumeist, die vom Dschihad auf deutschem Boden träumen.

Die nach Kriegsende im Balkan stationierten internationalen Friedenstruppen garantieren seitdem – und vermutlich noch auf viele Jahre – als zahlungskräftige Stammkundschaft feste Einnahmen im nach dem ihrigen zweitältesten Gewerbe der Welt. Um Soldaten den Wareneinkauf so bequem wie möglich zu machen, haben die fürs Prostitutionsgeschäft zuständigen OK-Manager sogar Käfige voller Frauen in fußläufiger Umgebung der Kasernen, Garnisonen, Stützpunkte angesiedelt.

Man darf den Begriff »Käfig«, der normalerweise ein Behältnis für gefangene Tiere bezeichnet, in dem Zusammenhang verwenden, denn die Mädchen wurden in Laufhäusern, die eher Ställen glichen, wie Vieh gehalten, mussten da allzeit bereit zur Verfügung liegen, sobald Soldaten an- und ihnen auf den Leib rückten. Die Fenster waren vergittert, das Tor war gesichert, Schäferhunde bewachten den Hof.

Bezahlt wurde beim Besitzer direkt. Mehr als zehn Dollar, später dann zwanzig Euro pro Einsatz waren nicht fällig. Mädchen auf dem Balkan sind so teuer – oder so billig – wie ein Abendessen zu zweit in einem Restaurant von Priština. Und dies sind Erkenntnisse aus dem Hellfeld, also das, was man die Spitze des Eisbergs nennt. Gerade beim Menschenhandel aber muss von einem großen Dunkelfeld ausgegangen werden: »Official statistics on traffickig in persons represent only the tip of the iceberg«, stellen die Verfasser des *Global Report on Trafficking in Persons* der Vereinten Nationen fest, was nichts anderes bedeutet, als dass der größte Teil des Verbrechens Menschenhandel unentdeckt bleibt und die Schuldigen nie erwischt werden.

Dass sich Soldaten, egal zu welchen Zeiten, egal nach welchen Kriegen, egal auf welchen Kontinenten, in Bordellen bedienen lassen oder die Frauen der Eroberten vergewaltigen, gehört zur Menschheitsgeschichte seit der Erbsünde, seit der Kampf Gut gegen Böse begann. Was im Kosovo – und ebenso in Montenegro und Serbien, Kroatien und Bosnien-Herzegowina – passierte oder noch immer passiert, ist also nicht außergewöhnlich.

Neu sind Mittel und Methoden. *Violent Entrepreneurs* nennen Ermittler gewalttätige Unternehmer, die den Markt Frauenhandel beherrschen: Albaner, Russen, Tschetschenen, Serben. Sie unterhielten sogar Lager, in denen Mädchen so lange von fest angestellten *Violent Specialists* »abgerichtet« wurden – nach polizeilichen Dokumenten sogar durch Elektroschocks und Verbrennungen –, bis ihr Widerstand endgültig gebrochen war.

Weil im Nachkriegschaos des ehemaligen Jugoslawien zudem die Beute Frau in großer Zahl greifbar nahe war – denn zu viele hatten ihre Männer und damit ihre Beschützer verloren, zu viele hatten ihre Dörfer verlassen müssen und damit kein fürsorgliches soziales Umfeld mehr –, fielen Kosten für Transporte aus dem fernen Russland weg. Im Gegenteil: Statt von dort »Frischfleisch« zu importieren, wurde es dorthin exportiert. Reisespesen zahlten die Empfänger zusätzlich zum Kopfgeld.

Vom Balkan aus gehen nach wie vor die Transporte in alle Himmelsrichtungen – oder sollte man nicht lieber sagen: Höllenrichtungen? Die Auktionen werden kontrolliert von einheimischen Clans oder OK-Banden, deren Anführer fast ausnahmslos geprägt sind von ihrer ehemaligen Tätigkeit in Armeen, in Geheimdiensten, in der Polizei. Geschäftspartner außer ihren Berufsgenossen in Russland: türkische Mafiosi, die in Holland und in Belgien die Märkte dominieren, bulgarische Kriminelle, denen nichts Unmenschliches fremd ist, rumänische Menschenhändler, die mehr junge Mädchen und auch Knaben im Angebot haben als alle anderen zusammen.

Immer wieder erhobene Vorwürfe gegen die im Balkan stationierten Soldaten der Bundeswehr, dass sie sich von Zwangsprostituierten bedienen lassen, obwohl sie von denen, verzweifelt dabei nach Worten in der fremden Sprache suchend, um Hilfe gebeten worden waren, wies das Bundesverteidigungsministerium von Fall zu Fall stets zurück. Die Untersuchungen hätten keine belastbaren Beweise ergeben. Das mag man glauben oder auch nicht.

Nichtstaatliche Hilfsorganisationen gehören zu denen, die das nicht glauben und stattdessen auf gegenteilige Berichte vieler Mädchen und mancher Freier verweisen. Aber da alle auf Anonymität bestanden, konnten solche Aussagen nicht bewertet oder verwendet werden. Weil Prostituierte die Umgangsformen und Sauberkeit der Deutschen so lobten, die damit im Gegensatz gestanden hätten zu den anderen Kunden aus dem Internationalen Friedenskorps oder aus den Hilfsorganisationen oder gar aus dem Kreis einheimischer Politiker und Bosse, nährte das am Ende dann doch einen gewissen Verdacht.

Dass Soldaten fern ihrer Heimat, fern ihrer Frauen oder Freundinnen bei Gelegenheit die Waffen weg- und sich hinlegen, hält mir ein englischer Beamter entgegen, sei doch normal. Solange es gewaltfrei bleibt, bestehe auch kein Anlass für polizeiliche Maßnahmen. Wenn Militärs heimlich ins Geschäft mit den Frauen einsteigen, weil sie selbst erlebt haben, was man da verdienen kann, oder nach ihrer Dienstzeit eigene Unternehmen gründen, dann allerdings werde es zum Skandal. Solange aber gerade im Balkan weder Recht noch Ordnung die Lage der Nationen prägt, sondern noch immer ethnische und religiöse Konflikte, noch immer Korruption und Gewalt den Alltag bestimmen, werde zwangsläufig die Kriminalität blühen und gedeihen.

Da ich ihn fragend anschaue, als würde ich auf einen erlösenden Zusatz warten, etwas in der Art »Licht am Ende des Tunnels«, schüttelt er den Kopf und sagt lange nichts. Endlich erwähnt er und bezeichnet es als einen gewissen Fortschritt, dass mittlerweile die Internationale Polizeieinsatztruppe der Vereinten Nationen mit dem *Kosovar Police Service* gemeinsam gegen Zwangsprostitution vorgehen würde und alle, die von der UNO auf Friedensmission in den Balkan geschickt werden, sich verpflichten müssen, während ihres Einsatzes moralisch integer zu bleiben.

Er verzieht dabei keine Miene, betont aber einschränkend, dass er sich nur auf Erkenntnisse aus dem Hellfeld stützen könne. Niemand jedoch wisse, wie viele Soldaten nach wie vor heimlich ins Bordell gehen und dies auch für moralisch gerechtfertigt halten, solange sie dafür bezahlen und nicht gewalttätig werden – und zu Hause niemand davon erfährt.

In den baltischen Staaten haben die OK-Banden bei unveränderter Zielsetzung ihre Strategie geändert. Statt mit brutaler Gewalt, was die Staatsmacht provozieren muss, kidnappen sie ihre Opfer mit vorgeblicher Fürsorge. Das Versprechen auf rosige Aussichten in der Fremde ist ihre eigentliche Waffe. So locken sie junge Menschen an. Mit dem, was man im Westen in wenigen Jahren verdienen werde, lügen sie ihnen vor, könnten sie später für sich eine sichere Existenz aufbauen und bis dahin durch regelmäßige Überweisungen die zurückgebliebenen Angehörigen unterstützen.

Das sind in der Regel die Alten.

Traumhafte Perspektiven wirken auf die Jungen verlockend, staatliche Aufklärungskampagnen aber verpuffen. Sie vertrauen nicht den Warnungen, begeben sich lieber in die Hände scheinbar vertrauenswürdiger Arbeitsvermittler und mit deren Hilfe auf die Reise ins Ungewisse. Die Agenten, die ihre Dienste anpreisen in »Gesucht-wird«-Anzeigen im Internet oder auf Jobbörsen, gehören jedoch zur OK-Organisation. Sie arbeiten auf Provisionsbasis und lassen sich pro Beutestück ein Kopfgeld bezahlen. So werden sie reich und protzen damit, was die beste Botschaft für noch Zögernde ist – Motto: Schau her, wer sich uns anvertraut, dem wird es auch bald so gut gehen!

Wenn ihre Opfer, aus ihren Träumen gerissen, in der Wirklichkeit aufwachen, ist es für eine Umkehr zu spät. Sie haben sich für die Reise ins gelobte Land X in Schulden gestürzt. Die müssen jetzt abgearbeitet werden. Als Prostituierte oder als Schlachter. Als Putzfrau oder als Wachmann. Als Dienstmädchen oder als Obstpflücker. Als Altenpflegerin oder als Türsteher. Selbst bleibt ihnen kaum etwas vom Lohn. Vom wenigen überweisen sie dennoch einen Teil nach Hause. Gaukeln ihren Familien vor, dass es ihnen gut geht, weil sie sich entweder schämen für das, was sie tun und was ihnen dabei angetan wird. Oder weil sie verheimlichen wollen, dass sie nicht etwa im goldenen Westen gelandet sind, sondern gefangen in den Netzen der russischen oder serbischen, bulgarischen oder rumänischen Mafia.

Deren Methoden unterscheiden sich nicht weiter, sind aber alle übler Nachreden wert: Erpressung. Prügel. Ausbeutung. Die Urmutter aller kriminellen Organisationen, die sizilianische Mafia, die Cosa Nostra, stellt zwar allen ihre Infrastruktur zur Verfügung, selbstverständlich gegen Gebühr, setzt in ihrer strategischen Ausrichtung aber auf Geschäfte im Drogenhandel und in der globalen Geldwäsche. Oder lässt sich für ihre Hilfe als eine Art Schutzmacht in Naturalien bezahlen, indem sie sich der Frauen bedient und diese in Diskotheken, Bordellen, Laufhäusern ein- oder die Jüngsten taktisch auf bestimmte Politiker ansetzt, um sich die für ihre eigentlichen Geschäfte gefügig zu machen.

Was nicht immer unter der Bettdecke bleibt. Ich erinnere mich an Bilder von jenem bekannten italienischen Bunga-Bunga-Buffo, der sich rührig um die vom Schicksal gebeutelten jungen Mädchen kümmerte, was sein Stimmvolk bewunderte und seine europäischen Politikerkollegen verachteten, lösche sie aber sofort wieder von meiner Festplatte, weil es ein wesentlicher Unterschied ist, ob sich Frauen freiwillig von Greisen behandeln lassen oder ob mit ihnen als Ware gehandelt wird.

Die Geschäftsfelder der Ausbeutung – Prostitution, Schwarzarbeit, Scheinehen, Dienstpersonal, Bettlerbanden, Diebstahl – in Italien oder Holland, Großbritannien oder der Schweiz sind länderabhängig mal kleiner, mal größer. Marktforscher der kriminellen Organisationen analysieren den jeweiligen Bedarf im jeweiligen Land und schlagen in detaillierten Businessplänen eine erfolgversprechende Strategie vor, um den Markt zu erobern. Entschieden wird, wie es Brauch auch wäre in legalen Unternehmen, vom Vorstand.

In allen Ländern gilt, dass sich Sex bestens an den Mann bringen lässt; daran wird am meisten verdient. Eine einmalige Investition bei einer Versteigerung auf einem Sklavenmarkt oder beim Bareinkauf von Freiwilligen erbringt zweistellige Renditen. Da viele osteuropäische Prostituierte aufgewachsen sind in Gesellschaften, in denen traditionell noch nie infrage gestellt wurde, warum es gottgewollt sein soll, dass grundsätzlich Männer befehlen dürfen und Frauen gehorchen müssen, unterscheiden sich Brutalo-Typen im Rotlichtmilieu eh kaum von denen, die sie in ihren Familien und Sippen erlebten. Also folgen sie deren Anweisungen und nehmen es sogar hin, dass sie hin und wieder verprügelt werden.

Die resignierte Aussage einer jungen Frau, wenigstens würde sie für das, was ihr täglich angetan wird, bezahlt, statt wie zu Hause von Freunden und Nachbarn, von Vater und Onkeln und Brüdern ohne Gegenleistung missbraucht zu werden, ist keine Ausnahme, sondern umschreibt die tatsächlich herrschenden gesellschaftlichen Zustände in vielen Herkunftsländern. Solange die allgemein akzeptiert sind, solange Feministinnen die Diktatur der Machos nicht stürzen können, solange es keine Solidarität unter allen Frauen gibt, wird sich nichts ändern.

Auswüchse inbegriffen, die in westeuropäischen Rechtsstaaten zu sofortiger Festnahme und später zu langjährigen Haftstrafen führen würden. Der amerikanische Journalist E. Benjamin Skinner beschrieb 2003 als Reporter des mittlerweile verblichenen US-Magazins *Newsweek* im Sudan, wie die jeweils siegreichen Truppen ihre Gefangenen in die Sklaverei verkauften. Männer. Frauen. Kinder. Ganz so, wie einst in den

Hochzeiten des Sklavenhandels. Danach reiste er, getarnt als Käufer der überall angebotenen Ware Mensch, nicht nur durch Südamerika, durch Asien, durch Afrika, sondern auch in Länder Osteuropas.

Was Skinner mitten in Bukarest erlebte, der Stadt, die in Westeuropa als hip gilt, wie das neuschlechtdeutsch umschrieben wird, ist unerträglich. Er gibt vor, ein Mädchen kaufen zu wollen. Der Zuhälter bietet ihm eine Sechzehnjährige an. Mietpreis für einen Monat: 1000 Euro. Skinner verhandelt. Er will kaufen, nicht nur mieten. Gegenangebot des Zuhälters: eine noch Jüngere, die wirklich alles mache und außerdem keine Drogen nehme, für zwei Monate und 2000 Euro. Billiger ginge es nicht. Denn er, ihr Besitzer, würde an ihr bereits in einer einzigen Nacht 200 Euro verdienen. Das stimmt. Allerdings sagt er nicht, wie die Summe zustande kommt – durch 20 Kunden à 10 Euro. Am Ende einigen sie sich statt auf Bargeld auf einen Gebrauchtwagen für zwei Monate Miete. Skinner schlägt ein, doch kehrt selbstverständlich nie wieder zurück in das Haus. »Aber mir war zum Weinen zumute.«

Sein Buch *A Crime so Monstrous* – in Deutschland veröffentlicht unter dem Titel *Menschenhandel* – nannte der ehemalige US-Präsident Bill Clinton »unnachgiebig und genau recherchiert, furchtlos geschrieben«. Was gleichfalls zutrifft auf Recherchen der mexikanischen Journalistin Lydia Cacho, die ein pädophiles Netzwerk in ihrer Heimat sprengte, in das prominente Politiker aktiv verstrickt waren, und die dann viele Jahre in Kambodscha, Japan, Südamerika undercover unterwegs war in den Dunkelfeldern der Sklaverei. So hieß auch ihr daraus entstandenes Buch *Sklaverei*. Cachos Mut bestehe nicht nur darin, schreibt Carolin Emcke, deutsche Autorin aus der Königsklasse journalistischer Aufklärung, in ihrem Vorwort, den »Drohungen der Handlanger, der Politiker, Polizisten, Zuhälter und Menschenhändler« getrotzt zu haben. Sondern auch darin, nie aufgehört zu haben, obwohl das »Elend in der globalisierten Welt der sexuellen Ausbeutung und Sklaverei« unerträglich ist.

In der Tat, unerträglich.

Aus ihren Ermittlungen in vielen ähnlich unerträglichen Fällen, die sie als Profis ertragen müssen im Job, haben europäische Kriminalbeamte ihre Strategien gegen Schmuggler, Schleuser, Händler entwickelt. *Prevention instead of Prosecution* könnte die gemeinsame Überschrift lauten, Vorbeugung statt Verfolgung. In der Tat wäre es sinnvoll, mögliche Verbrechen vorbeugend zu verhindern, statt nach der Tat möglichen Spuren der Verbrecher durch Europa zu folgen. Zumal in der EU durch offene Grenzen die Unterschiede zwischen In- und Ausland eh Makulatur sind.

Auf anderen Ebenen europäischer Bemühungen, die Dunkelmänner ins Hellfeld eines Gerichtssaals zu zwingen, helfen manchmal simple Vorbilder, die verzagten Couragierten Mut machen. In Kirgistan, einem kleinen Staat umgeben von China, Kasachstan, Tadschikistan und Usbekistan, also nicht gerade im Fokus westlicher Demokratien, stehen wie bei seinen Nachbarn die Menschenrechte nur auf dem Papier. Aber es gibt immerhin eine Verfassung, es gibt ein Parlament mit vielen Parteien, es gibt eine Justiz. Deren Angehörige sind zwar schlecht bezahlt, aber eben nicht durchgehend korrupt, weil etwa die jeweiligen Angeklagten mehr bezahlen.

Die Richter brauchen andere Unterstützung. Solidarität. Die liefert die UNO. Eine Abgesandte brachte zu einer Tagung in der Hauptstadt, wo sie Strategien gegen das organisierte Verbrechen vorstellte, das auch dort blüht, nicht nur Ideen und Grüße mit. Sondern auch einen speziellen Begleiter. Sein Beruf: Richter in Serbien. Er erzählte den Kollegen, wie er mit dem Druck umgeht, wenn er gegen politisch einflussreiche Gangsterbosse verhandelt.

Mit einfachen Methoden habe er sich durchgesetzt. Zum Beispiel das Vermögen der angeklagten Menschenhändler beschlagnahmt und die Beweislast, dass sie es legal erworben hatten, ihnen aufgebürdet. Zum Beispiel abschreckende Urteile nach Recht und Ordnung und den Rahmen des Gesetzes ausnutzend gefällt. Zum Beispiel alle Versuche, ihn zu bestechen, abgewehrt und öffentlich gemacht. Das habe nachhaltig gewirkt, und wie man sehen könne, lebe er ja noch. In einem vorgeführten Filmausschnitt waren die Gesichter der Kriminellen zu sehen, ihre fassungslosen Mienen bei der Verkündung der Urteile.

Es braucht für Erfolge nicht immer das große Geld, lautete seine Botschaft. Wenn das beschlagnahmte schmutzige die leeren Kassen füllt und anschließend für Schulen, Kindergärten, Krankenhäuser ausgegeben wird, sei das doch ein kleiner Sieg der Gerechtigkeit.

Als Koordinator für solche »operative Zusammenarbeit« sitzt in Warschau eine Spinne im Netz der Guten. Denn dort, im Hochhaus Rondo 1, residiert die *Agence européenne pour la question de la cooperation opérationelle aux frontières extérieures*, besser bekannt als Frontex, zuständig für die Zusammenarbeit der EU-Staaten zum Schutz ihrer Außengrenzen. Frontex soll kriminelle Schleuserbanden attackieren, bevor sie mit illegalen Transporten die Grenzen zur Europäischen Union überquert haben. Vorbeugung statt Verfolgung. Dafür muss man die Taktik der anderen Seite kennen. Sich hineindenken in deren Gedanken. Wie ein Schachspieler, der die nächsten Züge des Gegners antizipiert.

Man könnte selbstverständlich auch die NSA um Amtshilfe bitten, weil die flächendeckend alle Daten weltweit abfischt und dabei zunächst keine Unterschiede macht zwischen Bürgern und Banditen. Aber eine solche Idee würde von den Experten hier nicht mal belächelt – »Are you kidding?« –, so abwegig ist sie.

In dem gläsernen Büroturm, in dessen Fenstern sich hoch über den tiefhängenden Wolken auch an schlechten Tagen die Sonne spiegelt, hat Frontex über fünf Stockwerke verteilt seine besten Köpfe versammelt. Monat für Monat bekommen sie aus allen betroffenen europäischen Ländern die aktuellsten Daten über illegale Einwanderung an deren nationalen Außengrenzen. Daraus entsteht ein vierteljährliches Update der Analysten, in der Fachterminologie *Risk Analysis* genannt, das wiederum eingespeist wird in einen Gesamtüberblick zur Lage der Nationen und das alle 28 EU-Mitgliedsstaaten auswerten können für ihr eigenes Vorgehen gegen Menschenhandel. Auch dem Schengen-Abkommen assoziierte Länder wie die Schweiz, Norwegen oder Großbritannien erhalten die Analysen, wofür sie mit einer Überweisung zum 85-Millionen-Euro-Gesamtetat von Frontex beitragen müssen.

Sogar Island steht auf dem Verteiler, obwohl auf der von Finanzkrisen und der Gier einer ganzen Generation erschütterten Insel illegale Migration schon wegen ihrer geografischen Lage im Nordatlantik zu den geringsten Problemen gehört. Es genügt angesichts rauer See und der Entfernung zum nächsten Festland die Überwachung des Flughafens von Reykjavík.

Dass Menschenhandel stets mit Menschenschmuggel beginnt, ist für alle mit diesen Verbrechen beschäftigten europäischen Polizeibehörden, also auch für die 315 Beamtinnen und Beamten von Frontex, gesicherte Erkenntnis und wird auf einer polizeilichen Skala des Verbrechens definiert als Schleusungskriminalität. Bei aktuellen Gefahren, bei einem plötzlich anschwellenden Flüchtlingsstrom – so geschehen etwa während des Krieges in Libyen oder während der bürgerkriegsähnlichen Straßenschlachten in Ägypten und Tunesien –, dem das betroffene Zielland, zum Beispiel Italien, Spanien oder Griechenland, mit eigenen Polizeikräften nicht mehr gewachsen ist, schickt Frontex seine *Rapid Border Intervention Teams* (RABIT). So heißen supranationale Kommandos der gegen Schleuserkriminalität vereinten europäischen Staaten. Zur Ausrüstung der RABITS gehören 20 Flugzeuge, 25 Hubschrauber und 100 Schnellboote.

Die im Etat zur Verfügung stehenden Mittel werden aufgrund der Risikoanalysen je nach Gefahrenlage ausgegeben. Für die Sicherung der Außengrenzen etwa in Griechenland und auf dem Balkan: 9,4 Millionen Euro. Für die Kontrolle auf Flughäfen: 2,3 Millionen. Für die Überwachung des Menschenschmuggels im Mittelmeer: 21 Millionen.

Die Einsätze auf See sind umstritten. Menschenrechtsorganisationen wie Amnesty International oder Pro Asyl beklagten und dokumentierten in der Vergangenheit unverhältnismäßig hartes Verhalten durch RABIT-Einheiten. Überfüllte Boote mit halb verdursteten Flüchtlingen, darunter Frauen und Kinder, wurden angeblich mit Waffengewalt gezwungen, ihren Kurs zu ändern und umzudrehen. Was aus ihnen wurde, weiß niemand. Das strategische Ziel war zwar erreicht worden, denn in den sicheren Hafen Europa haben es die Flüchtlinge nicht geschafft. Aber die Frage, ob auch moralisch gerechtfertigt ist, was sie in der Erfüllung ihrer Pflicht tun, bewegt alle, mit denen ich sprach.

Frontex geriet und gerät immer wieder als Sündenbock an den Pranger. Der Direktor entscheidet schließlich nicht nach eigenen Überzeugungen über Taktik und Strategie. Sondern nach den politischen Vorgaben der die Agentur tragenden und finanzierenden EU-Staaten. Immerhin soll neben den Jägern von Frontex auch eine Abteilung »Rettung« aufgebaut werden. Immer dann als RABIT-Team in Notlagen einsetzbar, wenn auf den das Mittelmeer überwachenden Bildschirmen ein Schiff mit Flüchtlingen in Seenot auftaucht.

Mit allen Mitteln gegen kriminelle Schleuser, keine Frage. Mit allen Mitteln gegen das Verbrechen Menschenhandel, keine Frage.

Aber wie umgehen mit denen, die aus humanitären Beweggründen bedrohte Mitmenschen, zumeist Landsleute aus Krisenregionen der Welt, bei der Flucht in den sicheren Hafen Europa geleiten? Die nicht zu kriminellen Organisationen gehören, die sich nicht bezahlen lassen, die aus Überzeugung und Nächstenliebe helfen? Alle Schleuser sind zwar kriminell, aber nicht jeder Fluchthelfer ist ein Krimineller. Die entsprechenden Paragrafen der Strafgesetze machen allerdings keine Unterschiede.

Auf die Frage, ob sie es mit ihrem Gewissen vereinbaren können, die Illegalen dorthin in Not und Armut und Krieg auszuweisen, woher sie kamen, statt über Alternativen zu beraten, müssten Europas Politiker eine gemeinsame Antwort finden und sich an die allerdings dann auch halten. Beispielsweise einen Verteilerschlüssel beschließen für alle EU-Staaten, wonach festgeschrieben wird, welches Land wie viele Flüchtlinge pro Jahr aufnehmen muss. Beispielsweise Bußgelder für jene Länder festlegen, die sich daran nicht halten, so wie es auch Bußen gibt in der Europäischen Union für die Überschreitung des erlaubten staatlichen Defizits von drei Prozent.

Die einfache Lösung – Zugbrücken der Festung Europa hoch, Bewaffnete auf die Zinnen – ist zwar populär. Aber sie löst nicht das Problem, sondern ist Teil des Problems. Es wächst zwar eine Strategie der Abwehr, die jedes Jahr verfeinert wird. Aber es gibt kein Programm für eine menschenwürdige Lösung – das zumindest so lange gültig sein und angewendet werden sollte, wie die Würde des Menschen in den Ländern, aus denen die Menschen fliehen, antastbar bleibt.

In Etagen unterhalb der Frontex-Büros wird sauberes Geld verdient. Anwaltskanzleien. Immobiliengesellschaften. Bankfilialen. Die der Deutschen und der Briten und der Amerikaner. Ihre Geschäfte in Europa laufen glänzend. Polen ist im Vergleich zu anderen Staaten im ehemaligen Ostblock ein Boomland und Warschau Boomtown. Sichtbar auf der Fahrt vom Chopin-Flughafen in die Innenstadt. Links und rechts werben riesige Billboards mit Angeboten aus der Welt des Kapitalismus: Fernsehstationen. Pauschalreisen. Rockkonzerte. Beworben wird auch ein Fitness-Center, angeblich moderner ausgestattet als andere in der Stadt. Offenbar keines von der Art, wie man sie in den verruchten In-Vierteln europäischer Großstädte findet, wo rotes Licht nicht immer hält, was es den Lustsuchenden verspricht. In Bars und Cafés und Restaurants der Altstadt, sofern die trotz Flurbereinigung organisierter deutscher Krimineller in Uniform im Zweiten Weltkrieg noch erhalten ist, sitzen außer schmuckbehangenen Frauen vom Typ Shop-'til-you-drop-Lady – wie es sie überall auf der Welt gibt, wo schnelles Geld regiert – auch junge Frauen aus Moldawien, die nicht zum Einkaufen angereist sind. Sondern auf Angebote von Käufern warten.

Solche Unterschiede würde ich nicht erkannt haben, aber so hat es mir ein Beamter erzählt, der sein Büro im 22. Stock oben im Turm hat. Unerwünschte Besucher haben keine Gelegenheit, ihn überraschend heimzusuchen. Ein Extralift fährt direkt zu Frontex. Die Kontrollen unten und oben an der Sicherheitsschleuse, Metalldetektoren inklusive, sind genau und streng wie bei EUROPOL in Den Haag oder beim BKA in

Wiesbaden oder bei der Einreise in die USA. Die eigentliche Eingangstür öffnet sich nur nach Eingabe eines Codes. Jeder Fremde wird abgeholt.

Also auch ich.

»Wissen Sie, was *Integrated Border Management* bedeutet?«, fragt mich der Holländer, der auch schon bei EUROPOL gearbeitet hat, noch bevor ich meine erste Frage stellen kann. »So ungefähr«, erwidere ich. Außer um die nachlesbaren Erklärungen über die »innere Sicherheit des gemeinsamen Raumes«, meint er, ginge es konkret darum, konsequent die Außengrenzen der EU nicht nur vor der Einfuhr unverzollter Waren wie Zigaretten oder unverzollbarer wie Waffen und Drogen zu schützen. Sondern auch vor der Einfuhr von Illegalen. Also Menschenschmuggler in einer gemeinsam erarbeiteten Strategie dort zu stellen und aufzuhalten, wo sie ihre Geschäfte beginnen.

Er und seine Kolleginnen und Kollegen hier hätten aber nichts zu tun mit den polizeilichen Maßnahmen vor Ort. »Frontex is the trustworthy European Border Agency, strengthening the European area of freedom, security and justice by supporting the member states to keep up with their responsibilities.« Streng und genau würden laut Frontex-Statut rechtsstaatliche Prinzipien eingehalten, die in allen Mitgliedsstaate gelten. Freiheit und Sicherheit gehörten grundsätzlich zu den unveräußerlichen Werten Europas. Und damit auch zu denen von Frontex.

Außerdem hätten sie ihre Pflichten bereits getan, ihre Aufgaben erfüllt, wenn die Aktionen draußen an den Grenzen beginnen. An denen seien sie nur mit ihren Ideen beteiligt. Sie hätten in Analysen die verfügbaren Daten aufgearbeitet und danach ihre Vorschläge formuliert, wie man womit Einsatzkräften helfen könne. Sie sind deshalb die Mütter und Väter neuer Methoden zur Ermittlung verdächtiger Personen und einer möglichen kriminellen Handlung. Diese Signale, »Indikatoren« getauft, haben sie auf mehrtägigen Fortbildungskursen den Außendienstlern von Frontex erläutert. Im Unterschied zu ihren Kollegen, die Spuren an Tatorten oder dank einer Telefonüberwachung, wie sie die Bundespolizei bei den Ermittlungen gegen den kriminellen Schleuserring der Jesiden eingesetzt hatte, sichern können, sind Grenzpolizisten auf solche Indikatoren angewiesen. Die sollen einen ersten Hinweis darauf liefern, ob irgendetwas in dem Bild, das die Grenzer vor Augen haben, nicht stimmt. Ob irgendeine Figur aus dem Rahmen fällt. Ob irgendeine Farbe nicht zu den anderen Farben passt.

Weil es meist nur ein einziges Indiz gibt, einen einzigen Farbtupfer, nur diesen einen kurzen Moment des Erkennens, in dem – und jetzt wird es konkret – ein Opfer von Menschenhändlern gerettet werden könnte, bevor es endgültig in einem Dunkelfeld verschwindet. Selbst unscheinbarste Zeichen haben Theoretiker von Frontex in ihr Handbuch *Anti-trafficking training for border guards* aufgenommen und deren mögliche Bedeutung interpretiert, nicht nur auffällige Signale wie blutige Kratzer, blaue Flecken, ein geschwollenes Auge.

Vermeidet ein Mädchen in der Schlange vor der Sicherheitsschleuse krampfhaft jeden Augenkontakt mit Beamten? Versucht es gar mit einem Polizisten zu flirten? Wovon will ihn die junge Frau damit ablenken? Was hat sie zu verbergen? Will sie durch einen Flirt seine Aufmerksamkeit erregen? Ist sie auffallend freundlich oder auffällig geschwätzig? Dreht sie stets den Kopf weg, sobald sie eine Überwachungskamera entdeckt? Steht ein junges Mädchen inmitten einer Gruppe fröhlich schwatzender Reisender, als würde es dazugehören, unterhält sich aber mit niemandem? Mustert es ununterbrochen die Umgebung?

Solche scheinbar banalen Beispiele im Handbuch von Frontex sind oft die einzigen Hinweise auf die Banalität der Bösen. Wer sie nicht beachtet, macht sich mitschuldig. Die Verfasser des in vierzehn Sprachen gedruckt vorliegenden Leitfadens, Kriminologen und Kriminalisten aus verschiedenen Mitgliedsstaaten oder von Organisationen wie UNICEF oder Eurojust, haben deshalb ihre Ergebnisse in ganztägigen Konferenzen vorgestellt, professionelle Trainer anschließend den Grenzpolizisten auf nationalen Fortbildungsseminaren beigebracht, auf noch so nebensächlich anmutende Kleinigkeiten zu achten. Die nämlich, genau die, könnten an der Grenze hauptsächlich sein.

Was theoretisch überzeugend klingt. Aber praktisch ist die Theorie nicht ganz so einfach umzusetzen. Denn ein allein reisendes Kind kann tatsächlich auf dem Weg in die Ferien zu seinen Verwandten in London, Frankfurt, Paris sein. Der Mann, der es bis zur Passkontrolle begleitet hat, kann tatsächlich ein Verwandter sein.

Einerseits.

Andererseits aber kann das Kind, kann das junge Mädchen, kann der Jugendliche auf dem Weg ins Niemandsland sein. Andererseits könnte der Moment, jetzt am Kontrollpunkt, seine letzte Chance sein, dem drohenden Dunkelfeld zu entkommen. Falls jemand seine Situation erkennt und eingreift. Die einfache Frage, warum vermeintliche Opfer nicht die Gelegenheit nutzen und um Hilfe bitten, ist simpel zu beantworten. Sie haben Angst. Sie werden beobachtet. Sie werden bedroht. Nicht sie selbst, denn theoretisch wären sie ja sicher, sobald sie sich der Polizei anvertrauen. Sondern ihre Familien, die zurückgeblieben sind in den Ländern, aus denen sie kommen.

Um sicher zu sein, dass Drohungen gewirkt haben, werden allein reisende Opfer von den Händlern bis zum Abflug beobachtet, denn die könnten inzwischen ja ahnen, was sie erwarten dürfte. Sobald sie die Passkontrolle hinter sich gebracht haben, ohne aufgehalten und befragt worden zu sein, greift vielleicht irgendwo in der Abflughalle ein Mann zu seinem Handy, spricht und verschwindet Richtung Ausgang. Der könnte zu denen gehören, die im Push-Land die Transporte organisieren.

Auch die haben sich ja vorbereitet, und auch die haben geplant, und auch die haben sich eine Strategie ausgedacht. Auch die lassen sich stets Neues einfallen, sobald die andere Seite sie mit neuer Taktik überrascht. Auch die haben irgendwo, ebenfalls gut abgeschottet gegen unerwünschte Besucher, ihre besten Köpfe versammelt. Auch die haben versucht, die Schachzüge der Gegner zu antizipieren und sich in deren Köpfe hineinzuversetzen. Auch die haben in gewissen Augenblicken nur diesen einen einzigen Moment Zeit für eine Entscheidung. Per JPG-Datei ein Foto der ankommenden Fracht zu senden, damit der Abholer die Beute am Zielflughafen erkennt, ist zwar eine einfache Übung im Internetzeitalter. Aber Absender und Adressat zu ermitteln eine ebenso einfache Übung für die Guten.

Um andere Methoden aufzudecken, brauchten sie etwas länger. Bei Durchsicht der Flughafen-Überwachungsvideos aus dem *Closed Circuit Television System* (CCTV), was Spezialisten vor dem Löschen regelmäßig machen, fiel auf, dass in Athen und in Istanbul, in Berlin und in Amsterdam Gruppen junger Mädchen ankamen, die zwar alle verschieden aussahen, aber augenscheinlich alle vom selben Stylisten beraten und vom selben Modegeschäft eingekleidet worden waren. Alle Mädchen trugen blaue Jeans und schwarze Lederjacken, alle hatten das Haar zu einem Pferdeschwanz gebunden, und bei allen wurde der gehalten von einer farbigen Schleife. Alle schleppten Rollkoffer der gleichen Machart.

Keine war jünger als 17, keine älter als 25, wie die Überprüfung der gespeicherten Daten aus den vorgelegten Pässen ergab. Alle übrigens perfekt gefälscht, wie sich im Zuge der weiteren Ermittlungen herausstellte. Ein Sammeltransport, für die Abholer durch das Outfit auf einen Blick identifizierbar? Was noch nichts weiter war als eine Hypothese, allerdings eine naheliegende. So viele Reisegruppen gleich gekleideter junger Mädchen in den verschiedensten Ecken Europas konnten nicht zufällig sein, das war eher merkwürdig.

Also standen für den nächsten »Zufall« in Madrid und Paris, Berlin und Amsterdam unauffällig gekleidete Zivilbeamte bereit, um den Abholern der Gleichgekleideten auf den Parkplatz zu folgen. Als alle in den Kleinbus eingestiegen waren, rissen jene die Türen auf, stellten sich mit gezogener Waffe vor, verhafteten das Empfangskomitee und schickten am Ende der Ermittlungen die Mädchen zurück in ihre Heimatländer.

Solche Erfolge sind aber Ausnahmen. Eine nachhaltigere Taktik lässt sich zumindest antrainieren. So zum Beispiel:

Zunächst Normalität vorspielen, falls junge Mädchen einem Beamten aufgefallen sind wegen ihres Verhaltens. Sie behandeln wie andere in der Warteschlange und sie durchwinken zur Gepäckkontrolle. Dann mustert eine Beamtin aufmerksam die Menschen in der Abfertigungshalle. Greift jemand zum Handy, nachdem die Mädchen die Kontrolle bestanden haben, und dreht sich anschließend um zum Ausgang?

Genau der könnte an Abholer in Frankfurt oder Madrid, London oder Istanbul durchgegeben haben, dass die Ware auf dem Weg ist. So wie er möglicherweise seine Kumpane informiert hat, so informiert samt Personenbeschreibung der Mädchen ein Grenzbeamter seine Kollegen am Zielflughafen. Sie sollen nach der Landung darauf achten, wer sie in Empfang nimmt. Abholer sind zwar kleinkriminelles Fußvolk und keinen Zugriff wert. Aber es lohnt sich, ihnen zu folgen, ihre nächsten Stationen zu ermitteln. So ließe sich vielleicht das Netzwerk einer Bande ermitteln, im Glücksfall sogar die Spinne finden.

In der Theorie.

Denn oberste Priorität hat die Sicherheit der Opfer. Die Beamten am Abflughafen haben im Zweifelsfall nur genauso viel Zeit, wie der Flug dauern würde, um erstens das Vertrauen eines Mädchens zu gewinnen und zweitens dessen womöglich bedrohte Angehörige unter ihren Schutz zu stellen. Denn sobald die Ware nicht am vorgesehenen Ziel ankommt, würde der Schleuser Alarm auslösen und seine Schläger in Marsch setzen. Und falls sich am Zielflughafen jemand erkundigt nach einem jungen Mädchen, das er erwartet, auf Nachfrage jedoch nicht beschreiben kann, wie die angebliche Verwandte aussieht, sollte er zu näheren Gesprächen in einen geschlossenen Raum eingeladen werden.

So weit die Theorie.

Illegale Einwanderung, erklärte mir ein Senior Officer von EUROPOL, zurückblickend auf zwanzig Jahre Erfahrung – und alle diese Fälle seien nun mal, egal ob die Reise erzwungen oder freiwillig ist, illegale Einwanderung –, ist eine kriminelle Handlung. Ist eine Straftat, ist ein Verstoß gegen Gesetze, bedeutet in vielen realen Notfällen dann aber auch Ausbeutung der Sozialsysteme. In die haben Bürger eines Landes einbezahlt, und ausschließlich die haben Anspruch auf eine Unterstützung. Sie dürfen nicht darunter leiden, dass jetzt immer mehr Menschen genau dieses System aushöhlen, weil sie um Hilfe bitten und die auch bekommen. Es fällt auch der Satz von der wehrhaften Demokratie.

Sind illegale Migranten aber nicht vor allem bemitleidenswerte Opfer der Schmuggler und Händler, die jene unter falschen Versprechungen in ein Land gelockt haben und dort deren Zwangslage ausbeuten für ihre dreckigen Geschäfte?, halte ich fragend dagegen. Zwar ist illegale Migration ungesetzlich, wie es schon die juristische Definition der Straftat besagt, aber ist es nicht vielmehr so, dass nicht Menschenschmuggel, sondern Menschenhandel das eigentliche Verbrechen ist?

Kein Widerspruch – im Prinzip. Wir brauchen, sagt er, die Aussagen der Opfer, um die Drahtzieher verfolgen zu können. Um die Netze zu zerstören. Zugegeben. Doch unstrittig bleibe, dass illegale Immigration eine kriminelle Handlung ist, weshalb er Illegale nicht Flüchtlinge nennt, weil diese schließlich ja Asyl beantragen können, Illegale aber nicht. Die werden festgenommen und ausgewiesen, sobald sie ohne Papiere aus dem Untergrund auftauchen. Natürlich weiß auch er, so wie alle seine Kollegen in Europa, dass ihr Einsatz eine Sisyphus-Arbeit ist. Bei ihnen ist es die Erkenntnis, dass sie zwar mit immer höheren Zäunen und strengeren Kontrollen den Kampf gegen die kriminellen Organisationen aufnehmen können, ja müssen. Aber ihn nie gewinnen werden, solange in einem Teil der Welt Armut herrscht und im anderen Wohlstand. Solange nicht die Ursachen beseitigt sind, deren Wirkungen ihnen jeden Tag begegnen. Solange am Handel mit Menschen so viel verdient wird wie am Handel mit Drogen. Solange nach schärferen Gesetzen gerufen wird, statt die bestehenden auszuschöpfen und mehr Richter einzustellen. Solange die Mittel für die Polizeikräfte gekürzt statt aufgestockt worden sind.

Am größten sind die Risiken im Rauschgiftgeschäft. Nicht nur in Mexiko, wo sich die Banden gegenseitig abschlachten und alle ermorden, die ihnen gefährlich werden. Sondern weltweit. Die Produktionsstätten sind bekannt. Die Handelsrouten sind bekannt. Die Drehkreuze sind bekannt. Eingesetzt werden Schnellboote der Küstenwache. Eingesetzt werden verdeckte Ermittler von der *Drug Enforcement Administration* (DEA) oder vom Bundeskriminalamt (BKA) im Anbauland, im Transitland, im Zielland.

Eingesetzt werden als Rauschgiftfahnder auch besonders talentierte Schnüffler. Sie sind ausgebildet, in Koffern oder Taschen ankommender Passagiere Drogen aller Art zu erschnüffeln. Ihr Einsatz beginnt am laufenden Gepäckband. Streicheln sollte man die Hunde aber lieber nicht. Weil die Uniformierten, die sie an der Leine halten, spontane Gesten der Annäherung als indirektes Ablenkungsmanöver interpretieren und weniger freundlich selbst zu schnüffeln beginnen könnten.

Heroin und Kokain können transportiert werden in Containern auf Schiffen, in doppelten Böden von Lastwagen, in den Mägen von Kurieren. Doch sobald es entdeckt wird, liegt der eindeutige Beweis vor für ein schweres Verbrechen. Die Anklageschrift schreibt sich sozusagen von selbst, und das dann folgende Urteil befriedigt die Drogenfahnder. Bei Verbrechen wie Mord oder Entführung sind die ersten 24 Stunden für alle weiteren Ermittlungen entscheidend. So haben es Kriminalbeamte in der Ausbildung gelernt. Manchmal dauert es in der Praxis danach noch Jahre oder gar Jahrzehnte, bis die Täter gefasst werden. Aber die Zeit arbeitet nicht gegen sie. Es gibt keine Verjährung.

Beim Menschenhandel sind die ersten sechzig Sekunden nach einer Razzia entscheidend. Ein falscher Satz zu Beginn einer Befragung – und die Opfer, Männer wie Frauen, werden fortan schweigen. Ihre Angst vor den Guten ist stärker als die vor den Bösen. Diese Angst muss zuerst besiegt werden. Aber wie sollte man ihnen helfen? Wie sollte man sie erkennen?

Opfer von Menschenhändlern unterscheidet rein äußerlich

ja nichts von anderen Reisenden. Die Hautfarbe ist kein verdächtiges Kriterium auf den internationalen Flughäfen. Eher an einer Grenzstation zwischen der Ukraine und Weißrussland. Illegale aus Afrika werden aber übers Mittelmeer geschmuggelt. Sind sie erst einmal in einem europäischen Land, zum Beispiel in Italien oder in Spanien, können sie untertauchen, ohne groß aufzufallen. Weil Hunderttausende von Farbigen dort leben, illegale wie legale, besonders viele unter den Prostituierten.

Kriminologen und Kriminalisten, Theoretiker und Praktiker waren sich einig, dass sie möglichst wenig dem Zufall überlassen sollten. Die Polizisten in jenem baltischen Land hatten damals nach der Entführung des Mädchens Elena auf dem Schulweg nur eine einzige Chance – die Entführer zeitnah mit schnellen Autos oder mittels Straßensperren zu stellen. Heutige Polizisten haben Helfer. Es beginnt mit einem *Awareness-Training*. In dem wird zuallererst Aufmerksamkeit trainiert. Denn in der Praxis werden sie nur wenige Augenblicke haben, in denen sie sich entscheiden müssen.

Nach den Grundsätzen der Vereinten Nationen, beschlossen im *Trafficking in Persons Protocol* (TIP Protocol), das bis August 2013 von 157 Staaten per Unterschrift als bindend anerkannt wurde, gelten »alle Personen unter achtzehn« als Kinder. Offiziell wird Kinderhandel selbst von den Staaten in Südamerika, Afrika und Asien geächtet, in denen Kinderarbeit nicht die Ausnahme ist, sondern die allseits akzeptierte Regel.

Am schlimmsten sind die Zustände in der angeblich größten Demokratie der Welt, in Indien. Da werden Kleinkinder für umgerechnet einen Euro verkauft und fortan ein Leben lang als Sklaven gehalten und ausgebeutet. Die Strafen für Handel mit Kindern in Europa sind härter als die für den Handel mit Erwachsenen. Und die deswegen Verurteilten werden in Haftanstalten von normalen Verbrechern so behandelt wie Kinderschänder. Sind stets in Lebensgefahr.

Aber »Frischfleisch« unter achtzehn, nicht nur Mädchen, sondern gleichermaßen auch Jungen, erzielt andererseits die höchsten Preise auf den Märkten. Trotz drohender Haftstrafen gehen die Zulieferer das Risiko ein, aber sie lassen es sich teuer bezahlen. Ein prächtiges schmutziges Geschäft vor allem im Nahen und Mittleren Osten. Der Bedarf ist groß. Die Kunden haben Geld. Die Flüchtlingslager sind voll. Das Dunkelfeld ist riesig. Die Polizei korrupt oder machtlos. In Europa dagegen scheint es eine interne Absprache der kriminellen Organisationen zu geben, tunlichst beim Handel darauf zu achten, dass Opfer ihr achtzehntes Lebensjahr erreicht haben oder dass sie älter aussehen, als sie in Wirklichkeit sind, und dass ihre Papiere perfekt gefälscht sind.

Zwei Rumäninnen, die mit einem Oneway-Ticket von Easy Jet aus Madrid kommend in Liverpool landeten, wollten angeblich Freunde besuchen. Der besondere Freund, der sie abholte, war der Polizei jedoch bekannt aus der Rotlichtszene und stand seit seiner Rückkehr von einer »Geschäftsreise« nach Bukarest unter dem Verdacht, Prostituierte anzuwerben, sie über unverdächtige Routen wie in diesem Fall über Madrid nach England zu schmuggeln und vor Ort an Bordellbetriebe zu vermitteln. Der Mann wurde bei der Übergabe seiner Ware festgenommen, die beiden Frauen wurden zurückgeschickt in ihre Heimat.

Ein Zufallstreffer. Der Abholer war lange zuvor schon observiert worden, und nur deshalb scheiterte sein schmutziges Geschäft. Mit einem Besuchervisum ist die Einreise in ein Pull-Land wie Großbritannien aber legal. Mit einer besseren Legende versehen, zum Beispiel als Touristen auf einer Expedition zu den Wurzeln der Beatles, außerdem im Besitz eines gültigen Rückflugtickets, wären die Rumäninnen angesichts so vieler Touristen, die wegen der *Fab Four* nach Liverpool reisen, bei der Passkontrolle nicht weiter aufgefallen. Von dem Moment an, in dem sie dann Stunden später ein Taxi in der Hafenstadt abgesetzt hätte, zum Beispiel in der legendären Penny Lane, wären sie unsichtbar gewesen im Dunkelfeld Prostitution.

Das Risiko, bei einer illegalen Einreise erwischt zu werden, ist allen bekannt, die sich Menschenschmugglern anvertrauen und für deren Dienste teuer bezahlen. Doch sie gehen es bewusst ein. Zu Hause in ihrer Heimat Rumänien oder Bulgarien oder Moldawien usw. herrschen Armut und Korruption. Also Perspektivlosigkeit. Man könnte es auch mit dem Credo der vier Bremer Stadtmusikanten umschreiben: Was Besseres als den Tod findet sich woanders in Europa allemal.

Die europäischen Politiker, sich einig wie selten sonst, versuchen fieberhaft, alle Einfallstore nach Europa gegen illegale Einwanderer zu schließen. Noch ist es ihnen nicht ganz gelungen. Eine Reaktion auf wachsende Flüchtlingsströme aus der ganzen Welt, zumal das Volk, egal in welchem Land, seinen Volksvertretern mit Liebesentzug droht bei den nächsten Wahlen. Angst vor dem Fremden frisst Mitleid auf. Aber alle Abwehrmaßnahmen gegen die modernen Völkerwanderungen unter dem Motto »Grenzen dichtmachen« bleiben auf Dauer so wirkungslos wie die Razzien der Polizei.

Es gilt das Menschenrecht auf menschenwürdiges Leben. Die Würde des Menschen ist trotz aller gegenteiligen Erfahrungen unantastbar. Wer sie antastet, sollte bestraft werden. Weil in den Ländern, in denen sie lebten, die Menschenwürde nichts gilt, haben sich Flüchtlinge auf den Weg gemacht. Oder auf den Weg schmuggeln lassen. Haben alles aufgegeben, was ihr Leben ausmachte. Haben sich verschuldet und sich verpfändet als Sklaven. Nichts kann sie abschrecken, weil nichts dem Schrecken gleichkommen wird, dem sie entflohen sind.

Dass sie dorthin zurückgeschickt würden, falls sie sich erwischen lassen, wissen sie auch. Niemand wird ihnen helfen. Vor allem nicht die Polizei. Also braucht es gar keine Drohungen vonseiten der Menschenhändler. Der in ihrer Heimat erlebte Schrecken genügt, um die kommenden Schrecken erträglich erscheinen zu lassen. Lieber in der Fleischfabrik in Niedersachsen als auf der Müllkippe in Bukarest. Lieber im Bordell im Kosovo als im Slum von Lagos.

Die Kontrollen an den Außengrenzen der EU sind verschärft worden. Nicht nur durch bessere technische Ausrüstung entlang der Landesgrenzen, nicht nur durch Scanner und Biometrik auf großen internationalen Flughäfen. Seit die Billigluftlinien auf regionale Airports ausweichen, um die Preise niedrig zu halten, haben auch die kriminellen Organisationen die Provinz für sich entdeckt. Die kostendämpfende Methode des Onlineverkaufs von Tickets, erst recht das digitale Einchecken per Smartphone wurden in einschlägigen vorbestraften Kreisen begrüßt.

Einfallstore der aus Afghanistan, Pakistan und dem Iran Kommenden sind die Grenzen zur Türkei. Von dort aus geht es dann mit Schleusern Richtung Griechenland. Die Grenze zwischen beiden Ländern entlang des Flusses Evros ist mehr als 200 Kilometer lang. Seit ein drei Meter hoher Zaun gebaut wurde – Kosten mehr als fünf Millionen Euro –, sind die Zahlen der Illegalen zurückgegangen, aber es dürften noch immer mehr als 50 000 pro Jahr sein. Die griechische Polizei wird zwar unterstützt von Verbindungsbeamten der Bundespolizei oder von EUROPOL, aber selbst die und die besten technischen Überwachungsinstrumente wie Landroboter, Wärmebildkameras, Schnellboote schrecken die Schmuggler nicht ab. Verluste sind im Preis inbegriffen. Auf einem geweihten Acker der Verlorenen liegen über 300 Tote. Ertrunken auf der Flucht, begraben in Europa. Dorthin wollten sie. Sie haben es geschafft.

Wer beim illegalen Grenzübertritt der griechischen Polizei in die Hände fällt, ist arm dran. Die Illegalen werden in Lager gesperrt, wo täglich die in Europa geltenden Menschenrechte verletzt werden. Zwanzig Flüchtlinge in je einer Zelle auf dem Boden schlafend, die für vier Häftlinge vorgesehen ist. Zehn Minuten Freigang pro Tag auf von Stacheldraht umzäuntem Gelände, kontrolliert durch Bewaffnete. Schlechtes Essen, keine medizinische Versorgung, Prügel für jedes kleine Aufbegehren gegen die auch hygienisch unsäglichen Zustände. Dazu kommt der die Seelen zerfressende Stress, nicht zu wissen, was aus dem Asylantrag geworden ist oder ob der längst abgelehnt wurde und sie zurückgeschickt werden in ihre ferne Heimat, der sie entrinnen wollten.

Proteste von nichtstaatlichen Organisationen wie Human Rights Watch, Pro Asyl und dem Roten Kreuz blieben wirkungslos. Kritik der EU-Kommissarin Cecilia Malström, die sich vor Ort informierte über die Zustände in den Internierungslagern, oder Proteste des UN-Flüchtlingswerks nahmen die Behörden zur Kenntnis, nur um anschließend wieder zur Tagesordnung überzugehen. Machten also weiter wie bisher. Auf die naheliegende Idee, den Transfer von Hilfsgeldern der EU abhängig zu machen nicht nur von nachprüfbaren Fortschritten bei der Bekämpfung von Korruption und Steuerhinterziehung, sondern auch von nachweisbarer Beachtung selbstverständlicher Menschenrechte, kam leider niemand.

Nach Überzeugung der NGOs macht sich Frontex mitschuldig, wenn ihre Verbindungsbeamten, die zusammen mit griechischen Polizisten die Außengrenzen zur Türkei überwachen, festgenommene Illegale, darunter auch unbegleitete

Kinder aus dem Irak oder aus Syrien, in Lagern abliefern, deren untragbare Zustände ihnen bestens bekannt sind. Erklärungen ihrer Vorgesetzten, sie würden nur die Vorgaben der Politik erfüllen und deren Befehl ausführen, unter allen Umständen die Außengrenzen des nach innen grenzfreien Europa zu schützen, sind juristisch unangreifbar. Bei ihnen würde im Gegensatz zu den Männern und Frauen im Einsatz, die das Elend in den Lagern erleben, eine Frage nach Moral auf Unverständnis stoßen. Sie sitzen zu weit weg im gläsernen Turm.

Falls von einer Bucht, einem Hafen in Nordafrika aus ein Boot aufs offene Meer steuert, wo ein größeres Schiff dahindümpelt, ausgestattet vielleicht mit Antennen, die ein Fischtrawler nicht braucht, erscheint dieses auf den Radarschirmen der Frontex-Wachen zur See und in der Luft und an Land. Im *Situation Room* in Warschau werden jede Bewegung, jedes Manöver, jeder Kurswechsel auf dem Mittelmeer registriert und weitergegeben. Zuständig für die Verfolgung oder das Entern von Flüchtlingsbooten ist im Auftrag Europas immer das Land, in dessen Hoheitsgebiet diese zuerst eindringen. Dafür bekommen seine Polizeikräfte von Frontex alle verfügbaren Informationen. Oft fühlt sich niemand zuständig. Oft erledigen Sturm und Wellen die Verfolgung.

In Dörfern, in denen Armut Alltag ist und nicht zu besiegen, holen sich die Händler ihre leicht zu fangende Beute. Versprechen den Eltern der Großfamilien, für ihre Töchter oder ihre Söhne im Ausland zu sorgen. Ihnen die Chance auf eine Ausbildung zu geben. Ihnen einen Job zu besorgen, sodass die Tochter oder der Sohn eines Tages in das Geburtsland zurückkehren und dann für die ganze Familie sorgen kann. Die Eltern stimmen zu, die Kinder gehorchen. Loyal zu ihren Eltern und loyal zu denen, die ihnen das versprochen haben. Deshalb verraten sie niemanden. Deshalb schweigen sie. Das ist ihnen eingetrichtert worden – zu schweigen und sich genau an die Vorgaben zu halten. Sie werden trainiert von den Bösen, so wie Frontex die Guten darauf trainiert, sie abzufangen.

Sobald sie die Grenze erreichen, wird es ernst. Noch ist alles offen. In welchem Dunkelfeld werden sie landen, nachdem sie ein letztes Mal auf dem Hellfeld eines Flughafens gelandet sind? Als Mitglied einer zur Organisation gehörenden Bande von Taschendieben und Bettlern? Die ihre Einnahmen abgeben müssen an die Kapos, die sie bewachen? In den Villen der Pädosexuellen? Als Dienstboten in den Abstellkammern der besseren Kreise?

Oder direkt in einem Bordell?

Um die von den Menschenhändlern mit falschen Versprechungen bedrohte Zielgruppe junger Mädchen vor den Reisen in die Nacht zu retten, und zwar bevor sie dazu aufbrechen, bedient sich Frontex aller modernen Mittel der Aufklärung. Animationsfilmchen mit kurzen, gnadenlosen Szenarien, die jedoch auf tatsächlichen Ereignissen basieren.

Da ist Maria, die davon träumt, als Friseuse Geld zu verdienen, aber da, wo sie aufwächst, gibt es keinen Job für sie. Da ist Alia, die davon träumt, einen guten Mann zu finden, der sie liebt und der sie heiratet und mit dem sie eine Familie gründen kann. Aber wo sie aufwächst, gibt es keine Kandidaten. Die meisten jungen Männer haben auf der Suche nach Arbeit längst das Land verlassen. In beiden Beispielen wird das gemeinte Land nicht konkret genannt, aber es ist nicht so schwer, sich vorzustellen, welches gemeint sein könnte.

Es sind die Länder, für die bei EUROPOL die unausgesprochene Regel gilt, dass nicht alles, was man weiß über die Hintermänner des Menschenhandels, an deren Polizeibehörden weitergegeben wird. Weil die kriminellen Seilschaften des organisierten Verbrechens längst auch dort Wurzeln geschlagen haben. Weil es dort sinnlos ist, eine gemeinsame Razzia zu planen, weil deren Zielpersonen darüber informiert sind, bevor die Aktion im Morgengrauen beginnt.

Maria erlebt beeindruckt, wie ein Mitglied ihrer Familie, der Cousin, beim Heimatbesuch nicht nur Geschenke an alle verteilt, die er aus dem Kofferraum einer teuren Limousine entladen hat. Sondern auch den andächtig Lauschenden erzählt, wie golden der Westen ist und dass dort alle den Job finden können, auf den sie hier vergebens hoffen. Er bietet Maria an, ihr eine Arbeitsstelle zu besorgen, sie mitzunehmen auf der Rückreise. Die Eltern stimmen zu. Sie vertrauen ihrem Verwandten, der führt sicher nichts Böses im Sinn.

Aber er gehört zu den Bösen. Letzte Szene in der Animation: Winkende Gestalten am Straßenrand, Marias Eltern, ein in die Nacht brausendes Auto. In dem sitzen Maria und ihr Cousin. Schnitt. Angekommen in einer Stadt irgendwo, tauschen zwei dunkle Gestalten Geldscheine, und derjenige, der bezahlt hat, nimmt sich Maria. Sie wird in die Prostitution gezwungen und, weil sie sich in ihrer Verzweiflung dagegen wehrt, von vielen Männern der Bande missbraucht, bis sie aufgibt. Und damit sich selbst aufgibt.

Alia lernt in ihrem Dorf einen jungen Mann kennen. Auch der war schon im Westen, hat angeblich dort sein Glück gemacht. Nun ist er zurückgekehrt, um eine Frau fürs Leben dort zu finden. Er flirtet mit Alia. Beschenkt sie. Geht mit ihr tanzen. Hält ihre Hand. Führt sie zu einem Schaufenster, in dem goldene Eheringe liegen. Verspricht ihr das Blaue vom Himmel, und sie sieht all ihre Träume in ihm erfüllt. Gemeinsam fliegen sie davon, aber auch sie landet in der Hölle. Direkt nach der Ankunft wird sie auf dem Straßenstrich an einen Zuhälter verkauft, und auch ihr geschieht, was Maria geschehen ist: Arbeit in einem Bordell.

Maria wird, so endet der Film, in der Prostitution enden. Sie wird nie mehr frei sein. Alia ist es gelungen, zu entfliehen. Aber sie kann nie mehr zurück zu ihrer Familie, zu ihren Eltern. Denn darauf würden die nur warten, deren Besitz sie lange war und die sich erneut ihrer bedienen wollen.

Wirken solche Filme bei den Betroffenen in Bulgarien oder Rumänien oder Weißrussland oder in der Ukraine? Erreichen die überhaupt ihre Zielgruppe, bevor die anderen, vor denen gewarnt wird, sie erreichen? Die Chance zumindest besteht. Denn beide Filme sind online abrufbar durch einfaches Anklicken, beide Filme sind genau für dieses schnelle Medium produziert, beide Filme lassen keinen Zweifel daran, dass es sich nicht um lediglich nur gut gemeinte abschreckende Animationsfilme handelt. Sondern um die Wirklichkeit. Denn mitten in den gezeichneten Szenen tauchen immer wieder kurz die echte Maria, die echte Alia auf. Was ihnen passierte, ist tatsächlich passiert.

Und passiert täglich vielen. Deshalb ist der Moment, in dem sie zufällig einem Beamten auffallen könnten, ihre erste und zugleich letzte Chance, gerettet zu werden. Eine zweite wird es nicht geben. Falls die Befreiung durch einen aufmerksam gewordenen Polizisten, der sich den Inhalt des Handbuchs von Frontex zu eigen gemacht hat, scheitern sollte, sind sie verloren. Dann werden die Bodyguards der Organisation sie nie mehr unbewacht lassen. Anderenfalls müssten die aber ohnmächtig mit ansehen, wie ihnen die aufmerksame Staatsmacht ihre Opfer wegnimmt. Eingreifen können sie nicht. Sonst würden sie sich als Schleuser und Händler offenbaren und damit ihre Karrieren in den Dunkelfeldern beenden.

Ist das nicht eine befriedigende Vorstellung – die Mädchen befreit, ihre Entführer im Knast? Ist das nicht eine Motivation für die Polizei, sich besonders anzustrengen? Weil es nicht um

Waffen oder Rauschgift geht, so furchtbar deren Handel auch sein mag, sondern um Menschen, denen sie dadurch helfen?

Ach ja.

Ich erinnere mich an eine Szene aus einer Dokumentation, in der einer jener Kriminellen vor der Kamera stolz erzählte, dass er Hunderte von Mädchen »zugeritten« habe, bis sie bereit waren für den Dienst, den er ihnen abverlangte. Wie er sie gezwungen hatte, in Bordellen oder auf dem Straßenstrich für ihn zu arbeiten. Dabei grinste er, und man wünschte sich, gleich würde die Tür aufgebrochen werden und vermummte Polizisten würden das Zimmer stürmen und ihn zu Boden werfen und Handfesseln anlegen.

Doch im Knast ist er schon. Da geht es ihm gut. Die Aufnahmen entstanden in seiner Zelle in einem rumänischen Gefängnis. Er war zu einer langjährigen Haftstrafe verurteilt worden und koordinierte seine Geschäfte nun vom Gefängnis aus. War bestens vorbereitet auf den Tag der Entlassung, um dann sofort wieder aktiv einsteigen zu können in den Handel. Stolz zeigte er sein Handy, von dem aus er seine Bande regierte. Auf die Idee, es ihm abzunehmen, war entweder niemand gekommen, oder aber er hatte seinen Bewachern genügend Geld zustecken lassen, damit sie sich gleichfalls die neuesten Handys kaufen oder ihren Töchtern eine Ausbildung finanzieren konnten, auf dass die niemals in Versuchung geraten würden, Typen wie ihm zu vertrauen.

Weil so einer nicht die Ausnahme ist in bestimmten Ländern, sondern vielerorts Alltag, wird es für solche Staaten noch lange dauern, bevor sie als Rechtsstaat Anerkennung finden und dann zu denen gehören, die von Frontex, bei deren Einsätzen auch die Bundespolizei mit bis zu hundert Beamtinnen und Beamten die Außengrenzen schützt, mit allen Informationen versorgt werden. Mir fällt dabei jener Polizeioffizier aus

Bukarest ein, der bei der Strategietagung in Den Haag seine Kollegen von EUROPOL so eindringlich bat, doch die Fortschritte in seinem Heimatland zu würdigen. Schließlich sei die Zahl der Fälle nicht gestiegen, sondern wenigstens konstant geblieben.

Zu den armen Ländern, in denen die Guten gegen die Bösen einen schweren Stand haben, gehört auch Bulgarien. Ob sich deshalb die bulgarische Beamtin besonders engagiert hat, als sie bei Frontex den Leitfaden für Grenzpolizisten konzipierte? Als sie detailliert aufgelistet hat, an welchen oft kleinsten Anzeichen die möglicherweise erkennen könnten, ob sie eine Passagierin vor sich haben, die, mit echten Papieren von Bukarest nach London, von Sofia nach Frankfurt, von Prag nach Rom fliegen will. Oder ob das junge Mädchen in vielleicht nur angedeuteten Gesten und Zeichen verzweifelt um Aufmerksamkeit bettelt.

Die Frau hat alles, was sie aus langjähriger Praxis weiß, in diesen wie ein Survival Kit anmutenden Leitfaden gepackt. Immer dann, wenn ich sie danach befrage, was sie antreibt, wird ihre Stimme leiser, und sie zeigt mir lieber blätternd die Seiten, auf denen doch alles steht. Was soll sie noch mehr sagen? Dass alle, die an dem Handbuch beteiligt waren, geschockt waren von dem, was sie verarbeiten mussten? Dass sie als erfahrene Projektmanagerin ohne Erfahrungen im Polizeidienst nicht geahnt hat, worauf sie sich einließ? Dass sie ohne den Beistand der Kollegen nicht durchgehalten hätte?

Stolz ist ihr fremd. Sie hat als Mitglied einer Behörde, deren Corporate Identity sich in Form polizeilicher Wappen aus vielen Ländern vor dem Büro des Frontex-Direktors Ilkka Laitinen zeigt, Ideen zu formulieren, die im besten Fall Menschen retten. Aber der finnische Polizeigeneral ist stolz auf die Arbeit, die sie und ihre Mitstreiter in den zurückliegenden beiden Jahren geleistet haben. Denn mit ihrem Trainingshandbuch ließe sich Menschenhandel in der Praxis effizient bekämpfen.

Das ist die Hoffnung aller. Das treibt sie an. Mit der von Frontex erarbeiteten Systematik hätten sie die Möglichkeit, »wirksam vorzubeugen und einzuschreiten«, so Laitinen, denn »Menschenhandel ist eines der schrecklichsten Verbrechen gegen die Menschenwürde und eine der schlimmsten Verletzungen der Menschenrechte überhaupt«.

Andere Methoden der Polizei im Kampf gegen Menschenschmuggler entsprechen denen im Kampf gegen Verbrechen wie Mord, Entführung, Waffenhandel, Rauschgifthandel, Erpressung, Geldwäsche – als da sind: Telefonüberwachung. Datenabgleich zwischen den Rechnern von EUROPOL, BKA, Bundespolizei, Scotland Yard. Zusammenarbeit mit Hilfsorganisationen. Undercover-Aktionen. V-Leute.

Manchmal kommen Ermittler dabei auch auf richtig gute, gemeine Ideen. Eine coole Methode gefällt mir besonders gut: Nach einer Operation gegen einen sogenannten Escort-Service, was die gehobene Klasse der Prostitution umschreibt, wurden auf den Handys der festgenommenen jungen Frauen viele gespeicherte Telefonnummern gefunden. Um Verwandte und Freunde dürfte es sich nicht gehandelt haben. Wohl eher um Kunden.

Statt langwierige Untersuchungen anzustellen, die am Ende vermutlich zu keinen vor Gericht verwertbaren Ergebnissen geführt hätten – denn andere Indizien als die Handydaten hatten sie nicht –, gaben sich die ermittelnden Beamten als fürsorgliche Mitmenschen aus und schickten an alle Telefonnummern gleichlautende SMS-Botschaften. Sicherlich habe der Adressat nicht gewusst, dass es sich um Prostituierte gehandelt habe, als er die Dienste des Escort-Service in Anspruch genommen und bezahlt habe. Mit freundlichen Grüßen bitte hiermit die Polizei um eine kurze Nachricht vom Empfänger, falls er von den Dienstleisterinnen mal wieder kontaktiert werde.

Die Idee für diese »Ermittlung« kam von einer Frau. Kein Zufall. Sie stelle sich die Reaktion von Gattinnen oder Freundinnen vor, sagte sie in der Männerrunde ihrer Kollegen, wenn die zufällig eine solche SMS lesen würden. Die ertappten Kunden würden zu Hause zur Rechenschaft gezogen. Dagegen sei ein Verhör bei der Polizei die reinste Erholung.

Die Geschichte von Elenas Entführung auf dem Schulweg kann nicht etwa deshalb nacherzählt werden, weil es die Polizei am Ende doch noch geschafft hätte, die Entführer zu stellen. Das wäre zwar ein gutes Ende, aber fern der Wirklichkeit. Sondern weil das Mädchen, heute eine erwachsene Frau, mithilfe einer nichtstaatlichen Organisation, deren Leiterin als einzige Instanz für ihr Handeln Gott anerkennt, ihren Zuhältern doch noch entkommen ist. Seither führt sie in einem skandinavischen Land fern dem heimatlichen unter anderem Namen, aber mit Zustimmung der dortigen Behörden, ein zweites Leben.

Falls das möglich ist nach dem, was sie in den zehn Jahren zuvor erlebt hat.

Nach ihrer Entführung wird sie zunächst im Landesinneren gefangen gehalten und in einem sicheren Haus der Bande wochenlang vergewaltigt. *Safe Houses* waren für mich mal ein positiv besetzter Begriff. Rettungsinseln für namenlose Opfer im Dunkelfeld. Aber auch kriminelle Organisationen haben die ihrigen. Verteilt in ganz Europa. Für verschleppte Mädchen aus Bulgarien oder Albanien, Rumänien oder Moldawien, Russland oder der Ukraine und auch für das Mädchen aus dieser Geschichte erste Station auf ihrer langen Reise in die Nacht.

Zusammen mit anderen wird es danach in einem Kleinbus über die Grenze ins Nachbarland transportiert. Die Beamten sind bestochen und winken die Fuhre durch. Nächste Etappe: ein Bordell mitten in einem Industriegebiet. Schichtbetrieb. Als sich die junge Frau gegen den Dauereinsatz sperrt, wird sie verprügelt. Kriminologen haben in einem Langzeitprojekt der EU Verhörprotokolle ausgewertet und danach einen Katalog der Strafmaßnahmen erstellt, die in der Zuhälterszene international üblich sind. Dass es keine großen nationalen Unterschiede gibt, ist nicht weiter verwunderlich. Gewalt buchstabiert sich in jeder Sprache so, dass die Opfer sie verstehen.

Es müssen aber nicht immer Prügel sein. Die werden in einzelnen Fällen zur Abschreckung aller verabreicht. Denn nur bei ganz speziellen Kunden, die für einen Aufpreis beim Sex selbst gern zuschlagen, lassen sich grün und blau geschlagene Mädchen mit zugeschwollenen Augen noch vermarkten. Andere Methoden hinterlassen keine Spuren, haben jedoch gleichfalls eine durchschlagende Wirkung: Der Pass wird konfisziert. Konsum von Drogen erzwungen, bis die Frauen abhängig sind und für die nächste Zuteilung alles mit sich machen lassen. Schlafentzug. Essensentzug. Vergewaltigung. Bis jeglicher Widerstand gebrochen ist.

Das Mädchen, das an jenem Morgen seine Schule nicht erreicht, wird in den nächsten drei Jahren quer durch Europa transportiert. Seit die Unterzeichner des Schengen-Abkommens grenzenloses Reisen ohne Passkontrolle erlauben, haben auch die Zuhälter per Zwangsverschickung mobilgemacht. Sobald die Besitzer von Prostituierten in Belgien, Holland oder Deutschland Schwierigkeiten bekommen, weil die Polizei ihre Geschäfte stört oder weil Konkurrenz sie mit Gewalt vom Markt verdrängt, wechseln sie samt ihrer lebendigen Ware nach Italien, Frankreich, Österreich.

So auch geschehen dem Mädchen aus dem Baltikum. Über welche offenen Grenzen es verschleppt wird, weiß es nicht Noch immer ist es minderjährig. Ein Kind ohne Kindheit. Als die Halbwüchsige einmal unbewacht ist – ihrer Erinnerung nach war das in Griechenland, vielleicht aber auch in Slowenien –, läuft sie so lange durch die Stadt, bis sie die Leuchtschrift »POLICIA« entdeckt und um Hilfe bittet. Die wird ihr gewährt, aber die Beamten sperren sie in eine Zelle. Denn sie hat keine Papiere, ist deshalb eine Illegale und soll ausgewiesen werden in das Land, aus dem sie entführt wurde. Weil sie ein Kind ist, soll sie unter Begleitung zurückgebracht werden in ihr Dorf, in ihr Elternhaus.

Von wegen Elternhaus. Niemand glaubt ihre Geschichte. Sie habe sich freiwillig damals zu den Männern ins Auto gesetzt, sie habe sich freiwillig prostituiert, sie habe Schande über die Familie gebracht. Statt ihr verlorenes Kind in die Arme zu schließen und zu beschützen, gehorcht die Mutter dem Mann im Haus. So ist sie erzogen worden. Der Vater verjagt die Tochter. Die schläft unter Brücken, bettelt sich durch den Tag und sagt sofort zu, als ihr ein entfernter Cousin Arbeit in Frankreich verspricht, obwohl sie ahnt, welche Art von Arbeit dies sein wird. Genau diese Dienstleistung ist es dann auch. Von den Ländern, deren Männer sie bedient, sieht sie nichts außer Straßen, auf denen sie zu einem weiteren Bordell gefahren wird. Manchmal in die nächste Stadt, manchmal in das nächste Land. Sie versucht nicht zu fliehen, weil sie nicht weiß, wohin sie fliehen sollte.

Bei einer Kontrolle in Belgien fällt auf, dass sie weder Papiere besitzt, noch eine Arbeitserlaubnis hat. Sie wird festgenommen und verhört, weil sich die Polizei Informationen über Strukturen und Hintermänner einer OK-Organisation erhofft. Hat sie aber nicht. Also ist sie unbrauchbar für die Ermittlungen. Bis zur fälligen Ausweisung soll sie in ein bewachtes Asylbewerberheim gebracht werden. Vor dem Lager steht ihr Zuhälter. Ihr Besitzer. Sie sieht ihn, bevor er sie sieht. Und nutzt ihre wohl letzte Chance, läuft davon. Der Polizist, ihr Begleiter, schaut in die andere Richtung. Er hatte ihr die Anschrift einer NGO zugesteckt, die sich um verzweifelte Frauen wie sie kümmert. Sie zeigt Passanten den Zettel, viele helfen ihr weiter, und sie findet das Haus. Es ist diesmal tatsächlich ein sicheres. Die Hilfsorganisation unterhält viele *Safe Houses* in Europa und hat viele ehrenamtliche Helfer, darunter auch Kriminalbeamte, die wissen, was zu tun ist, statt zu tun, was sie tun müssten.

Zehn Jahre nach jenem Überfall auf dem Weg zur Schule, der ihre Kindheit beendete, verlässt sie im hohen Norden Europas eine Fähre und fährt zu einer Adresse, die künftig die ihre sein wird. Niemand dort kennt ihre Vergangenheit. Sie ist jetzt 24. Eigentlich jung. Aber ob sie nach dem, was sie erlebt hat, noch jung genug ist für einen Neuanfang, weiß sie nicht. Die Frauen, denen sie ihre Rettung verdankt, die mit ihr in den zurückliegenden Monaten viel gesprochen haben, die Therapie dabei immer wieder wegen stumm machender Verzweiflung über die Last der Erinnerung unterbrochen, glauben aber fest daran.

Die höchsten Zuwachsraten im kriminellen Business hat seit der Finanzkrise jener Zweig, der in der polizeilichen Umgangssprache *Forced Labour* heißt, Zwangsarbeit. An die Hintermänner heranzukommen ist noch schwerer als an die Mädchenhändler. Solange Stundenlöhne von 50 Cent als Glücksfall betrachtet werden von Arbeitssklaven, weil sie zu Hause nicht mal die verdienen könnten, schweigen sie über die Bedingungen und ertragen, dass sie wie Sklaven behandelt werden.

Unerträgliches totzuschweigen aber garantiert nicht das Überleben. Für manche Zwangsarbeiter bringt Schweigen über Gefahr und Not den Tod.

KAPITEL 5

Fluchtburgen:
Kein schöner Land in dieser Zeit

Wieder mal Sicherheitsschleusen, wieder mal Ausweiskontrollen, wieder mal Warten auf Godot. Statt »EUROPOL« oder »Scotland Yard«, »Frontex« oder »Bundespolizei«, »Bundeskriminalamt« oder »EU-Parlament« müsste heute auf seiner Visitenkarte »United Nations Office on Drugs and Crime« (UNODC) stehen, Büro der Vereinten Nationen für Drogen- und Verbrechensbekämpfung.

Auf der Bühne kommt Godot nie an, aber hier im Leben taucht er auf, er muss mich abholen – und diesmal ist es eine Frau. Sie spricht mit einem der bewaffneten Schleusenwärter. Der Mann nickt und drückt auf einen Knopf. Die Schleuse öffnet sich. Über das Hellfeld des Innenhofs, beäugt von überwachsamen Videokameras, bringt sie mich zur nächsten Kontrolle. Regen attackiert uns von allen Seiten. Vor dem halbrunden Hauptgebäude in der UNO-City, Wagramer Straße 5a, Wien, einer kleinen Stadt in der großen, in der 4000 Menschen aus 100 Staaten arbeiten, hängen nasse Flaggen aller Nationen. Am Eingang stemmen sich Raucher gegen den Wind.

Wer mehr erfahren will über das Dunkelfeld organisierte Kriminalität, muss überall durch Sicherheitsschleusen gehen, in Berlin, London, Den Haag, Warschau, Brüssel und Wien. Schleusen schützen als Vorposten alle, die im Namen des Staates oder wie hier im Namen vieler Staaten die Gesetzestreuen trennen von den Gesetzlosen. Die apokalyptischen Reiter Rauschgift, Waffen, Terror, Menschenhandel befehligen große Heere und lassen die Guten weltweit attackieren. Also müsste es auf der ganzen Welt Schleusen geben, müssten alle Staaten gemeinsam Strategien gegen die Mächte der Finsternis aushecken und in die Praxis umsetzen. Voraussetzung für eine erfolgversprechende Planung aber ist es, das gespeicherte Wissen der Kriminalisten in die Schlachten gegen die organisierten Kriminellen zu werfen.

Aber wie zum Teufel soll das funktionieren?

132 Mitgliedsstaaten der Vereinten Nationen haben ihre Erkenntnisse über kriminelle Vereinigungen in ihrem eigenen Land an Analytiker und Juristen, Kriminalisten und Kriminologen der UNO nach Wien geschickt. Manche allerdings erst nach wiederholten Mahnungen. Seitdem wissen internationale UNODC-Experten von Geschäften und Gewinnen der Menschenhändler mehr, als denen bewusst sein dürfte. Manche Dunkelfelder blieben jedoch tief dunkel. Von 48 um Material angefragten europäischen Staaten, davon 37 Pull-Länder in West- und elf Push-Länder in Osteuropa, vermeldeten acht keine neuen erwähnenswerten Erkenntnisse im Handel mit der Ware Mensch.

Darunter auch solche, von denen die Spezialisten in Wien und erst recht die im Außendienst erfahrenen Beamten von EUROPOL und Frontex wissen, dass sie in Wahrheit zu den Hotspots gehören, zu den Biotopen der kriminellen Organisationen. Es sind nicht nur die üblichen Verdächtigen, entstanden und auferstanden aus Ruinen des sowjetischen Imperiums, nicht nur die längst unabhängigen ehemaligen Vasallen wie Rumänien, Bulgarien, Ukraine. Sondern auch gewisse Länder der NATO wie die Türkei oder Griechenland, wo der Menschenmarkt von organisierten Banden beherrscht wird.

Immerhin wissen die kriminellen Organisationen nicht, was in Wien gespeichert wurde über ihre Strukturen, Methoden, Handelswege. Sie immer wieder aktiv zu verunsichern ist ein probates Mittel der Guten, um die Bösen im Ungewissen darüber zu lassen, ob sie ihren bisher erfolgreichen Strategien noch vertrauen können oder ob die Taktiker der Gegenseite bereits Trojaner bei ihnen eingeschleust haben.

Der Auftrag an den *Research and Trend Analysis Branch* der UNO lautet, die an ihre internationale Abteilung übermittelten Ergebnisse nationaler Polizeibehörden zu analysieren und zu gewichten. Auf dieser Basis sollen von organisierter Kriminalität betroffene Staaten, und das sind fast alle unter dem Dach der UNO, eine entsprechende nationale Taktik im Kampf gegen die OK entwickeln.

Von staatlichen Institutionen und nichtstaatlichen Organisationen werden jedes Jahr die Lagebilder der Nationen ausgewertet, mit den eigenen Ermittlungen abgeglichen, und danach wird ein Ranking aufgestellt. Einfacher ausgedrückt: Es geht darum, öffentlich zu machen, welche Staaten alle vereinbarten Maßnahmen zum Beispiel gegen Menschenhandel erfüllt haben und welche nur zum Teil – und welche gar nicht, um so den Druck auf jene zu erhöhen, die noch immer zu wenig tun.

Ausnahmslos alle Minimalstandards umgesetzt von der Theorie in die Praxis haben Belgien, Dänemark, Deutschland, Frankreich Großbritannien, Italien, Litauen, Luxemburg, Niederlande, Norwegen, Österreich, Polen, Portugal, Spanien, Schweden. Ihre Ziele nicht erreicht haben, trotz erheblicher Anstrengungen: Albanien, Weißrussland, Bosnien-Herzegowina, Bulgarien, Estland, Finnland, Georgien, Kasachstan, Kirgistan, Kroatien, Lettland, Mazedonien, Moldawien, Rumänien, Serbien, Montenegro, Slowenien, Schweiz, Tadschikistan,

Türkei, Ungarn. Zu den Ländern, in denen »Anstrengungen zur Bekämpfung des Menschenhandels nicht ausreichen«, obwohl deren Regierungen sich nach eigenen Angaben bemühen, gehören Armenien, Aserbaidschan, Griechenland, Russland, die Ukraine und die Slowakei.

Der Mann von EUROPOL, von dem ich nach Lektüre dieser Liste verblüfft erfahren will, warum die Schweiz unter Kategorie 2 fällt – die mustergültige Schweiz, die Heimat der Bünzlis! –, warum Finnland da steht und warum Litauen als vorbildhaft unter Kategorie 1 eingeordnet wird, warum Moldawien – ausgerechnet Moldawien! –, Bulgarien, Rumänien, Albanien für erhebliche Anstrengungen gelobt werden, macht erst eine nicht druckreife Bemerkung über den Wert der Liste und erklärt dann in umso druckreiferen Sätzen zum Mitschreiben, dass Anstrengungen schließlich auch bei jenen Staaten gewürdigt werden müssten, aus denen die meisten Opfer des Menschenhandels stammen. Damit sie sich künftig noch mehr anstrengen.

Aha.

Der *Global Report on Trafficking in Persons* beleuchtet global das globale Verbrechen Menschenhandel. Die Statistiken, die alle zwei Jahre aktualisiert werden, beruhen zwar auf Schätzungen, weil die OK ihrer Natur gemäß keine Bilanzen veröffentlicht. Genaue Zahlen kennt deshalb niemand. Viele jedoch, Stand Ende 2012, sind »based on facts«, wie die Frau, die mich von der Schleuse abholte, versichert. »Basierend auf harten Fakten« bedeutet, dass nach der letzten weltweiten Datensammlung die Aussagen von 55 000 befreiten Opfern und die Verhörprotokolle von 50 000 verhafteten Tätern in 118 Ländern ausgewertet wurden, aufgeschlüsselt nach Ausbeutung in Form von Prostitution oder Sexsklaverei, nach Ausbeutung durch Zwangsarbeit in Sklaverei oder nach Methoden, die der

Sklaverei gleichen, und nach Ausbeutung des Menschen durch Entnahme seiner Organe.

Die Hochrechnungen entsprechen ungefähr den Schätzungen einer anderen UN-Behörde, der *International Labour Organization* (ILO) in Genf. Laut ILO leben weltweit 14,2 Millionen Menschen unter sklavereiähnlichen Umständen oder werden, wie die meisten Opfer in Asien, in Prostitution und in Zwangsarbeit als Sklaven gehalten. Aufgeteilt nach Geschlecht und Alter betrifft diese extreme Art der Ausbeutung zu 59 Prozent Frauen, zu 14 Prozent Männer, zu 17 Prozent Mädchen, zu 10 Prozent Jungen. Sie trifft also Menschen beider Geschlechter und unterschiedlicher Generationen. Menschenhandel ist ein Wachstumsmarkt, weil Armut auf der Welt ungebremst wächst. Kriminelle Organisationen liefern weltweit zwischen 600 000 und 2,5 Millionen Menschen pro Jahr als »frische Ware« auf die Absatzmärkte.

Bezogen auf die Industrieländer, zu denen die EU-Staaten gehören sowie Japan, Kanada, Neuseeland, Norwegen, Island, die Schweiz, Israel, Australien und die Vereinigten Staaten von Amerika, kommt die Schätzung von 1,5 Millionen versklavten Menschen aufgrund der höheren Aufklärungsquote von Straftaten und besserer Kontrollen an den Grenzen der Realität ziemlich nahe. Die bei allen Hochrechnungen statistische Fehlerquote von zwei Prozent verändert nichts Wesentliches am Ergebnis.

Die Schweiz ist, so die zuständige Bundespolizei in ihrem »Kooperationsmechanismen gegen Menschenhandel« genannten Leitfaden – der Titel offenbar der sprachlich kleinste gemeinsame Nenner verschiedener Experten –, »primär als Zielland betroffen«. Opfer dort wie in allen Ländern sind vorwiegend Frauen, aber auch eine relativ hohe Zahl durch Menschenhändler ausgebeutete Männer in der Landwirtschaft und auf dem Bau. Genaue Zahlen sind nicht zu ermitteln. Ohne Zeugenaussagen haben Schweizer Richter die gleichen Schwierigkeiten wie alle ihre europäischen Berufskollegen, angemessen harte Urteile gegen die Täter zu fällen. Mit den »Kooperationsmechanismen« ist im Übrigen die Erkenntnis gemeint, dass Erfolge im Kampf gegen diese Delikte nur dann zu erzielen sind, wenn sich trotz höchst unterschiedlicher Interessen fallweise Polizei und Staatsanwaltschaft, Ausländerbehörde und nichtstaatliche Hilfsorganisationen gegenseitig unterstützen.

Denn Menschenhandel ist ein Verbrechen, schreiben die Verfasser einer Studie der Bertelsmann-Stiftung, das »wie kein anderes den Kern des europäischen Menschenrechtsverständnisses berührt«. Von daher versteht es sich von selbst, dass jede Form von Zwangsarbeit der »unveräußerlichen Würde jedes Menschen zuwiderläuft«.

In einer Vollversammlung der Vereinten Nationen verlangten Vertreter karibischer Staaten wie Antigua und Barbados im Namen vieler anderer Länder Reparationen für die vor 200 Jahren in Sklaverei gehaltenen Zwangsarbeiter. Entschuldigungen der verehrten Kollegen Premierminister seien zwar nett gemeint, aber Großbritannien, die Niederlande, Frankreich, damals Profiteure der Sklaverei, müssten heute aus moralischen Gründen für die damaligen Verbrechen Entschädigung zahlen. Über die Summen ließe sich reden. Die britische Rechtsanwaltskanzlei Leigh Day, so die Politiker aus der Karibik vor der UNO, prüfe gerade die juristischen Bedingungen.

Weil einstige europäische Weltmächte über Generationen hinweg im Sklavenhandel zu jenen Global Playern gehörten, die man heute als kriminelle Organisationen bezeichnen würde, hat Europa eine auch moralische Verantwortung im Kampf gegen die moderne Form der Sklaverei. Selbst die Zahl von jährlich einer Million neuer Opfer der Menschenhändler, eingerechnet Hunderttausende, die innerhalb der Grenzen ihrer Heimatländer gehandelt werden, ist wohl nur die Spitze eines Eisbergs, wie mir schon der Holländer von Frontex in Warschau erklärt hatte. Die tatsächliche Ausbeute von Schleusern und Händlern und Schmugglern dürfte viel höher sein.

Nein, widerspricht dem in Wien die Österreicherin von UNODC, nein. Sie dürfte nicht nur höher sein, sondern sie ist ganz bestimmt höher. Man könne allenfalls darüber diskutieren, ob es doppelt so viele Menschen betrifft oder eher viermal so viele.

In Europa, frage ich zweifelnd, hier in Europa?

Ja, angeliefert hierher nach Europa.

Strategie und Taktik der Kriminellen zu entschlüsseln ist ihre Pflicht als Profi. Dass hinter den abstrakten Zahlen und Schaubilder des *Global Report* konkrete Schicksale stehen, treibt sie an. Sie und ihre Mitstreiter von UNODC wissen, dass Millionen Menschen als Opfer von Zwangsarbeit in Bordellen und Betrieben, auf Feldern und Frachtern, in Haushalten und Hotels in Asien, Afrika, Amerika, Europa schuften. Alles Menschenmögliche zu tun, um diesen Menschen zu helfen, ist ihre eigentliche Motivation.

Dass die Angaben über deren Herkunft, Geschlecht und Alter schwanken, dass viele Zahlen zwangsläufig auf Schätzungen beruhen, hat verschiedene Ursachen. Niemand weiß genau, wie viele Männer, die aufgrund der Armut in ihrer Heimat gezwungen sind, jede noch so dreckige und gefährliche Arbeit anzunehmen und menschenunwürdige Bedingungen zu akzeptieren, als Arbeitssklaven bezeichnet werden dürfen. Denn viele empfinden diesen Zwang nicht als Zwangsarbeit, sondern sind im Gegenteil ihren Arbeitgebern dankbar. Freiwillig haben sie sich verpflichtet, freiwillig sich in ein fernes Land transportieren lassen, und freiwillig nehmen sie Arbeit in Kauf, die sich Einheimische nicht antun würden.

Sie bezahlen zuvor viel Geld dafür, dass sie dorthin transportiert werden, wo sie dann zunächst einmal die Transportkosten abarbeiten müssen. Ein einziges OK-Netzwerk machte in nur zweieinhalb Jahren etwa 30 Millionen Dollar Gewinn mit der Schleusung illegaler Arbeitsmigranten hauptsächlich aus dem Irak und aus Afghanistan nach Europa. Die Einnahmen können in diesem Fall deshalb so genau beziffert werden, weil bei der Operation unter dem Codenamen *Ticket to Ride*, koordiniert von der italienischen Polizei in Zusammenarbeit mit Verbindungsbeamten aus den Zielländern Belgien, Frankreich, Deutschland, Griechenland, Schweiz und Italien, nicht nur 46 Mitglieder der Bande, größtenteils Iraker, in den genannten Ländern festgenommen wurden.

Sondern weil auch ihre Opfer aussagten. Zwischen 4000 und 8000 Dollar Kopfgeld waren für Transport und falsche Papiere bei Antritt der Reise fällig. Die 30 Millionen ergeben sich aus dem Mittelwert 6000 zwischen 4000 und 8000. Erst als Geld auf ein unverdächtiges Konto einer unverdächtigen Firma überwiesen worden war oder ein Hawala-Banker grünes Licht gab, begann die Schleusung. In Lastwagen, Wohnwagen und Bussen oder auf Fischkuttern. Erste Station war immer das Transitland Türkei, von dort aus ging es weiter ins jeweilige Zielland.

Falsche Papiere gehörten zum Package. Der Preis dafür hing ab von der gewählten Route. Die Langstrecke auf dem Landweg war günstiger als die kurze Reise übers Meer. Etwa 5000 Männer wurden so an ihre Arbeitsplätze in der Schweiz oder in Deutschland, Belgien oder Frankreich, Italien oder

Griechenland transportiert und von örtlichen Mitgliedern der irakischen OK-Gruppe an die dortigen Arbeitgeber vermittelt.

Was man aus solchen beispielhaften polizeilichen Erfolgen lernen kann, wird mir von einem Polizeioffizier erklärt. Zunächst braucht es Geduld für viele Wochen Observation und Überwachung der Kommunikation zwischen einer Firmenzentrale in, sagen wir mal, Istanbul oder Belgrad und deren Außenbüros in Berlin, Zürich, Brüssel, Paris, Athen. Das ist die Aufgabe der jeweiligen nationalen Beamten. Sie liefern ihre Ergebnisse an EUROPOLizisten, und die schauen im großen Datenspeicher in der Zentrale nach, um die Hinweise mit eigenen Erkenntnissen abzugleichen. Es kommen dabei ähnliche Methoden aus anderen Fällen von Menschenhandel zum Einsatz. Verbindungsbeamte aus Den Haag gehörten bei der Operation *Ticket to Ride* zum Team der italienischen Staatspolizei, die in der Einsatzzentrale Rom zuständig war für die Razzien und Festnahmen.

Viele kleine Fälle können ein großer Fall sein. Wenn 200 Rumänen bei der Gurkenernte im Spreewald geknechtet werden, wenn afrikanische Flüchtlinge im Akkord Zimmer putzen, weil sie bis zur Entscheidung über ihre Asylanträge keine Arbeitserlaubnis bekommen, wenn Ungarn, Polen, Bulgaren auf der Baustelle eines Berliner Großflughafens schuften, dann hat das alles auf den ersten Blick nichts mit jenem 30-Millionen-OK-Player oder der Art Sklaverei zu tun, die in Asien Alltag ist.

Aber auf den zweiten. Das belegen Beispiele, die der Deutsche Gewerkschaftsbund im »Bündnis gegen Menschenhandel und Arbeitsausbeutung« dokumentiert hat. Die Methoden der Ausbeutung entsprachen dem bekannten Muster bei Zwangsarbeit: Osteuropäische Subunternehmer köderten Arbeiter in Rumänien, Bulgarien, Litauen oder der Ukraine mit Stundenlöhnen von bis zu 18 Euro und boten deren Arbeitskraft Unternehmen in Deutschland an. Die Ungarn, die daraufhin kamen und sechs Tage pro Woche auf Baustellen arbeiteten, erhielten statt der ihnen versprochenen 18 Euro nicht zehn, nicht acht, nicht fünf, sondern null Euro. Proteste blieben wirkungslos. Ihr Lohn werde verrechnet mit den Schulden für Transport, Vermittlung, Visa. Erst wenn alles abgegolten sei, würde ihre Arbeit bezahlt. Sie erhielten lediglich 20 Euro Taschengeld pro Woche, mussten aber in ihrer dreckigen Unterkunft schon für die Benutzung einer Dusche zwei Euro bezahlen.

In der Landwirtschaft eingesetzte Bulgaren sahen ebenfalls nichts von dem versprochenen Lohn, bekamen noch weniger Kopfgeld als die Ungarn – pro Woche zehn Euro für Lebensmittel –, wurden nachts in einer Wohnung eingeschlossen und für den Fall, dass sie zur Polizei gingen oder bei einer Sozialbehörde um Hilfe bäten, massiv bedroht: Dann würde man sie spätestens nach ihrer Rückkehr in ihr Heimatdorf ausfindig machen und sie in einen Fluss werfen, nicht ohne ihnen zuvor die Füße einbetoniert zu haben.

Was im einstimmig verabschiedeten Aktionsplan der UN-Vollversammlung gegen globalen Menschenhandel an Ursachen für *Trafficking in Human Beings* aufgelistet wird – Armut, Arbeitslosigkeit, Diskriminierung von Minderheiten, Gewalt gegen Frauen –, ist zwar alles richtig, jedoch keine neue Erkenntnis und bereits seit Jahren als Quelle des Übels bekannt. Die Juristin der UNODC zeigt mir zwei Studien, wonach Menschenhändler reiche Ernte dort einfahren, wo der Arbeitsmarkt verdorrt ist, aber Umsatzeinbußen hinnehmen müssen – das Wort »erleiden« wäre in diesem Zusammenhang unangebracht –, sobald Hoffnung in Form von Arbeitsplätzen sprießt.

Seit unter dem lupenreinen Demokraten Wladimir Putin trotz Korruption das Bruttoinlandsprodukt steigt, sei die Zahl der russischen Zwangsprostituierten in Deutschland gesunken. Das Beispiel ließe sich übertragen auf Litauen, wo nach wie vor die Prostitution blühe, aber trotz globaler Finanzkrise die Wirtschaft wächst, mehr Männer im Land Arbeit finden und nicht wie bisher gezwungen sind, sich dubiosen Arbeitsvermittlern für Jobs im Westen auszuliefern. Dagegen habe sich die Zahl der ungarischen Opfer zum Beispiel in den Niederlanden verdreifacht, seit in deren Heimat die Arbeitslosigkeit von 5,5 auf 11 Prozent gestiegen ist.

Die UNODC-Juristin schränkt aber sofort ein, dass solche Zusammenhänge zwar erwähnens-, aber nicht bemerkenswert seien, keine Trendwende bedeuteten und in absoluten Zahlen erst recht keiner weiteren Rede wert sind. Selbst dann, wenn es in einigen wenigen Ländern Ost(mittel)europas wirtschaftlich aufwärtsgehe, verglichen mit der Lage in den 90er-Jahren des vergangenen Jahrhunderts, bleibe die Verlockung aus Pull-Ländern Westeuropas groß. Da Menschenhändler global agieren, ließen sich geschäftliche Rückschläge, etwa aus Mangel an Angeboten oder aufgrund erfolgreicher Polizeiaktionen wie jener gegen die OK-Bande in Rom, leicht verkraften. Das Europa der offenen Grenzen ist nach wie vor der Wachstumsmarkt, auf den Hunderttausende geschleust werden. Kriminelle sind überzeugte Europäer.

Wo Grenzen verschlossen sind, hilft Bestechung. Die kriminellen Vereinigungen haben dafür entsprechende Landkarten erstellt. Nicht nur für den Handel mit Drogen, Waffen, gestohlenen Autos, gefälschten Produkten aller Art, sondern auch und speziell für den Handel mit Menschen. Als besonders gut geeignet für ihre Zwecke sind in Bulgarien die Flughäfen von Varna, Sofia und Burgas sowie Kulata an der Grenze zu Griechenland eingetragen. In Estland alle Übergänge nach Litauen und Russland, in Spanien Almería, in Frankreich Marseille, in Polen die Grenzen zur Ukraine und zu Russland, in Rumänien Grenzstationen nach Moldawien und Serbien, dort wiederum die nach Kroatien und in Ungarn eigentlich alle Grenzübergänge.

Der Etatposten »Korruption« ist als Mittel zum Zweck ein kriminelles Konjunkturprogramm. Als in Ungarn und Griechenland die Gehälter von Beamten, auch von den an Grenzen stationierten, aufgrund der hausgemachten, nicht unwesentlich durch Korruption verursachten Krisen um 30 beziehungsweise 25 Prozent gekürzt wurden, sprangen bei den Betroffenen die »Arbeitsagenturen« der OK-Banden ein. Wie von ehrlichen Kollegen aufgedeckte Geschäfte korrupter Staatsdiener belegen, gibt es eine Art Bestechungspyramide.

Budgetkürzung in staatlichen Institutionen erfreut die Gegenseite, deren Einnahmen parallel dazu steigen. Bestechung als notwendige Investition wird aus der Portokasse finanziert. Ein 500-Euro-Schein für jeden Polizisten an einem Grenzübergang im Balkan ist für Kriminelle ein Trinkgeld, aber für die Beamten entspricht es einem Monatslohn. Das belastet ihr Gewissen schon deshalb nicht, weil sie glauben, im Kleinen nur das zu tun, was die Großen im großen Rahmen machen. Das System der Korruption, zum Beispiel in Bulgarien, wogegen im Frühjahr und Sommer 2013 in Sofia Zehntausende auf den Straßen demonstrierten, ist ein Nährboden für Kriminalität. Grenzer schauen desinteressiert zu, wenn ein Kleintransporter mit zehn, zwölf, vierzehn Passagieren passieren will, und vor allem prüfen sie die Papiere nicht.

Unten beginnt die Bestechungspyramide zum Beispiel mit einer geringen Maut von einem Euro pro Passagier eines vollbesetzten Autos, den die Kontrolleure direkt einstecken. Für den Chef einer Grenzstation sind bis zu 15 000 Euro zusätzliches Monatseinkommen drin. Je nach Rang beteiligt er daran seine Untergebenen, erkauft sich ihr Schweigen und hält seine Reihen geschlossen. Schleuser erhöhen wegen der Ausgaben für Bestechung den Pro-Kopf-Preis für die Ware Mensch.

Manchmal reicht den Staatsdienern für zusätzliches Einkommen ein diskreter Tipp, wo Frontex die nächste Razzia an einer grünen Grenze planen würde. Manchmal genügt es für ein paar Euro, in die Ferne zu schauen, sobald in der Nähe Illegale die Grenze überqueren. Teuer wird es für die Bösen immer dann, wenn ein hochrangiger OK-Manager das Land verlassen muss, weil ihm die Verhaftung droht. Dann ist schon mal ein Kopfgeld von 20 000 Euro fällig, wohingegen bei Kleinkriminellen, die auf einer Fahndungsliste in Bulgarien oder Rumänien stehen, das Zudrücken beider Augen bereits für 350 Euro zu haben ist.

Korruption auf allen Ebenen der Gesellschaft gilt als archetypisch für gewisse Länder. Ein Grenzbeamter in Bulgarien, Rumänien, Ungarn, der je nach Dienstalter zwischen 500 und 630 Euro pro Monat verdient, für den Lebensunterhalt seiner Familie aber mindestens 900 bis 1000 monatlich braucht, ist auf die Differenz, ein paar hundert Euro Nebenverdienst, angewiesen. Wenn er das nicht nimmt, stört das den Handel als solchen nicht. Dann schaut statt seiner ein paar Kilometer entfernt ein anderer Beamter weg und kassiert, falls sich unter der Plane eines Lastwagens Bewegungen abzeichnen. Also hält er lieber selbst die Hand auf. Korrupte Polizisten sind aber auch im Westen nichts Neues. Allerdings zahlten britische Boulevardblätter des Murdoch-Konzerns an ihre Informanten bei Scotland Yard ganz andere Summen. Auch sie handelten mit Menschen und beuteten deren Leben aus.

Die Zahl der nach Kriegen in Sklavenarbeit gezwungenen

Opfer ist eine Dunkelziffer. Nachforschungen in Ländern, in denen dringender Verdacht besteht, sind nicht machbar, weil es für die Rechercheure lebensgefährlich wäre. Nach Katastrophen in jüngerer Zeit wie dem Tsunami in Südostasien, der Hungersnot in Somalia oder dem Erdbeben auf Haiti mischten sich kriminelle Vereinigungen unter die Hilfsorganisationen und hatten großen Zulauf, weil sie erstens sofort und zweitens nachhaltig Hilfe versprachen. Sofortige Hilfe im Land für die Familien, nachhaltige Hilfe durch Arbeit im Ausland. Die freien Jobs im sicheren Ausland endeten in Zwangsarbeit und Zwangsprostitution.

In seinen Analysen geht der *Research and Trend Analysis Branch* davon aus, dass sich die Gewinne krimineller Vereinigungen aus *Forced Labour* von 2006 bis 2010 verdoppelt haben und seitdem weiter gestiegen sind. Insgesamt werden ihre durch allerlei Handelswaren – Drogen, Waffen, Markenartikel, Medikamente, Kreditkarten, Menschen – erzielten Einnahmen weltweit auf umgerechnet 1,2 Billionen Euro beziffert, 1500 Milliarden Dollar, was ungefähr sechs Prozent der jährlichen legalen Weltwirtschaftsleistung bedeuten würde, steuerfrei selbstverständlich.

Laut der Grafiken und Schautafeln der UN-Analysten beträgt der Anteil von Prostitution an den Milliardengewinnen der Menschenhändler 58 Prozent, es folgen Zwangsarbeit mit 36 Prozent, Verschiedenes wie Kinderhandel und Scheinehen und Haussklaven mit 6 Prozent. Am Rand steht eine Zahl, die so klein ist, dass man sie übersehen könnte.

Darf ich aber nicht.

Denn hinter einem als zu vernachlässigend erscheinenden Marktanteil von 0,2 Prozent verbirgt sich das besonders dunkle Feld Organhandel. Wie ich noch erfahren werde, handelt es sich da nicht nur etwa darum, dass ein Scheich aus

Dubai einem Tagelöhner aus Bangladesh in einer Klinik in Jerusalem eine Niere entnehmen lässt, die dem Armen von einem Händler für 3000 Dollar abgekauft und vom Reichen mit 250 000 Dollar bezahlt wurde, Operation und Arzthonorar im Preis enthalten. Solche Deals muss man zynisch abhaken nach den auch auf diesem Markt nun mal gültigen Gesetzen von Angebot und Nachfrage.

Sondern es handelt sich auch um Menschenjagd mit dem Ziel, die erlegten Opfer auszuschlachten und ihre Organe zu verkaufen. Oder um staatliche Hinrichtungen gesunder Delinquenten aufgrund von konkreten Anfragen nach Niere, Leber, Herz. Was ich alles für ein nicht zu verifizierendes Gerücht aus dem Schattenreich hielt, bis ich, wie im nächsten Kapitel anhand von konkreten Beispielen zu berichten sein wird, eines Schlechteren belehrt wurde. Die Zahl von 0,2 Prozent Marktanteil des Organhandels ist nämlich ermittelt worden, bevor sich im Nahen Osten und in Nordafrika die Flüchtlingslager füllten und für viele Menschen in ihrer Not der eigene Körper letzter Besitz geblieben war.

Was schlimmer ist: ein eigenes Organ zu verkaufen oder sich selbst, wage ich nicht zu entscheiden. Es gibt zu wenige protokollierte Berichte von Betroffenen, ganz im Gegensatz zu den Aussagen von Opfern des Frauenhandels. Denn dass alleinerziehende junge Frauen gezwungen waren und sind, sich zu verkaufen, um ihren Eltern und Kindern das Überleben zu sichern in Ländern wie den Philippinen, Nepal, Rumänien, Bulgarien, Ukraine Nigeria, ist nachlesbar in vielen autobiografischen Berichten der Befreiten. Viele haben sich bereitwillig ins Netz der Schleuser fallen lassen und gewusst, was sie am Ziel dafür tun mussten. Deshalb ist zu differenzieren zwischen denen, die sich für eine Tätigkeit als Prostituierte freiwillig entschieden haben, und denen, die nicht ahnten, wofür sie vorgesehen waren, als sie sich auf entsprechende Stellenanzeigen für Verkäuferinnen, Kellnerinnen, Putzfrauen, Pflegerinnen meldeten. Was sie, missbraucht von Zuhältern der brutalen Sorte Mann, tun mussten, erfuhren sie leibhaftig erst nach der Ankunft in der Realität eines Landes X. Diese Methode ist ein Muster für alle Fälle von Zwangsprostitution.

Dass auch die ursprünglich Freiwilligen ausgebeutet werden, dass auch die sich unter Bedingungen prostituieren müssen, die einer Sexsklavenhaltung gleichen, ist kein Fall für Polizei und Justiz. Falls Prostitution als Arbeit akzeptiert würde, in der die gleichen Regeln gelten wie in einer Großschlachterei oder im Versandhandel, falls Lohndumping im Bordell angeprangert würde wie auf Baustellen, falls Produktionsstätten im Rotlichtmilieu kontrolliert würden wie jeder andere Betrieb, falls sich vor Arbeitsrichtern die Rechte dieser Frauen ebenso durchsetzen ließen wie die von Männern, denen Lohn für ihre Dienste vorenthalten wurde, wäre zwar den vielen Zwangsprostituierten im Dunkelfeld nicht geholfen. Aber viele Arbeitgeber der Freiwilligen müssten sich Gerichtsurteilen beugen, weil sonst ihre Betriebe geschlossen würden.

Das Dunkelfeld der Arbeitssklaven wird selten von Aufklärungsspots erhellt. Razzien auf einer Baustelle oder in der fleischverarbeitenden Industrie, in einer Hotelanlage oder während der Spargelstecherei, bei denen die Polizei von vielen Dolmetschern begleitet wird, weil es so viele Aussagen der illegal Arbeitenden zu übersetzen gilt, sind lange nicht so publikumswirksam in bewegten Bildern zu versenden wie eine Aktion im Rotlichtviertel oder eine Ermittlung gegen Bessergestellte, die sich näher für Minderjährige aus der Ukraine interessieren.

Das informationsgesättigte Publikum horchte aber auf, als im September 2013 der *Guardian* enthüllte, dass in einem Golfstaat, der als vorbildlich galt – zumindest im Vergleich zu Emiraten, Scheichtümern, Königsdiktaturen wie Saudi-Arabien, Kuwait, Abu Dhabi –, Arbeiter aus Nepal zu Tode geschunden wurden. Was unter normalen Umständen nur ein paar Zeilen wert gewesen wäre, schaffte es diesmal in die Fernsehnachrichten und auf die vorderen Seiten der Tageszeitungen.

Nicht etwa, weil sich jemand besonders für das Schicksal irgendwelcher Nepalesen interessiert hätte, sondern weil in Katar 2022 die Fußballweltmeisterschaft stattfinden soll. Lange Zeit erregten sich die Fans heftig allenfalls darüber, ob man es den Mannschaften zumuten könne, bei sommerlicher Wüstenhitze ein Turnier auszutragen, oder ob es eher nötig sei, die WM in den Winter zu verschieben, der am Persischen Golf mit Temperaturen zwischen 22 und 24 Grad frühlingshaft warm ist.

Aber es ging, bevor Tote statt Tore die Schlagzeilen über dieses Land bestimmten, ebenso bei den Diskussionen der grauen Herren im Weltfußballverband, der FIFA, ausschließlich um die Wohlfühltemperaturen für die Stars und nicht etwa um jene beim Bau der klimatisierten Stadien herrschenden Temperaturen. Vor allem aus Nepal, Indien, Indonesien und Pakistan hatte der in Katar regierende Emir etwa eine Million Arbeiter ins Land holen lassen, um für das kommende Großereignis Straßen und Stadien, Hotels und Schnellbahnstrecken zu bauen. Die 300 000 Einwohner zählende einheimische Bevölkerung, gesegnet mit einem der höchsten Pro-Kopf-Einkommen der Welt, macht sich ungern durch Arbeit die Hände schmutzig. Das Gesamtvolumen des Bauprogramms beträgt etwa 100 Milliarden Dollar, was bei jährlichen festen Einnahmen von 60 Milliarden dank Ölförderung keine nennenswerte Belastung des Staatshaushalts bedeutet.

Man kann sich Sklaven also leisten.

Die Arbeiter waren bei ihrer Ankunft bereits verschuldet. Zwar sind die Honorare der vermittelnden Agenturen nicht so hoch wie diejenigen europäischer Schleuser in entsprechenden Armutsländern Osteuropas, aber die Methoden der Ware-Mensch-Händler global vergleichbar. Den Männern wurden in Katar die Pässe abgenommen, wie auch üblich in anderen Branchen, etwa im Sport. Der französische Fußballspieler Zahir Belounis, der anderthalb Jahre lang festgehalten wurde, nicht mehr spielen durfte, kein Gehalt bekam, bis er nach Protesten der französischen Regierung mit seiner Familie im November 2013 ausreisen konnte, verklagte in Europa den Staat Katar.

Die ausländischen Bauarbeiter wurden in verdreckte Verschläge oder Hütten ohne elektrisches Licht und ohne fließendes Wasser gepfercht. Eine winzige Kammer, mit zwölf Mann belegt, galt als adäquater Schlafsaal. Sie mussten von morgens bis in die Nacht schuften, nur einmal im Monat gab es einen freien Tag. Solche Bedingungen waren tödlich, wie die britische Tageszeitung berichtete. 44 Nepalesen, der jüngste von ihnen gerade mal 16 Jahre alt, sollen regelrecht verdurstet sein, weil sie bei Temperaturen von 50 Grad schuften mussten, bis sie tatsächlich tot umfielen. Nicht nur Pausen, sogar Trinkwasserrationen wurden ihnen verweigert.

Insgesamt habe es bereits 700 Tote gegeben, seit in Katar vor einigen Jahren in der Wüste zu bauen begonnen wurde. Der Internationale Gewerkschaftsbund *International Trade Union Confederation* (ITUC) bestätigte den Zeitungsbericht und warnte, dass man bis zum Beginn der WM mit etwa 4000 Toten rechnen müsse, falls sich dort nicht schlagartig etwas ändere.

Die International Labour Organization (ILO), die unter dem Dach der Vereinten Nationen in Genf residiert, wies darauf hin, dass Katar zu den Ländern zähle, die sich auf die UN-Konvention gegen Zwangsarbeit per Unterschrift verpflichtet, aber sich noch nie daran gehalten hätten. Das einheimische WM-Komitee in Katar wiederum zeigte sich »überrascht und angewidert« von den Zuständen auf den Baustellen, als ob es die nie inspiziert hätte. Einer Abordnung des Internationalen Gewerkschaftsbundes, die sich selbst ein Bild von den Arbeitsbedingungen machen wollte, wurde der Zutritt auf eine der Großbaustellen verweigert.

Die FIFA in Person ihres damals noch als Ehrenmann gefeierten Schweizer Paten Sepp Blatter – erst spät im Februar 2016 entsorgt – erklärte, man werde »die Problematik« gegenüber dem Emir thematisieren und das »Gespräch suchen« mit den katarischen Behörden, statt dem Herrn wie auch seinen Untergebenen unmissverständlich klarzumachen, dass die Menschenrechtskonvention bindend ist für alle, und insbesondere für den internationalen Fußballmulti FIFA. Der Präsident der Deutschen Fußball-Liga, Reinhard Rauball, gab der FIFA im Klartext vor: Es darf keine WM in einem Land stattfinden, das »auf einem System der Sklaverei aufbaut und Menschenleben missachtet«.

Die Ursachen der Zwangsarbeit, die seit Jahrzehnten in allen Statistiken der Vereinten Nationen immer wieder aufgelistet werden, ohne dass sich grundlegend etwas geändert hätte an den Zuständen in Indien oder in Pakistan – um nur zwei von zu vielen betroffenen Ländern zu benennen –, sind bekannt. Armut zwingt zum Überleben um jeden Preis. Den Preis bestimmen diejenigen, die Arbeit als Überlebensmittel vergeben. Die modernen Sklavenhalter gehören nicht zu kriminellen Organisationen. Sondern sind die Stützen der jeweiligen Gesellschaft.

Und haben viele Gleichgesinnte in aller Herren Länder.

In Mauretanien zum Beispiel, einer islamischen Militärdiktatur im Nordwesten Afrikas, wird Sklaverei laut Verfassung zwar als Verbrechen gegen die Menschheit verdammt. Und laut Gesetz mit bis zu zehn Jahren Haft bestraft, wer sich der Sklavenhaltung schuldig macht. Aber noch nie ist ein Sklavenhalter verurteilt worden, obwohl laut Angaben von Menschenrechtlern 600 000 der insgesamt 3,8 Millionen Einwohner des Landes als Leibeigene bezeichnet werden müssen. Da sich Offiziere, Richter, Minister und Gouverneure persönlich eigene Sklaven halten, kümmert sich von Staats wegen keiner um die Durchsetzung des Verbots.

Mauretanien ist selbstverständlich Mitglied der Vereinten Nationen und selbstverständlich verpflichtet, so wie Katar, sich an die UN-Charta der Menschenrechte zu halten. Weshalb das Land, so wie Katar, auch alle entsprechenden Konventionen unterschreibt. Sich aber an keine hält, seit vielen Jahren, ohne dass es irgendwelche Sanktionen gegeben hätte.

Ist aber ausgerechnet Europa in Anbetracht seiner Geschichte in der Rolle des Anklägers glaubhaft? Herrscht in Europa wenigstens heute eine andere Moral als die der weiter südlich Herrschenden?

Ja.

Ach ja?

Der Amtssitz Wien der Vereinten Nationen, Betriebskosten jährlich 22 Millionen Euro, wo außer der UNODC auch das Informationsnetz zur Bekämpfung der Geldwäsche (IMOLIN) gegen die global agierenden Netzwerke der Kriminellen tätig ist, wirkt mit Blick auf die Verbrechensbekämpfung rein äußerlich wie ein Fels in der auf die Küsten Europas zurollenden Brandung. Das Bild scheint geografisch schief zu sein, weil es zwischen Rumänien und Österreich, Bulgarien und Deutschland schließlich keine offenen Meere und deshalb auch keine Küsten gibt. Ist aber dennoch nicht ganz falsch. Denn so wie Meereswellen ständig anrollen und Deiche unterspülen, so unterminieren kriminelle Organisationen durch die Wucht und Stetigkeit ihrer Attacken die Grundfesten der Demokratie.

Manche ihrer mächtigen Bataillone sind Veteranen im Geschäft. Drogenhändler gab es schon immer, Waffenhändler auch. Rauschgift wird aber nicht mehr nur aus der Ferne über die klassischen Routen zu den Verbrauchern transportiert, sondern inzwischen in nahe gelegenen klandestinen Cannabisplantagen und chemischen Labors in Polen, Holland, Russland erzeugt. Produziert von Arbeitssklaven, gemanagt von *White Collar Criminals*. Der Waffenhandel blüht, seitdem nach dem Zerfall der einstigen Supermacht Sowjetunion deren Depots geplündert wurden und die dort verstaute Ware verkauft wird an interessierte Kreise weltweit. Die Händler des Todes sitzen eher an der Côte d'Azur, leben eher in der Toskana oder in Marbella. Ihre Handlanger machen sich für die Drecksarbeit – Abtransport der Waffen – die Hände schmutzig, wobei sie bei nur einem Deal so viel verdienen wie sonst bei ehrlicher Arbeit in einem ganzen Jahr. Wer wo wann mit dem, was sie schmuggeln, erschossen wird, in welchem Krieg wo auch immer auf der Welt, belastet weder ihr Gewissen noch das ihrer Auftraggeber.

Doch den »Three Pillars of the UNODC«, den drei Säulen, die noch bei der Gründung der Organisation als ihre wesentlichen Aufgaben ab 1997 bezeichnet worden waren – technische Unterstützung der UN-Mitgliedsstaaten im Kampf gegen Drogen, Waffen, Terror; Untersuchung der Dunkelfelder in den Ursprungsländern; international gleichlautende Strafandrohungen gegen Täter –, müsste mittlerweile aufgrund der gewachsenen Bedrohung durch den vierten apokalyptischen Reiter eine vierte Säule hinzugefügt werden, deren Funktion zwar theoretisch noch zu begründen wäre, aber tatsächlich ist diese vierte Säule zur Bekämpfung des internationalen Menschenhandels und -schmuggels längst schon errichtet worden, und dass sie in die Statuten noch nicht aufgenommen wurde, interessiert von denen, die gegen den Menschenhandel angetreten sind, wirklich keinen.

Denn Menschenhandel und Menschenschmuggel sind das größte Problem im Kampf der Organisation UNO gegen die OK-Organisationen, weil es weltweit 116 Staaten betrifft: arme Länder, in denen sich Menschen mithilfe von kriminellen Schleusern auf die Reise machen, um in reichen Regionen der Welt illegal einzureisen und zu arbeiten. Zerstörte Länder, in denen sich verfeindete Stämme gnadenlose Schlachten liefern, wobei Frauen und Kinder, wie immer in Kriegen, die unschuldigen Opfer männlicher Blutgier sind. Schreckenserstarrte Länder, in denen Andersdenkende oder Andersgläubige verfolgt und gefoltert und ermordet werden.

Bestimmte Länder dienen als Transitzonen, in denen dort mitregierende OK-Banden eine Gebühr für die Durchreise der Ware Mensch erheben. Ein besonders prägnantes Beispiel dafür ist ein Land, das es eigentlich gar nicht gibt. Es heißt Transnistrien, was zwar rein lautlich passen würde zu Transit, aber die rumänische Bezeichnung ist für den Teil Moldawiens östlich des Dnjestr, der sich selbst Pridnestrowien nennt.

Eingezwängt zwischen der Ukraine und Moldawien, gehörte es im Zweiten Weltkrieg zum Nazi-Verbündeten Rumänien, nach der Befreiung zum Sowjetreich und nach dessen Zusammenbruch zu Moldawien. Am Ende eines blutigen Sezessionskriegs 1992 erklärte sich Transnistrien zur unabhängigen Republik. Kein Staat auf der Welt erkennt es an, keine Bank wechselt seine Währung, den Transnistrischen Rubel. Immerhin einer Weltgemeinschaft gehört es an, der »Gemeinschaft nicht anerkannter Staaten«.

In diesem völkerrechtlich nicht anerkannten Staat, der gleichwohl eine Nationalhymne hat, ein stehendes Heer von ein paar tausend Mann, eine gewählte Regierung und ein Parlament, leben Russen, Ukrainer, Bulgaren, Moldawier, insgesamt eine halbe Million Menschen. Wovon? Viele vom Schmuggel. Für kriminelle Organisationen hat es eine ideale Lage. Die in Moldawien Akquirierten werden Richtung Ukraine durch Transnistrien transportiert, dafür muss Maut bezahlt werden. Die einheimischen Kriminellen konzentrieren sich eher auf Waffen- und Drogenschmuggel. Für das EU-Parlament ist Transnistrien wegen seiner Bandenvielfalt eine Art schwarzes Loch, ein Dunkelfeld für Menschenhandel und Geldwäsche.

Es wird aber auch mit legaler Ware gehandelt. Ein Abnehmer für die Produkte der Textilindustrie – Monatslohn der Arbeiterinnen und Arbeiter etwa 50 Euro – ist Aldi. Unter den organisierten Banden Europas, die ihre Güter meistbietend in Pull-Ländern versteigern oder zu festen Preisen an die Endabnehmer liefern, hat das Land einen sagenhaften Ruf als Drehscheibe für alles, womit sie handeln: Waffen, Diamanten, Drogen, Menschen. In genau dieser Reihenfolge laufen die Geschäfte ab: Die Waffen aus Beständen der ehemaligen Sowjetunion werden verkauft nach Afrika gegen Diamanten, mit denen Rauschgift bezahlt wird. Die Erlöse aus den Drogengeschäften werden investiert in Infrastruktur, Transportmittel und lokale Helfer für den Menschenhandel.

Der Bezug zu Becketts *Warten auf Godot* vor meiner ersten Begegnung mit der Wiener UNODC-Beamtin hat übrigens noch eine zusätzliche Dimension. Denn eine der möglichen Interpretationen des Stückes, die vom Dichter nie kommentiert wurden, lautet, dass Wladimir und Estragon aus Paris geflohen sind, als dort die Nazi-Schergen Jagd auf Juden machten, und nun an der Grenze zum Vichy-Frankreich auf ihren Fluchthelfer warten. Sein Name: Godot.

Denn im von der Wehrmacht besetzten Norden Frankreichs waren Männer zwischen 21 und 35 Jahren zur Zwangsarbeit im Land der Sieger verpflichtet. Tausende entzogen sich den Befehlen durch Flucht zum Maquis – der Partisanenbewegung in den Bergen und Wäldern der französischen Provinz – und gingen in den Untergrund zur Résistance. Hunderttausende jedoch wurden als Zwangsarbeiter nach Deutschland verschleppt, viele kehrten nie mehr zurück.

Sowohl Stalin als auch Hitler, inzwischen vereint mit anderen Verbrechern und Massenmördern in der Hölle, ließen von den willigen Vollstreckern ihrer Mordbefehle nicht nur Millionen Menschen ermorden, sie zwangen die in den Kriegen Besiegten in die Sklaverei. Der eine in den Arbeitslagern in Sibirien, der andere in den Rüstungsfabriken des Deutschen Reiches.

Die modernen Lager der Zwangsarbeiter in Europa, erklärt mir ein UNODC-Analytiker aus Italien, der wie seine österreichische Kollegin jahrelang am *Global Report on Trafficking in Persons* entscheidend mitgearbeitet hat, sind nicht wie die einstigen umzäunt von Stacheldraht und bewacht von Soldaten. Lebensumstände und Arbeitsbedingungen von in der Landwirtschaft, in Schlachthöfen, in der Gastronomie tätigen Männern und Frauen seien mit dem Begriff »Ausbeutung« nur unzureichend umschrieben. Zweifellos handle es sich dabei um moderne Sklaverei. Zwar betrieben von kriminellen Organisationen, aber ermöglicht dadurch, dass sich vorgeblich saubere Unternehmen in Westeuropa skrupellos der Billigware bedienen, die ihnen von denen aus Osteuropa angeboten wird.

Menschen als Schnäppchen. Händler als Schnäppchenjäger.

Immerhin, so fügt der Italiener hinzu, gibt es gewisse Unterschiede zur Zwangsarbeit in Russland, wo die hiesige Mafia die aus Asien angelieferte Ware direkt am Bahnhof abfängt und umgehend die Männer in Fabriken verfrachtet. Darüber wissen die Strafverfolgungsbehörden wenig, aber das Wenige, das sie doch erfahren haben durch nichtstaatliche Hilfsorganisationen, lässt vermuten, dass sich seit den Zeiten von Stalins Arbeitslagern kaum etwas geändert hat. Man schätzt, dass von den etwa fünf Millionen Männern aus Asien, die in Russland arbeiten, etwa 20 Prozent Zwangsarbeiter sind. Das hieße: eine Million.

Was auch der russische Direktor von UNODC weiß, Juri Fedorow, der zutiefst besorgt ist über den weltweiten Anstieg moderner Sklaverei. Er erkennt zwar an, dass es Fortschritte bei deren Bekämpfung gibt, fordert aber alle Länder, wirklich alle, dringend dazu auf, mehr zu tun. Es dürfe nicht zugelassen werden, dass sich im 21. Jahrhundert ein Verbrechen wie Menschenhandel, 200 Jahre nach dem Verbot der Sklaverei, gar noch fortsetze bis ins 22. Jahrhundert.

Ein Fall, den UNODC dokumentiert hat, ist typisch für die alltägliche Ausbeutung von Arbeitern. Gesucht wurden per Zeitungsanzeigen im osteuropäischen Push-Land Erntehelfer für Tomatenfelder im Süden Europas. Wie sich später herausstellte, gehörten alle, die sich dann telefonisch meldeten, zu einer Organisation von Menschenhändlern. Zunächst kassierten sie von jedem ihrer Opfer für den Transport ins Land der Tomaten zwischen 95 und 190 Euro. Bei der Ankunft waren weitere 150 Euro fällig als Provision für die Vermittlung des angeblich gut bezahlten Jobs.

Danach wurden sie direkt zu den Tomatenfeldern gefahren und zur Arbeit eingeteilt. Vorher nahm man ihnen die Pässe weg, was zu den üblichen Methoden der Ausbeutung gehört. Kontakte zur Außenwelt waren verboten. Durchgesetzt von bewaffneten *Violent Specialists*. Die bewachten ihre Beute auch nachts in deren Unterkünften: halb zerfallenen Ställen ohne

Matratzen, ohne Licht, ohne Wasser. Wer sich beschwerte, wurde verprügelt. Neuankömmlinge schliefen in Zelten. Vom versprochenen Lohn sahen die Arbeiter nichts. Doch ihre Schulden bei den Vermittlern wuchsen Tag für Tag, Woche für Woche, Monat für Monat. Für die menschenunwürdigen Unterkünfte verlangten die Kriminellen Mieten, und wer eine bestimmte Menge Tomaten am Ende des Tages nicht geschafft hatte – was angesichts der unrealistischen Vorgaben der Normalfall war –, wurde mit Bußgeldern bestraft.

Bis eines Tages einem der Arbeiter die Flucht ins nächste Dorf gelang. Festgenommen wurden bei der daraufhin ausgelösten Razzia 28 Bandenmitglieder, befreit 285 Zwangsarbeiter. Für drei Monate Arbeit hatten sie keinen Cent bekommen. Sie kehrten in ihre Heimat ärmer zurück, als sie die einst verlassen hatten in der Hoffnung, der Armut zu entkommen.

Im benachbarten Portugal bewirkte eine Razzia in der Landwirtschaft sogar einen nachhaltigen Erfolg. Es wurden nicht nur die illegalen Arbeiter befreit von ihren Sklavenhaltern, die sie mit gefälschten Papieren ins Land geschmuggelt und mit den üblichen Drohungen gnadenlos bei der Obsternte ausgebeutet hatten. Sondern auch die Sklavenhalter selbst verhaftet. Mehr noch: Die Händler im Ursprungsland mussten sich andere Betätigungsdunkelfelder suchen, nachdem ihre Mittelsmänner in Portugal aufgeflogen waren.

Sie galten fortan als geschäftsschädigende, unzuverlässige Angeber. Denn sie hatten bei der nächsthöheren kriminellen Instanz für eine feste Pauschalsumme einen Vertrag als Lizenznehmer, als Franchiseunternehmer des Menschenhandels, unterschrieben, den sie jetzt nicht mehr erfüllen konnten, weil die von ihnen dafür zugesagte Ware bereits drei Monate nach der Lieferung wertlos geworden war. Also wurden sie von ihren Bossen so lange in Beugehaft genommen, bis ihre Schulden beglichen waren. Ihre Opfer, von den portugiesischen Behörden ausgewiesen, erzählten in ihren Heimatgemeinden allen, die von einem Job im Ausland träumten, was ihnen da widerfahren war: Sie hatten sich verschuldet, sie hatten gearbeitet, sie hatten nie einen Lohn erhalten. Die Berichte waren wirksamer als staatliche Aufklärungskampagnen.

Was die europäischen Politiker zum Thema Menschenhandel erklären oder was der Europarat dazu als Zusatz zum Vertrag von Lissabon beschloss, klingt zwar immer bedeutungsvoll, so zum Beispiel:

»Die Mitgliedsstaaten des Europarats und die anderen Unterzeichner dieses Übereinkommens […] in der Erwägung, dass Menschenhandel eine Verletzung der Menschenrechte und einen Verstoß gegen die Würde und die Unversehrtheit des Menschen darstellt; in der Erwägung, dass Menschenhandel einen Zustand der Sklaverei für die Opfer zur Folge haben kann; in der Erwägung, dass die Achtung der Rechte der Opfer, der Schutz der Opfer und die Bekämpfung des Menschenhandels die obersten Ziele sein müssen; in der Erwägung, dass alle Maßnahmen oder Initiativen gegen den Menschenhandel nichtdiskriminierend sein, die Gleichstellung von Mann und Frau berücksichtigen sowie die Rechte des Kindes einbeziehen müssen […], den Menschenhandel unter Gewährleistung der Gleichstellung von Mann und Frau zu verhindern […] eingedenk der Konvention zum Schutz der Menschenrechte und Grundfreiheiten und der Protokolle […] sind die Mitgliedsstaaten des Europarats übereingekommen, […] den Menschenhandel unter Gewährleistung der Gleichstellung von Mann und Frau zu verhüten und zu bekämpfen; die Menschenrechte der Opfer des Menschenhandels zu schützen, einen umfassenden Rahmen für den Schutz und die Unterstützung der Opfer sowie der Zeugen beziehungsweise Zeuginnen unter Gewährleistung der Gleichstellung von Mann und Frau auszuarbeiten sowie wirksame Ermittlungen und eine wirksame Strafverfolgung sicherzustellen; und die internationale Zusammenarbeit bei der Bekämpfung des Menschenhandels zu fördern.«

Aber die Umsetzung ihrer hehren Erklärungen in die Praxis überlassen Politiker anderen. Die sollen sich etwas einfallen lassen und werden, falls es schiefgeht, als Sündenböcke herhalten müssen.

UNODC plädiert wie auch EUROPOL für *Joint Investigation Teams* als Grundvoraussetzung, um gemeinsam und grenzüberschreitend gegen Schleuser vorgehen. Es braucht nicht nur Drohnen, Wanzen, Nachtbildkameras. Verdeckte Ermittler wie beim Rauschgift- oder Waffenhandel sind beim Menschenhandel kaum einsetzbar. Also entscheiden über Erfolg oder Misserfolg oft Tipps von zufälligen Augenzeugen oder aufmerksamen Nachbarn. Aber auch die könnten in Wahrheit zu denen gehören, die sie jagen und die manchmal von den Bossen eingesetzt werden, um falsche Spuren zu legen und von den eigentlichen abzulenken.

Deshalb wird beim *Basic Training on Investigating and Prosecuting the Smuggling of Migrants* die Methode 5 Ws gelehrt, die der fünf Fragen, die mit W beginnen und die immer beachtet werden sollten: *Wer* hat den Tipp gegeben, und ist die Quelle überprüft worden? *Was* beinhaltet der Tipp – nur allgemeine oder konkrete Angaben? *Warum* kommt der Informant zu uns, oder will er ablenken vom eigentlichen Ort des angeblichen Geschehens? *Wann* hat er sich gemeldet – direkt nach dem Ereignis oder erst Tage später? *Wie* passt sein Hinweis zu unseren bisherigen Ermittlungen?

Aktualisiertes Material für den Werkzeugkasten, aus dem sich Polizei und Justiz bei Bedarf bedienen können, bekommt UNODC alle zwei Jahre. In diesem Rhythmus veröffentlichen die Experten in Wien ja ihren *Global Report*. EUROPOL muss schneller reagieren auf neue Strategien der kriminellen Vereinigungen, denn von seiner Einschätzung profitieren unmittelbar die im täglichen Einsatz aktiven Polizeibehörden der Mitgliedsstaaten. Europa ist, so unterschiedlich es auch strahlen mag in den einzelnen Ländern, der Leuchtturm für Armutsflüchtlinge und in dessen Schatten das ertragreichste Dunkelfeld für kriminelle Organisationen.

Im *Serious and Organised Crime Threat Assessment* (SOCTA), einem »Produkt systematischer Analyse der die EU bedrohenden kriminellen Aktivitäten und Vereinigungen«, wissenschaftlich begleitet von Universitätsprofessoren des Fachgebiets Kriminologie, beleuchten die Eurocops die finsteren Geschäfte der organisierten Kriminalität. Die Statistiken zum Schwerpunkt Menschenhandel zwischen 2009 und 2013 basieren auf Fällen, die von den Behörden der Mitgliedsländer zugeliefert wurden, sie sind keine Schätzungen aus dem Dunkelfeld. Sondern ermittelte Fälle aus dem Hellfeld.

Haupteinnahmequellen der großen kriminellen Vereinigungen weltweit außer den Erlösen aus Heroin, Kokain und Cannabis, transportiert auf den klassischen Rauschgiftrouten über die Drehkreuze Türkei und Balkan, sind Menschenhandel, Einschleusung illegaler Migranten, gefälschte Arzneimittel und Markenprodukte, Kinderpornografie im Internet, Waffen aller Art. Von den ungefähr 3600 aktiven kriminellen Vereinigungen in Europa, darunter internationale »Multis« ebenso wie nationale oder regionale Gruppen, widmen sich 30 Prozent ausschließlich ihrem Stammgeschäft, dem Rauschgifthandel. Aber alle anderen sind sozusagen offen für Gespräche.

EUROPOL nennt sie *Poly-Crime Groups*, die sowohl Rauschgift als auch Waffen als auch Menschen schmuggeln.

Und die sind im Gegensatz zu ihren Vorgängern in den schlechten alten Zeiten dank der Globalisierung so international aufgestellt wie die großen Fußballklubs in Europa, in denen die Besten aus der ganzen Welt spielen und nicht mehr die Besten von nebenan. In Belgien verhaftete die Polizei eine Bande, deren Mitglieder aus 35 Ländern stammten, und ihren portugiesischen Kollegen gelang ein Schlag gegen eine kriminelle Vereinigung, die 60 verschiedene Nationalitäten in ihrem Netzwerk vereinigte. Die Befehle wurden online erteilt.

Menschenhandel und Menschenschmuggel in Europa werden auf einen Jahresumsatz von rund 15 Milliarden Euro geschätzt, wobei hier Umsatz oft gleichbedeutend ist mit Gewinn. Kleinere nationale Banden finanzieren damit Statussymbole wie Luxuslimousinen und protzige Villen. Das mittlere OK-Management kauft Nachtklubs, Bordelle und Fitnesscenter.

Doch »Multis« denken langfristiger. Zunächst wird Schwarzgeld gewaschen, bevorzugt in den Vereinigten Arabischen Emiraten oder in Dubai, und anschließend in seriösen Firmen investiert. In der polizeilichen Terminologie sind das *Legal Business Structures* (LBS), gemanagt von *Organised Crime Groups* (OCGs). Erwartungen, dass die Weltwirtschaftskrise auch die Märkte der Kriminellen erschüttern würde, erfüllten sich nicht wie erhofft. Die OK-Gruppen setzten einfach andere Prioritäten. Statt teurer Designerdrogen schmuggelten sie eben nachgemachte Designerklamotten, Parfüms, Medikamente.

Die Ware Mensch erzielte bei geringem Risiko den größten Gewinn. Skrupellose Händler des Todes schleusen Flüchtlinge aus Nordafrika übers Mittelmeer nach Europa. Dabei erreichen Tausende das Ziel nie. Weil die Schiffe untergehen oder weil die Illegalen von den Schleusern bei Gefahr einfach über Bord geworfen werden. Geschmuggelt von einem Land ins andere, von einem Kontinent auf den anderen, werden Immigranten in möglichst großen Gruppen, weil in Anbetracht des Risikos beim Transport – Sturm, Wellen, Küstenwachen – die Schleuser andernfalls nicht auf ihre Kosten kommen. Bereits eine durchschnittliche Bootsladung von ungefähr 150 afrikanischen Immigranten bringt Schmugglern einen Erlös von 150 000 bis 200 000 Euro.

Dafür wird alles riskiert: je voller das Boot, desto mehr Einnahmen. Was aus der Fracht wird, falls es gelingt, sie an Stränden von Italien oder Spanien abzusetzen, ist den Transporteuren egal. Sobald sie angekommen ist, haben die Schmuggler ihren Vertrag erfüllt. Die Flüchtlinge zahlen für den Schmuggel in ein bestimmtes Land – doch wie sie sich dann wohin durchschlagen, ist allein ihr Problem.

Nach der Revolution in Libyen haben Schlepperbanden an der Küste neue Stützpunkte aufgebaut. Die nächtliche Überfahrt zur italienischen Insel Lampedusa, die, zwischen Tunesien und Sizilien gelegen, nur rund 130 Kilometer vom afrikanischen Festland entfernt ist, kostet seitdem pro Kopf nur noch 1000 statt 1500 Euro. Familien bekommen ein Pauschalangebot je nach Anzahl ihrer Kinder. Wenn mal wieder, üblicherweise kaum beachtet von den Medien außerhalb Italiens, einer der Seelenverkäufer auf der Überfahrt von Afrika nach Europa mitsamt der menschlichen Ware untergeht, ist schließlich nichts weiter verloren als außereuropäische Menschenleben. Und von denen gibt es in Afrika noch Millionen.

Im Mittelmeer, ertrunken wie einst ihre Ahnen, die afrikanischen Sklaven, dürften zwischen Nordafrika und den Küsten Italiens in den letzten drei Jahrzehnten ungefähr zwanzigtausend Menschen gestorben sein. Da sie vor Reiseantritt bezahlen mussten, haben Schleuser, die sich bei Gefahr und Not auf sichere und schnelle Boote retten, keinen materiellen Verlust erlitten. Das Leid ihrer Opfer ist nicht mehr als ein Kollateralschaden.

Dass Papst Franziskus sie ehrte, zum Gedenken an die Namenlosen von einem Boot aus einen Blumenkranz ins Meer warf, für sie unter freiem Himmel betete und in seiner Predigt die Mitleidlosigkeit der reichen Länder und die Skrupellosigkeit der Schleuser anprangerte, ehrt ihn. Auch jene, die nicht – oder nicht mehr – an Gott glauben oder glauben können, hatte er im Namen Gottes für einen Moment lang glauben lassen, dass vielleicht doch am Ende aller Tage beim Jüngsten Gericht abgerechnet wird.

Hoffentlich.

Denn beim bisher größten Unglück, das Bootsflüchtlinge im Mittelmeer traf, ertranken im Oktober 2013 keine zwei Kilometer vor Lampedusa mehr als 350 Flüchtlinge; nur 150 überlebten. Die Schleuser hatten sie in Somalia und Eritrea akquiriert und in Containern durch die Wüste nach Tripolis und Misurata transportiert. Bis ausreichend Menschen für eine Ladung zusammengekommen waren – denn nur dann lohnte sich angesichts des Risikos das Geschäft –, wurden sie eingesperrt, zur Sklavenarbeit auf Baustellen gezwungen, verprügelt und missbraucht. Schließlich aufs Boot getrieben. Fünfhundert Illegale mussten auf dem Schiff zwei Tage lang stehen, zum Sitzen reichte der Platz nicht, es gab nichts zu essen und zu trinken außer einer Fünf-Liter-Flasche Wasser, die man sich zu dritt teilen musste.

Kurz vor der Insel geriet der Seelenverkäufer in Seenot. Aus Angst, in der Dunkelheit nicht entdeckt zu werden – einer Dunkelheit, die kurz zuvor noch ihre einzige Chance gewesen war, unentdeckt das rettende Ufer zu erreichen –, zündeten sie als SOS-Signal eine Decke an. Deren Flammen griffen über auf Führerhaus und Benzinfässer. Das Schiff stand im Nu in Flammen und versank. Wie viele Menschen genau ertranken – Frauen, Männer, Kinder, Babys –, wird man nie erfahren. Passagierlisten gibt es nicht in dem Geschäft. Viele wurden tot geborgen, aber viele Leichen behielt das Meer für immer.

So wie schlagartig die Bedingungen für die Zwangsarbeiter in Katar die Öffentlichkeit aufschreckten und die FIFA als Mitschuldiger angeprangert wurde, so wurde auch hier nach den eigentlich Schuldigen gesucht, sobald der erste Schock über die hohe Zahl an Opfern verebbt war. Hauptschuldige im Sinne des Gesetzes sind die Schleuser. Richtig.

Der damalige deutsche Innenminister beeilte sich, reflexartig schärfere Maßnahmen gegen Schlepper und eine noch stärkere Bekämpfung ausbeuterischer Schleusungskriminalität zu fordern. Denn diese Verbrecher seien es, die Menschen mit falschen Versprechungen in Lebensgefahr brächten und oftmals in den Tod führten. Was die eigentlich bräuchten, seien »stabile politische Verhältnisse und wirtschaftliche Perspektiven in ihrer Heimat«. Auch richtig.

Doch nur dann, wenn Europa aufgrund des Elends und der Gewalt in Somalia und Eritrea seine Sicherheitsschleusen durchlässiger machte, wären kriminelle Schleuser arbeitslos. Angeprangert wurde deshalb auch die gesamteuropäische Flüchtlingspolitik, die indirekt immer wieder eine Tragödie wie jene vor Lampedusa befördere. Wie groß muss das Elend in den Ursprungsländern der Menschen sein, wenn sie in Kauf nehmen, auf dem Weg in ein besseres Leben zu sterben, fragte anklagend Papst Franziskus in seiner Trauerpredigt.

Mitschuldig sind auch Regierungen, egal welcher Couleur, egal wo in Europa. Als Antwort auf eine solche Frage, die in ähnlicher Form schon oft gestellt worden war, ist ihnen nur als

Lösung eingefallen, die Zugbrücken zur Festung Europa immer höher zu ziehen und alle Tore bewachen zu lassen.

Abgeordnete der *Vereinigten Europäischen Linken* im Europaparlament schalteten nach der von Menschen verursachten Tragödie halbseitige Anzeigen in vielen Zeitungen und klagten »Zum Tode von 19 000 Bootsflüchtlingen 1988–2013« die politische Konkurrenz an: »Wir gedenken der Tausenden Frauen, Kinder und Männer, die vor den Toren Europas ihr Leben verloren, und trauern mit deren Familien. In den vergangenen 25 Jahren starben schätzungsweise 19 000 Menschen auf der Flucht nach Europa. Wir fordern die Regierungen der EU auf, ihre systematischen Menschenrechtsverletzungen im Rahmen ihrer europäischen Asyl- und Flüchtlingspolitik der militarisierten Abschottung, der Entrechtung und Kriminalisierung von Menschen umgehend zu beenden. Frontex muss abgeschafft werden. Abschiebungen müssen gestoppt werden. Wir fordern offene Grenzen für Menschen in Not.«

Offene Grenzen für Menschen in Not und keine offenen Grenzen für alle, die an deren Not verdienen – eine wünschenswert schöne Welt! Zu befürchten aber ist aufgrund vieler entsprechender Erfahrungen, dass selbst dann, wenn Politiker Menschen in Not mit bestem Willen ins Land einreisen ließen – so wie es Kanzlerin Angela Merkel beispielhaft tat –, es der einheimischen Bevölkerung nicht gefiele und sie anbrüllte gegen das Fremde vor ihrer Haustür. Not gebe es, lautet die Parole der dann das Volk vertretenden Populisten, von Pegida, AfD und CSU auch bei uns, und nur diese Not gehe uns etwas an, die der anderen eben nicht. Nicht nur in Deutschland wächst Widerstand vor Ort und bricht sich immer wieder Bahn in gewalttätigen Ausschreitungen und in Attacken gegen Menschen anderer Herkunft.

Rasse, Hautfarbe, Herkunft sind den Schleusern egal. Wer

für ihre Dienste bezahlen kann, wird genommen. Die Finanzkrise in Europa hat ihre Geschäfte nicht beeinträchtigt. Denn als die Arbeitslosigkeit in scheinbar blühenden Ländern wie Griechenland, Portugal, Spanien, Italien wuchs, stieg sie entsprechend auch in den armen Ländern Osteuropas. Der Abstand zwischen Armut und Wohlstand bleibt deshalb gleich groß. Also strahlt der Leuchtturm EU ungebrochen hell. Die Renditen bleiben zweistellig hoch, sowohl beim Schmuggel als auch beim Handel.

Mehr noch: Männer und Frauen waren im Einkauf so günstig wie noch nie zuvor. Die Märkte, auf denen sie angeboten wurden, ähneln denen aus vergangenen Zeiten. Den Sklavenmärkten. Das ist neu in Europa – bisher war das nur aus sogenannten Dritte-Welt-Ländern bekannt. Seit Abschaffung des Sklavenhandels hat sich auf denen nur äußerlich etwas geändert. Männer werden nicht mehr gefesselt oder gebrandmarkt oder gar kastriert, aber im Rahmen gültiger Gesetze auf Baustellen und Feldern gehalten wie Leibeigene. Frauen und Mädchen werden zu Dienstleistungen in Haushalt oder Harem in arabische Länder verkauft, Kinder zur Arbeit gezwungen in Steinbrüchen, Bergwerken, Textilfabriken. Gezwungen wegen der Notlagen ihrer Familien, weshalb sie vom achten Lebensjahr an schuften fürs tägliche Überleben. Oder zur Arbeit gezwungen durch örtliche Mafiosi, die sie ihren Eltern abgekauft haben und fortan für ihre Zwecke einsetzen.

In Sweatshops und Privathaushalten werden Kinder geknechtet, ohne Chance auf Zukunft, oder im Internet live missbraucht und vorgeführt für die Internationale der Pädokriminellen. Die zahlen online per Klick. Daran verdient die OK-Firma Millionen und fischt nebenbei die Daten der Kreditkarten ab, mit denen für Kinderpornografie bezahlt wurde. Anzeigen der Betroffenen sind nicht zu erwarten.

Laut UNICEF sind »etwa 168 Millionen Minderjährige« von Kinderarbeit betroffen, aber immerhin sei das im Vergleich zu 268 Millionen dreizehn Jahre zuvor ein Rückgang von über 35 Prozent. Bei dieser Schreckenszahl fiel mir der UNODC-Experte in Wien ein, der auf die Frage, wie er aushalten könne, dass hinter den Daten über Menschenhandel immer konkrete Einzelschicksale stehen würden, nach langem Zögern antwortete: »Wenn wir nicht mehr an die Macht kleiner Schritte glauben, um etwas zu verändern, ja, wer denn dann?«

Zwei Drittel des Menschenhandels betreffen Frauen und Mädchen. Grundsätzlich entsprechen die Methoden der Kriminellen gegenüber diesen denjenigen, die sie auch bei Zwangsarbeit anwenden, nur entfällt bei Letzterem das bei der Zwangsprostitution eingesetzte Mittel der Vergewaltigung. Es gibt andere, brutal wirksame Möglichkeiten. Gewalt auszuüben wäre außerdem schädlich. Die Opfer müssen im Vollbesitz ihrer Kräfte sein, um Mehrwert zu erzielen für die Händler. Diese nutzen die Zwangslage der Männer aus, die in ihren Ländern keine Arbeit finden, aber alles tun müssen und würden, um ihre Familien zu ernähren. Sie mit Angeboten für Jobs in Pull-Ländern in die Ferne zu locken ist also das geeignetere Mittel zum Zweck.

Organisiert wird das Geschäft, um nicht die Gesetze eines Ziellandes zu verletzen, in denen Rechte für Arbeiter festgeschrieben und Verstöße strafbar sind, mit Subunternehmern im Ursprungsland. Die vermitteln Arbeitswillige an einen ähnlich dubiosen Partner in Westeuropa und verlangen das Doppelte davon, was sie denen bei der Rekrutierung versprochen haben. Auch der Westeuropäer will verdienen und bietet die Arbeiter mit Werksverträgen, in denen der verabredete Verdienst angemessen erscheint, einer der Firmen an, die Muskelkraft suchen. Was die Endabnehmer wiederum überweisen, ist immer noch viel weniger als das, was sie auf dem legalen Arbeitsmarkt bezahlen müssten, aber für den Anbieter bereits ein fettes Geschäft.

Denn ihren Lohn bekommen Arbeiter aus Rumänien, Bulgarien, Litauen oder Lettland zwar im Westen ausbezahlt, aber der beträgt inzwischen nur noch ein Drittel der vertraglich abgemachten Summe. Den Hauptanteil haben die Zwischenhändler kassiert. Es verbleibt bestenfalls, wenn denn überhaupt etwas bleibt und nicht alles verrechnet wird mit den Schulden für falsche Papiere, Transport, Aufenthalt, ein Lohn von ein paar hundert Euro. Selbst davon kann die Familie in der Heimat leben.

Die gängigen Methoden der Ausbeutung dürften von Land zu Land unterschiedlich sein. Landarbeiter in Spanien und in Portugal sind schlechter dran als illegale Tagelöhner in Frankreich, denen zumindest von den Bauern ein festes Haus zur Verfügung gestellt wird statt einer Hütte ohne Strom und fließend Wasser. Einige Mittel aber sind überall und immer gleich: Pässe werden nach der Ankunft einbehalten vom Vermittler. Er hat auch die Arbeitserlaubnis gefälscht. Über ihn laufen alle Verträge mit den Arbeitgebern. Er bestimmt, wer welchen Stundenlohn bekommt.

Oder auch gar keinen Lohn, was ihn nicht stört, denn wer sollte ihn vor einem Arbeitsgericht verklagen im sicheren Wissen, anschließend nicht nur zurückgeschickt zu werden ins Ursprungsland, sondern auch jederzeit mit repressiven Maßnahmen der von ihm Beklagten rechnen zu müssen? Mal abgesehen davon, dass die fremden Arbeiter weder die Sprache des Landes sprechen, in dem sie eingesetzt werden, noch wissen, wohin sie sich wenden sollten, um Hilfe zu erbitten.

Der Hamburger Sozialarbeiter Andreas Stasiewicz, gebürtiger Pole, ist einer, der sich um die Arbeitsmigranten kümmert und versucht, soweit das in seinen Möglichkeiten steht, ihnen zu helfen. Er schätzt für Deutschland die Zahl der in Schlachthöfen, auf Großbaustellen, in der Landwirtschaft, in der Gastronomie, in Reinigungsfirmen oder in der Altenpflege arbeitenden Männer und Frauen, vorrangig aus Rumänien, Bulgarien, Ungarn und Polen, auf etwa 180 000. Den meisten von ihnen bleiben von dem ausbezahlten Lohn wegen der Provisionen für Vermittler und Subunternehmer Stundenlöhne von höchstens fünf, meist aber nur drei Euro.

Wer sich über Dumpinglöhne beschwert, wird entweder entlassen, leibhaftig verprügelt vor Ort oder erpresst mit handfesten Drohungen. In denen geht es konkret um Leib und Leben der zurückgebliebenen Familienangehörigen. Die Arbeitsvermittler, Subunternehmer, Tarnfirmen, die am Beginn der kriminellen Menschenhandelskette stehen und in irgendeinem von Gott längst dem Teufel überlassenen Ort in Osteuropa residieren, haben ebenfalls, wie ihre Kumpane von der Abteilung Frauenhandel, *Violent Specialists* unter Vertrag. Meist genügt es, dass den Vätern, Brüdern, Ehemännern in Deutschland, Frankreich, England, Holland oder Österreich die alltäglichen Wege ihrer Kinder, Schwestern, Frauen in Rumänien, Bulgarien, Russland beschrieben werden, dass man ihnen deren Fotos auf Handys zeigt, nicht ohne zu erwähnen, wie leicht doch ein Auto die Kontrolle verlieren und sie überfahren könne.

Kleine Inseln des Wohlstands wie Liechtenstein oder Luxemburg spielen im Menschenschmuggel keine wesentliche Rolle. Dort können illegale Einwanderer nicht einfach untertauchen wie in den Metropolen der großen Staaten. Sie würden auffallen. Das frühere Zielland Spanien ist seit seiner hausgemachten nationalen Schieflage zum Transitland für die aus Nordafrika eingeschleusten Illegalen auf der Weiterreise in den Westen und Norden Europas geworden. In den Jahren vor der globalen Krise zogen Zehntausende beispielsweise aus der Ukraine, ausgestattet mit Visa und Arbeitserlaubnis, viele der Papiere echt, viele gefälscht, sommers in Europas Süden als Saisonarbeiter in der Landwirtschaft oder im Tourismus.

Was sie in Südeuropa trotz entwürdigender Dumpinglöhne in drei Monaten verdienten, entsprach einem Jahreseinkommen in ihrer Heimat. Wie Moldawien, Bulgarien, Russland, Rumänien, Weißrussland oder Nigeria gehört die Ukraine noch immer zu den Push-Ländern. Das einstige Pull-Land Spanien dagegen ist ein Land geworden, aus dem eine junge gebildete Generation fortzieht, um in Deutschland, Österreich und Skandinavien zu arbeiten.

Weil in der Eurokrise die Chancen gesunken sind, in Europa legal Arbeit zu finden, wachsen die illegalen Geschäfte der kriminellen Organisationen. Die Rezession in den hauptsächlich betroffenen Staaten ist für sie quasi ein staatliches Konjunkturprogramm. Die meisten ihrer Opfer sind zwar Mädchen und Frauen, denn 80 Prozent ihrer Gewinne erzielen sie mit Einnahmen aus sogenannten sexuellen Dienstleistungen.

Aber nach Recherchen der *International Labour Organization* (ILO) hat sich seit 2008 die Zahl der Arbeitssklaven in Europa verdoppelt. Genaue Statistiken aus den Dunkelfeldern liegen auch hier nicht vor, aber nach ILO-Schätzungen dürften es ungefähr 600 000 Männer sein. In Paris sollen gar 100 000 Chinesen wie in einer Parallelgesellschaft arbeiten und leben – und vor allem schweigen darüber, auf welchen Routen und mit wessen Hilfe sie nach Frankreich gelangt sind. Die Zahl ist nicht nachprüfbar; deshalb bleibt auch unbekannt, wie viele davon Männer sind und wie viele Frauen.

Doch dass diesen Menschenhandel chinesische Triaden steuern, bezweifelt niemand. Ohne die brüderliche Hilfe kriminell Gleichgesinnter aus Italien, Albanien, der Türkei, dem

Balkan hätten sie den auf dem fremdem Terrain Europa nicht so erfolgreich organisieren können. Als Gegenleistung liefern sie Rauschgift. Ein Bartergeschäft. Um Transportkosten zu sparen und das Risiko zu mindern, bringen Arbeiter auf dem Weg in die Sweatshops der Textilindustrie nach Italien oder in die Küchen der Gastronomie nach Paris gelegentlich Drogen mit. Statt, wie im Handel mit Südamerika üblich, eine große Ladung Heroin oder Kokain im Frachtraum eines Schiffes versteckt hinter unverdächtigen Waren zu transportieren, wird die Last verteilt auf viele Chinesen mit vielen kleinen Päckchen, die sie am oder im Leib tragen.

Angesichts solcher Dimensionen gleicht jede noch so erfolgreiche Razzia, jede Ausweisung von Illegalen einer Träne im Ozean. Außerdem ist sie budgetsprengend teuer, was die Bereitschaft zuständiger Behördenchefs, aufwendige, langwierige Ermittlungen zu genehmigen, dämpft. Schnelle, von der öffentlichen Meinung registrierte Erfolge, etwa in Form von Erfolgsstatistiken, gibt es in den anderen klassischen Dunkelfeldern der Kriminalität. Aufgeklärte Morde. Verhaftete Einbrecherbanden. Beschlagnahmtes Falschgeld.

Weil Pässe und Visa anreisender Arbeiter perfekt gefälscht sind, hergestellt in modernsten Werkstätten von teuren Spezialisten, ist Kontrolle nach purem Augenschein vergeblich. Solche geheimen Labors der Fälscher zu ermitteln und dichtzumachen und somit den Schleusern ihr Rüstzeug zu entziehen wäre ein einleuchtendes Vorgehen. Eine kluge Vorbeugungsmaßnahme. Das wissen die Drahtzieher auch. Also kaufen sie stattdessen dank ihrer guten Verbindungen zu Behörden im Ursprungsland echte Dokumente, in denen nur noch das Foto ausgetauscht werden muss.

Wie in diesem Fall: Gelockt worden waren die Männer mit einer im Vergleich zu den Bedingungen in ihrem osteuropäischen Heimatland gut bezahlten Arbeit in England. Die nötigen Dokumente, so wurde ihnen bei der Anwerbung versichert, hätten Arbeitsvermittler legal besorgt. Unterwegs Richtung Zukunft, bei einer Zwischenstation in Italien, nahmen diese ihnen die Pässe ab und gaben ihnen Ausweise mit einem gültigen, aber perfekt gefälschten Visum So reisten sie problemlos ein. Vom Flughafen wurden sie direkt in eine Fabrik transportiert, die Düngemittel herstellte. Irgendwelche Arbeitsschutzbestimmungen, wie zum Beispiel Mundschutz gegen chemische Dämpfe, gab es nicht.

Als sie feststellten, dass es sich um illegale Tätigkeiten handelte, dass sie keineswegs legal im Land arbeiten durften, meuterten einige Mutige. Sie wurden vor den Augen der anderen zusammengeschlagen. Künftig wehrte sich keiner mehr. Ihre Schulden bei der Schleuserbande mussten sie abarbeiten, sieben Tage pro Woche, ein Jahr lang. In der Zeit bekamen sie Kost und Logis, aber keinen Lohn. Die Sklavenhalter, getarnt als Subunternehmer, kassierten den direkt von den Fabrikbesitzern und überwiesen alles mithilfe des Hawala-Systems an den Bandenchef in Rumänien.

Als die britische Polizei die Unterkünfte stürmte, weil sie einen anonymen Tipp von misstrauisch gewordenen Nachbarn bekommen hatte, waren die Schleuser bereits über alle Berge, auf einem Schnellboot geflüchtet.

Wenigstens kamen die Arbeitssklaven mit dem Leben davon.

Die renommierte deutsche Meyer Werft in Papenburg, Erbauer von weltweit begehrten Kreuzfahrtschiffen, auf denen, sobald sie auf die Reise in die Sonne gehen, zu Dumpinglöhnen Besatzungen aus der Ukraine, aus Russland, aus Polen oder noch günstiger aus Indonesien oder von den Philippinen angeheuert werden, beschäftigte für Schweiß- und Schneidarbeiten an den im Dock liegenden Kreuzfahrtschiffen je nach

Auftragslage zwischen 120 und 700 Arbeiter aus Rumänien und Bulgarien. Vermittelt worden waren die vom Subunternehmer SDS im nahegelegenen Emden. An den überwiesen die Lohnbuchhalter der Werft je nach Arbeitsaufwand Bruttostundenlöhne zwischen 20 und 35 Euro. Ein für alle Beteiligten offenbar gutes Geschäft. Deutsche Facharbeiter, fest angestellt, hätten monatlich etwa 3000 Euro verdient und selbstverständlich einen gesetzlichen Anspruch gehabt auf geregelte Arbeitszeiten, auf Lohnfortzahlung im Krankheitsfall, auf Zuschuss zur Kranken- und Rentenversicherung.

Das alles entfiel bei den auf Zeit beschäftigten Osteuropäern. Aber auch für die schien der Job ein gutes Einkommen zu bedeuten, denn der durchschnittliche Monatslohn in ihrer Heimat – falls es da überhaupt Arbeit geben sollte – beträgt umgerechnet 170 Euro.

Wie es in Wirklichkeit ablief, kam erst heraus, als eines Tages der Busfahrer aus Papenburg rumänische Schichtarbeiter zum Einsatz auf der Werft abholen wollte. Ihre Unterkunft stand in Flammen. Die alarmierte Feuerwehr rückte zwar sofort an, konnte den Brand auch schnell löschen, aber für zwei Arbeiter kam jede Hilfe zu spät. Sie waren verbrannt. Erstickt im Rauch. Ein tragisches Unglück, offenbar ausgelöst durch einen Kurzschluss.

So etwas kann überall passieren.

Oder etwa nicht?

Bei den Untersuchungen der Brandpolizei stellte sich heraus, dass in dem Gebäude Zustände geherrscht haben mussten, die denen auf Sklavenschiffen des 19. Jahrhunderts glichen. Für die insgesamt 200 Quadratmeter Wohnfläche waren 38 Männer angemeldet worden. Was bedeutete: pro Mensch 5,3 Quadratmeter oder dreizehn Betten pro Schlafzimmer in dem mal für eine fünfköpfige Familie erbauten Rotklinkerhaus. Die Kriminalpolizei begann mit ihren Ermittlungen. Zunächst beim eigentlichen Arbeitgeber, dem Subunternehmer SDS in Emden. Der hatte zwar die Unterkunft angemietet, aber den von der Meyer Werft überwiesenen Lohn abzüglich eigener Provision und abzüglich hoher Miete an einen weiteren Subunternehmer mit Sitz am Schwarzen Meer transferiert, die Firma Bordo Mavi in Constanţa.

Der behielt einen Löwenanteil der ursprünglich überwiesenen Löhne für sich. Bei denen, die in seinem Auftrag schufteten, landete am Ende ein Stundenlohn von knapp drei Euro netto. Zwar hatte niemand die Männer zur Arbeit gezwungen, man kann also streng genommen nicht von Zwangsarbeit sprechen. Aber dass es »einen Sumpf von mafiösen Subunternehmen gibt, der endlich ausgetrocknet werden muss«, wie es in einer Erklärung der katholischen Kirche heißt, bezweifelt gleichfalls niemand.

Dass sich OK-Vereinigungen in bestehende Strukturen halbwegs legaler Unternehmer einkaufen, wodurch sie nebenbei ihr mit Drogen oder gefälschten Arzneimitteln verdientes Schwarzgeld weißwaschen können, ist längst Usus im kriminellen Menschenhandel der Zwangsarbeit. Die Abläufe dieser Methode, erklärt mir der italienische Kriminologe von UNODC, werden sowohl im Pull- als auch im Push-Land von Landsleuten gemanagt und seien für sie, die sie in Wien alle Fälle sammeln und analysieren, nicht durchschaubar. Er meint regionale Subunternehmer und national agierende Banden. Dass beide häufig gedeckt werden von offiziellen staatlichen Stellen, die ebenfalls mitverdienen, mache Ermittlungen nahezu unmöglich.

Und viele Rückkehrer aus dem Ausland, ausgebeutet in den Jahren dort, hätten das Geschäftsmodell inzwischen insofern begriffen, als sie jetzt selbst im Netzwerk mitmachen und anderen das antun, was ihnen angetan wurde. Nach wie vor gelte zwar die Methode *Follow the Money* – Folge der Spur des Geldes –, aber wenn es schlichtweg keine gibt, weil alle Geschäfte in dem Land abgewickelt werden, in dem die Händler zu Hause sind, ja, was solle man denn ohne Fakten in den Analysen vorschlagen? Die Spur des Geldes ende häufig auch bei einem über jeden Zweifel erhabenen Buchhalter und damit in einer Sackgasse.

Höre ich Resignation in seiner Stimme? Natürlich nicht, sagt er. Manchmal dauere es eben länger.

Für zusätzliche Motivation der Abteilung UNODC wäre es allerdings hilfreich, wenn eine Zauberfee in Gestalt der Mutter UNO für ihre Tochter ein höheres Budget beschließen, weitere Experten anstellen, die Kooperation zwischen den einzelnen Ländern verbessern und das Vermögen der Kriminellen beschlagnahmen würde. In seiner Heimat sei das nach Einsätzen gegen Mafiabosse selbstverständlich und würde allseits begrüßt. Außer von den Betroffenen, denn die müssten beweisen, das Geld legal erworben zu haben, und nicht etwa die Justiz, dass es aus illegalen Geschäften stammt.

Seine Kollegin unterbricht ihn. Aber nur, weil sie all dem, was er sagt, voller Überzeugung zustimmen möchte. Die Juristin hat jahrelang in einer Hilfsorganisation Opfer bei Asylverfahren vertreten und versucht, für sie wenigstens eine befristete Aufenthaltserlaubnis auszuhandeln im Gegenzug dafür, dass sie Namen, Routen, Methoden der Händler nannten. Was manchmal gelang, manchmal nicht. Seit sie für die Vereinten Nationen arbeitet, baut sie auf Kooperation von NGOs und staatlichen Stellen. Gemeinsame Taktik ist die beste Waffe gegen die Verbrecher. Das gilt in Europa, das gilt weltweit.

Deshalb haben sie ein *UNODC Model Law against Trafficking in Human Beings* entwickelt. Darin steht Grundsätzliches, und es ist, in nationale Gesetze gegossen, überall auf der Welt anwendbar. Erstens aufgrund der Aufzählung unterschiedlicher strafbarer Methoden des Menschenhandels mit Frauen, Männern, Kindern. Zweitens wegen der darin gegebenen taktischen Hinweise für die Polizeibehörden, erstellt auf der Basis erfolgreicher Razzien in Europa, und drittens aufgrund der Empfehlungen für den Umgang mit Opfern durch begleitende Maßnahmen wie Zeugenschutz, Hilfe bei Asylanträgen, Sprachkurse.

Gegen Menschenhändler einer ganz speziell kriminellen Art, die motiviert sind durch eine Ideologie, hilft kein Gesetz, keine Strategie, keine Taktik – gemeint sind Terroristen. Um seine Truppen und Anschläge zu finanzieren, handelte der algerische Islamist Mokhtar Belmokhtar, der wegen einer im Krieg der Mudschaheddin gegen die Russen in Afghanistan erlittenen Verwundung »Der Einäugige« genannt wird, mit Zigaretten, Drogen und Menschen. Er nutzte die traditionelle Route der Tuaregs, auf der sie einst von der Westküste Afrikas Salz, Gold und Seide an die Küsten Nordafrikas transportiert hatten, von wo aus die Schiffe übers Mittelmehr zu den Endabnehmern gesegelt waren. Viele von denen, die vor Lampedusa ertranken, wurden ebenfalls über die Tuareg-Route, aber in Containern durch die Wüste nach Libyen transportiert.

Belmokhtar nutzte das Lösegeld, das er für die Freilassung von 32 entführten europäischen Touristen und Ärzten 2003 bekommen hatte, um ein kriminelles Handelsunternehmen zu gründen. Er verdiente Millionen. Nachdem der Anführer von AQIM, wie die islamistische Dependance von Al Qaida in Mali genannt wird (Al Qaida in the Islamic Maghreb) eine algerische Raffinerie überfallen und 38 Arbeiter, unter ihnen sechs Engländer, hingerichtet hatte, wurden fünf Millionen Dollar auf seinen Kopf ausgeschrieben. Er starb beim Angriff französischer Fallschirmjäger auf eine islamistische Hochburg in Mali. In der Hölle wurde er erwartet. Sein Geschäftsmodell aber lebt. Es gibt noch viele Händler des Todes.

Godot muss mich nicht zur Schleuse zurückbringen. Wer rausgeht zum nächsten Dunkelfeld, hat freies Geleit.

KAPITEL 6

Organhandel:
Wie Armut ausgeschlachtet wird

Sobald er über jeden Verdacht erhabene Zahlen zitiert, wechselt er von Moll zu Dur. Dann hört sich seine Stimme anders an, so, als hätte Rob Wainwright mitten im Satz die Tonart geändert. Konkrete Zahlen bedeuten Sicherheit, sie sind, um im Bild zu bleiben, die Noten in Dur. Als EUROPOL-Direktor aber muss er sich oft auf Dunkelziffern stützen. Das sind Noten in Moll.

Denn von Unternehmen der organisierten Kriminalität werden weder Bilanzen veröffentlicht, noch Körperschaftssteuern bezahlt, weshalb nur eines ganz sicher ist: dass man Sicheres nicht weiß. Das trifft zwar auf viele Dunkelfelder des Verbrechens zu, aber manche Hochrechnungen kommen der Realität näher als andere und lassen sich immer dann überprüfen, wenn am Ende eines Jahres die Polizeiliche Kriminalstatistik, Standard in demokratischen Ländern, verglichen wird mit den Prognosen aus dem Lagebild des Vorjahres. Statistiken vom Bundeskriminalamt wie von EUROPOL, von Scotland Yard wie von der Bundespolizei benutzen Schaubilder und Charts, die auf ermittelten Verbrechen, verurteilten Tätern und befreiten Opfern basieren. Nur Fakten werden gezählt.

Im Menschenschmuggel und im Menschenhandel bleibt zwangsläufig vieles im Dunkeln. Lagebilder über Täter und

Opfer beruhen oft nur auf Einschätzungen erfahrener Ermittler. Auch in den Dunkelfeldern Zwangsprostitution und Zwangsarbeit gelten deren Hochrechnungen. Aber freiwillige Verpflichtungen für Dienstleistungen im Bordell oder in Privathaushalten, in der fleischverarbeitenden Industrie oder in der Landwirtschaft müssten gleichfalls mitgezählt werden. Denn die Ausbeutung durch Dumpinglöhne ist in der Wirklichkeit nicht nur ein moralisches Vergehen, sondern wegen der brutalen Einschüchterungsmethoden auch eine Straftat.

Vor allem über den Handel mit Kindern und Organen und Dienstboten gibt es eher Schreckensgeschichten aus den Herzen der Finsternis als belastbare Zahlen. Manche von ihnen gehören seit Jahren, weitererzählt an nachgeborene neue Gläubige, zu den *Urban Legends*, den modernen Legenden unserer Metropolen, wie jene Gruselschocker genannt werden, für die letztlich handfeste Beweise fehlen: Albinokrokodile, die im New Yorker Untergrund leben und Obdachlose fressen, Nester von giftigen Spinnen in Billigperücken aus Asien, ein Skelett einer Frau im Lift des belgischen Strandhotels, das seit Monaten geschlossen hatte.

Manche aber sind leider wahr.

In der Tat werden Kinder entführt, verschleppt, verkauft. Zweifellos ist der Handel mit Organen ein Milliarden-Dollar-Business. Tatsächlich werden Menschen als Haussklaven gehalten. Aber wie hoch ist die Dunkelziffer, und wo sind die Dunkelfelder so nachtfinster, dass nichts zu erkennen ist, und wer kann mehr darüber sagen als das, was man eh vom Hörensagen weiß?

Berichte aus Pakistan und Afghanistan, wonach gekidnappte Kinder bei Anschlägen der Taliban als lebende Bombe benutzt wurden, sind von den Terroristen stets als Erfindung böswilliger westlicher Medien bezeichnet worden. Bis der afghanische

Präsident Karzai indirekt die Meldungen bestätigte. Man habe, sagte er, einige Kinder befreien können, bevor sie als Selbstmordattentäter auf Märkten oder in Moscheen in die Luft geflogen wären. Entweder ferngesteuert über einen Zünder oder selbsttätig, weil sie den Versprechen der Islamisten geglaubt hatten, dass sie ins Paradies aufsteigen würden, wenn sie ein Kabel mit dem umgeschnallten Sprengstoff verbinden und dann auf einen roten Knopf drücken.

Sobald es um Kinder geht, die gehandelt, benutzt, geschändet, ausgeschlachtet oder gar buchstäblich gesprengt werden, ist bei meinen Gesprächspartnern neben der Verzweiflung über die ermittelte Realität auch eine gnadenlose Lust auf Rache an den Tätern spürbar. Die ich teile, obwohl ich weiß – so wie es jene wissen, die mir davon berichten –, dass es auf Erden keine gerechten Strafen gibt, sondern das Recht gelten muss.

Eine Polizistin gibt mir die englische Übersetzung der Aussage eines zehnjährigen Jungen aus dem Land, das an ihre Heimat Ungarn grenzt. Er war von seinem Vater an Menschenhändler verkauft worden. Die suchten im Dorf vorrangig Mädchen in der Pubertät. Ebenfalls noch Kinder. Denn für Jungfrauen konnten sie auf dem Balkan, in der Türkei oder den Golfstaaten Höchstpreise verlangen. Was aus den gewalttätig Entjungferten wurde, in welchem Bordell in welchem Land sie mal enden würden, war ihnen egal. Nur am ersten Weiterverkauf würden sie noch einmal verdienen.

Den Zehnjährigen und ein Dutzend anderer Jungen aus Nachbarorten transportierten die Einkäufer über die grüne Grenze in eine Stadt, in der sie als Bettler ausgebeutet, zu Taschendieben ausgebildet und schließlich als Einbrecher ausgesetzt wurden. Kinder wie sie schaffen es, trotz vergitterter Fenster zwischen den Stäben hindurch in ein Haus zu schlüpfen und dann den draußen wartenden Kleinkriminellen die

Tür von innen zu öffnen. Die kleinen Kriminellen wurden für ihre Einsätze mit festen Schlafplätzen in einem Abbruchhaus belohnt. Bettelkinder schliefen unter einer Brücke, und wenn sie nicht genug ablieferten, gab es Prügel statt Brot.

Wenn Rob Wainwright von denen spricht, die ihm zuwider sind, beugt er sich vor, als würde er ihnen im nächsten Moment Handschellen anlegen können. Die Melodie seiner Sprache verliert den Klang ihrer walisischen Heimat. Feine Unterschiede zum Oxford-Englisch, das in den oberen Rängen von MI 5 und Scotland Yard gebräuchlich ist, hätte ich selbstverständlich nie bemerkt. Der andere Mann am Tisch jedoch, Police Officer Steve Harvey, horcht automatisch auf, wenn Klangfarben plötzlich dunkler werden.

Dieser Reflex, perfektioniert in vielen Verhören seiner Karriere als Detektiv der Londoner *Metropolitan Police*, lässt sich nicht einfach abschalten, nur weil er seit Jahren im kriminalistischen Management statt im ermittelnden Außendienst arbeitet. Gemeinsam mit Experten aus EU-Mitgliedsstaaten hat Harvey, bis Ende 2013 Chef der *Organised Crime Networks Unit*, Abteilung O.8 von EUROPOL zur Bekämpfung von OK-Banden in Südosteuropa und auf dem Balkan, Strategien gegen Menschenhändler entwickelt. Sie werden, je nach aktuellen Lageberichten der Länder, laufend taktisch verbessert und per Update dem neuesten Stand der Überwachungstechnik angepasst.

Heute will Steve Harvey eigentlich nur zuhören. Doch immer dann, wenn hinter Zahlen eine ganz bestimmte Geschichte verborgen ist, ein Fall, den er in genau dem angesprochenen Dunkelfeld aufgeklärt hat, immer dann also, wenn Wainwright die Tonart wechselt, überlässt er anschließend Steve die Antworten auf meine Fragen. Das britische Duo, der eine aus Wales, der andere aus dem Londoner East End, wirkt austrainiert aufeinander eingespielt. Wäre ich einer von denen, die sie jagen lassen, ein Name hinter einer Zahl, würde ich Europa künftig meiden.

Die in Rob Wainwrights veröffentlichtem Lebenslauf erwähnten Stationen – er habe sich nach seinem Studium mit Szenarien möglicher Terroristenattentate, mit Analysen krimineller Organisationen und mit Strategien gegen illegale Einwanderung beschäftigt, bevor er 2006 die internationale Abteilung der *Serious Organised Crime Agency* (SOCA) in London übernahm und drei Jahre später als Nachfolger des Deutschen Max-Peter Ratzel an die Spitze von EUROPOL berufen wurde – lassen Wesentliches in seiner Karriere unerwähnt. Das dürfte kein Versehen sein, sondern Absicht. Seine militärische Ausbildung bei einer Spezialeinheit wie der SAS oder Einsätze wie gegen die IRA-Terroristen sind keiner Rede wert und fallen wahrscheinlich unter das für Staatsbeamte besonderer Art geltende Schweigegebot.

Die London School of Economics beendete er mit dem Diplom Bachelor of Science. Das ist zwar 25 Jahre her. Aber die Theorien, die er damals studiert hat, sind für seine Praxis in Den Haag nützliche Instrumente. Der Law-Enforcement-Manager Rob Wainwright managt Europas Sicherheit, indem er Recht und Ordnung durchsetzt gegen Gesetzesbrecher. Auch das hat er trainiert. Bei SOCA. Seine einstigen Aufgaben dort sind ebenfalls ziemlich vage umschrieben. Er habe eine internationale Abteilung geleitet und über 20 000 Ermittlungen koordiniert, bevor er zu EUROPOL wechselte. Mit der Bezeichnung »internationale Abteilung« ist die Spezialeinheit gemeint, die sich klandestin im Netzwerk internationaler krimineller Organisationen bewegte.

Was er nach Den Haag mitbrachte außer der vom Großvater vererbten moralischen Grundhaltung und dem eigenen

Anspruch, wo immer es machbar sei, bei kleinen oder auch gern mal großen Siegen der Gerechtigkeit mitzuhelfen, waren die Erfahrungen über Methoden, Taktiken und Strategien der organisierten Kriminalität, verbunden mit der im Studium trainierten intellektuellen Fähigkeit zu nüchterner Analyse. Aktuelle Gefahren und künftige Bedrohungen in Europa sind seitdem sein Metier.

Weil er davon mehr versteht als andere, erklärt er immer wieder in demokratischen Hellfeldern wie vor dem Plenum in Brüssel oder bei einem Hearing in Straßburg besorgten EU-Parlamentariern, die das Gespenst eines europäischen Polizeistaats mehr fürchten als die reale Herausforderung durch böse Geister in kriminellen Vereinigungen, dass Europa sich nur dann erfolgreich gegen die wird wehren können, wenn es aufrüstet mit Menschen und Material. Deshalb fordert er mehr Planstellen für EUROPOL und mehr Geld für Technik selbst dann, wenn in den Planungen eher Budgetkürzungen denn Erhöhungen vorgesehen sind.

Denn der Multi organisierte Kriminalität erobert immer neue Märkte, und darauf muss Europa als Einheit reagieren. Bis zum Fall der Mauern und Zäune in Osteuropa war Menschenhandel für regionale Banden nur innerhalb ihres Landes und innerhalb ihrer ethnischen Volksgruppe ein *Inhuman Factor* der Geschäfte. Inzwischen ist es ein Milliardenbusiness. Der Handel mit gefälschten Arzneimitteln und Luxusprodukten bringt einmalig Mehrwert, ebenso der mit Drogen und Waffen, Cyber Crime und Geldwäsche. Eine einmalige Investition in die Ware Mensch aber zahlt sich vielfach aus bei weiteren Verkäufen.

Wainwrights andere Heimat, *Serious Organised Crime Agency*, 4200 Beamte, Jahresetat 490 Millionen Euro, einst bei der Gründung das »FBI von England« genannt, war so geheim, dass

Rechte von Journalisten, die mehr wissen wollten über Aufgaben und Aktionen von SOCA, per Dekret außer Kraft gesetzt wurden. Der *Freedom of Information Act 2000*, wonach eine britische Behörde die Pflicht hat, auf konkrete Fragen konkrete Auskünfte zu geben, widrigenfalls sich Vertreter der vierten Gewalt an den *Complaint Officer* wenden und Beschwerde einlegen könnten, galt nicht für die SOCA.

Da herrschte Secret statt Service, was par ordre des muftis als notwendige taktische Maßnahme angeordnet worden war. Ihre aus geheimen Quellen stammenden Informationen würden die nationale Sicherheit betreffen: »The Freedom of Information Act does not apply to SOCA, and so we are unable to respond to Freedom of Information requests.«

Immerhin wies Agent Richard, der in Wirklichkeit wahrscheinlich ganz anders heißt, aber diesen Namen durfte ich – »Thank you, Sir!« – bei meinen von ihm unbeantwortet gebliebenen Fragen verwenden, in seinen E-Mails zusätzlich darauf hin, dass wegen der anstehenden Neuorganisation der *National Security* unter einem Dach eh niemand Zeit habe für lästige Journalisten. Zumal solche, die noch nicht einmal Untertanen Ihrer Majestät der Queen sind.

Was die Regierung, Arbeitgeber von Richard, der irgendwann mit besten Grüßen abtauchte in den offiziellen Untergrund, allgemein von Pressefreiheit hält, erfuhr man in einem speziellen Fall Monate später, als der Chefredakteur des linksliberalen *Guardian* gezwungen wurde, Festplatten mit Datenmaterial über illegale Abhörpraktiken des britischen Geheimdienstes GCHQ zu zerstören. Die Kopien allerdings lagen längst bei der *New York Times*, und auf die hatte die ehemalige Kolonialmacht Großbritannien keinen Zugriff.

Geheimes zu enthüllen, wobei sich am Ende mitunter herausstellt, dass es Banales war, was die Bedenkenträger aus

Exekutive, Judikative und Legislative für geheim hielten, ist reizvoll für die selbst ernannte vierte Gewalt vor allem dann, wenn es gelingt, an ihrer Bedeutung schwer tragende Wichtigtuer in des Kaisers neuen Kleidern vorzuführen. Klammheimliche Schadenfreude auszulösen verbietet sich jedoch in Fällen, sobald das Thema ernst ist, furchtbar ernst.

Wie zum Beispiel das Thema Menschenhandel.

Die SOCA-Jahresbilanz gibt genau Rechenschaft über Einnahmen und Ausgaben, ist so langweilig wie ausführlich und allenfalls in einem Absatz von Interesse: »This year, SOCA used its criminal and civil powers to deny criminals access to more than £100 million. A further £300 million was denied by partners as a result of SOCA's activity [...]. Total assets denied to criminals £400.5 m[illions].« Dank SOCA sind verschiedenen kriminellen Organisationen also in einem einzigen Jahr fast 500 Millionen Euro entzogen worden, weil ihre Konten gesperrt oder beschlagnahmt wurden.

Ein Modell für Deutschland? Abgesehen vom moralischen Anspruch, den sie haben, müssten tatsächlich zunächst die Opfer entschädigt werden, bevor der Staat zugreift. Im Opferentschädigungsgesetz sind zwar die rechtlichen Voraussetzungen gegeben, um das Vermögen von Kriminellen zu beschlagnahmen und nach einem Schuldspruch am Ende eines Gerichtsverfahrens zu konfiszieren, aber es gelingt einfach selten zu beweisen, dass es aus illegalen Geschäften stammt. Bei denen gibt es weder Rechnungen noch Bankauszüge. Da wird cash gehandelt.

Deutsche Bundespolizisten, die Vermögensentzug bereits bei einem konkreten Verdacht für eine gute Idee halten und mir ihre Fragen mitgeben für meine Begegnungen mit Politikern, sollen von britischen Kollegen nicht besser behandelt worden sein als ich. Bei Visiten zwecks Austausch von Informationen und Ermittlungen hatten ihnen die Gentlemen außer der Kantine und der Tiefgarage eigentlich nichts weiter sonst zeigen wollen. Kann allerdings auch passend erfunden sein für die Rubrik Hearsay, Hörensagen, obwohl es passen würde zu den Pomp-and-Circumstances-Neigungen bei New Scotland Yard.

Richards Verweis auf eine Neuorganisation war nicht einmal gelogen. Am 7. Oktober 2013 starb SOCA. Seitdem kümmert sich eine *National Crime Agency* (NCA) um die kriminellen Organisationen: 1900 Frauen und Männer ermitteln, observieren und fahnden, gleich viele analysieren die Fälle und reichen ihre Erkenntnisse wieder zurück an den Außendienst. Die Schwerpunkte von NCA, ihre Ziele und ihre Methoden unterscheiden sich kaum von denen ihrer Vorgängerin: Drogenhandel, Menschenschmuggel und -handel, Waffenhandel, Betrug, Cyber Crime, Geldwäsche methodisch zu bekämpfen in Zusammenarbeit von Polizei, Zoll, Einwanderungsbehörde weltweit, »to help us do our job and to help them do theirs«, mit dem Ziel, die Kriminellen da zu treffen, wo es sie am meisten trifft, »hitting them where it hurts«, bei ihren Vermögen. Wenn Konten eingefroren werden durch richterlichen Beschluss, wenn Häuser, Autos, Boote, Pferde beschlagnahmt werden, trifft sie das mehr als eine Verurteilung zu ein paar Jahren Gefängnis. Weil sie dann künftig keine Mittel mehr haben, um sich teure Anwälte leisten zu können, die sie raushauen. Weil sie die Gebühren für die Privatschulen ihrer Kinder nicht mehr bezahlen können. Weil sie schlichtweg pleite sind.

Bestimmte Maßnahmen gegen Menschenhandel waren nicht etwa das Ergebnis einer genialen neuen Strategie zur Bekämpfung dieser speziell organisierten Kriminalität, sondern eher notwendige Konsequenz aus einem Versagen – Journalisten würden behaupten: einem Waterloo – der britischen Polizei auf dem Flughafen von Gatwick. Aufgedeckt von der BBC und dem *Evening Standard* im Juni 2006.

Es ging dabei um Versteigerungen. Nicht um Kunst und Antiquitäten, sondern um Mädchen und Frauen. Nicht um geheime Auktionen, observiert von verdeckten Ermittlern, sondern um öffentliche in Gatwick und Stansted, den englischen Endstationen für Billigflieger vom Kontinent. Eine Versteigerung fand ausgerechnet vor einem Café innerhalb des Airport statt, in dem nicht Böses und Böse ahnende Touristen Tee tranken, während vor ihren Augen frische Nahrung für hungrige Wölfe angeboten wurde.

Einkäufer waren mit Kleinbussen und Lieferwagen angereist, um sich mit Ware einzudecken; Verkäufer nahmen in bar die Höchstangebote an und dann die nächste erreichbare Maschine zurück in das Land, aus dem sie angereist waren. Die Gebote begannen bei 5000 Pfund pro Stück Frau. Manche Bieter bekamen erst bei 8000 Pfund den Zuschlag. Dennoch für sie ein guter Deal. Ihre Investition würde sich in ein paar Monaten amortisieren. Pro sexueller Dienstleistung kassierten sie in den Produktionsstätten London, Manchester, Newcastle und Liverpool, jeweils abhängig von Sonderwünschen der Kunden, zwischen 50 und 80 Pfund. Zehn Freier pro Nachtschicht sind in dem Gewerbe die Mindestnorm. Wenn an Ostern oder Weihnachten oder am Bank Holiday die Bordelle ein höheres Verkehrsaufkommen zu bewältigen hatten, mussten doppelt so viele Männer bedient werden.

Dass die Staatsgewalt nicht eingriff, wie sie es automatisch gemacht hätte, falls Drogen oder Waffen statt junger Moldawierinnen verkauft worden wären, war der eigentliche Skandal von Gatwick. Die BBC nannte ihren Bericht »Slaves are Auctioned by Traffickers«, der *Evening Standard* titelte »Women for

Sale in Gatwick Slave Auctions« und enthüllte, dass das jüngste der angebotenen Mädchen gerade mal 14 Jahre alt gewesen sei, aber normalerweise die Versteigerungen in der Nähe des Flughafens und nicht so unverschämt offen wie die Auktion jetzt in der Mitte der Halle stattgefunden hätten.

Britische Polizisten, wenn man absieht von den von Rupert Murdochs journalistischen Bluthunden bezahlten schwarzen Schafen, gelten nicht als korrupt wie so viele ihrer Kollegen in den osteuropäischen Staaten, aus denen die Frauen kamen. Da also keine Bestechungsgelder geflossen waren wie in den Ländern Osteuropas üblich, blieb für die augenscheinliche Blindheit nur eine plausible Erklärung: Im Land, das 1807 als erste Weltmacht den Sklavenhandel per Gesetz verboten hatte, waren sich Politiker und Polizei des Problems schlicht nicht bewusst. Andernfalls hätten sie längst gegen Menschenhändler aufgerüstet wie gegen Drogendealer.

Ein beschämendes Versagen – »a shameful failure«, hieß es im gnadenlos selbstkritischen Untersuchungsbericht –, eine Schande sei es, moderne Sklaverei in Form von sexueller Ausbeutung, Zwangsarbeit in Fabriken und Privathaushalten sowie Kinderhandel nicht verhindert zu haben. Auf allen Ebenen der Behörden sei man bei der Ursachenforschung auf Ignoranz, Desinteresse oder Ahnungslosigkeit gestoßen. Obwohl Ware für Zwangsprostitution und Zwangsarbeit seit Langem schon nach England angeliefert wurde aus Rumänien, Polen, Tschechien, Nigeria, Ungarn, Litauen und der Slowakei, aus Vietnam, China, Thailand, Indien, Pakistan.

Der laute öffentliche Weckruf wirkte. Scotland Yard gründete eine Sondereinheit, die sich ausschließlich um Menschenschmuggel und Menschenhandel kümmern sollte. Allerdings stellte sich bald heraus, dass eine elf Frau/Mann starke Abteilung nicht ausreichen würde für das Ziel, »to smash the gangs«, die Banden zu zerschlagen. Denn die waren nicht vergleichbar mit den vertrauten Gangs aus der Londoner Unterwelt, sondern neben den verschwiegenen Clans der Roma, die den Handel mit sogenannten Bettel- und Klaukindern beherrschten, straff organisierte kriminelle Vereinigungen.

Die gab es zwar immer schon, aber sie waren wenigstens getrennt durch den Eisernen Vorhang. Geschäftsverbindungen zwischen der sizilianischen und der russischen Mafia existierten nicht. Das über die klassischen Routen transportierte Rauschgift, Heroin aus Afghanistan, Kokain aus Kolumbien, landete im Drehkreuz Ost oder im Drehkreuz West, den traditionellen Hubs, wo es von zuständigen Großdealern übernommen und in Eigenregie vermarktet wurde.

Der Aufstieg interkontinentaler krimineller Vereinigungen begann parallel zum allseits begrüßten Untergang des Kommunismus in den von einheimischen Diktatoren und fremden Mächten befreiten Ländern. Die Öffnung der EU-Grenzen nach dem Schengen-Abkommen 1995 wirkte ungewollt als Konjunkturprogramm für den Handel mit Drogen, Waffen und Menschen. Die Globalisierung der Wirtschaft ermöglichte es auch illegalen Playern, beim globalen Spiel der Multis mitzumischen. Angehörige von seit alters verfeindeten ethnischen oder religiösen Gruppen und Völkern auf dem Balkan, die in der Geschichte kaum eine Gelegenheit ausließen, sich lustvoll gegenseitig zu massakrieren – in Westeuropa verächtlich »Balkanismus« genannt –, arbeiten seitdem zum gegenseitigen Nutzen in kriminellen Vereinigungen relativ friedlich zusammen.

Der Balkan ist das wichtigste europäische Drehkreuz für Drogen-, Waffen-, Menschenhandel. *If You can make it here, You can make it everywhere* – Frank Sinatras Hymne auf New York, wäre eine passende Internationale der auf dem Balkan agierenden multinationalen Rackets, angeführt von seriös wirkenden Dirigenten, den *White Collar Criminals*, die ebenso gut an der Wall Street oder im Frankfurter Bankenviertel auftreten könnten und da nicht weiter auffallen würden. Viele wiederum von denen, die ihnen im Namen des Gesetzes zu nahe kommen, haben ein stets offenes Ohr für Zwischentöne. Je höher der Rang, desto höher das Schmiergeld. Beide Seiten kennen sich aus jenen Zeiten, da man noch Seit' an Seit' gemeinsam in der Armee diente und im Männerchor die andere Internationale sang.

Nach Schätzungen von nichtstaatlichen Hilfsorganisationen werden jährlich 400 000 Frauen über die Balkanrouten zur Sexarbeit nach Westeuropa geschleust. Wie viele davon als freiwillige Arbeiterinnen auf Zeit, wie viele davon verschleppt werden, wie viele gar für immer gefangen, weiß niemand.

Die Methoden und Handelswege sind für die Polizei kein großes Geheimnis mehr. Aber wer mischt wo im Hintergrund mit, wer befiehlt, wer liefert, wer verdient am meisten? In den guten alten Zeiten des Kalten Krieges gaben verfeindete Banden den Behörden mitunter Hinweise auf bevorstehende Aktionen der Konkurrenz, aber heute kämpfen kriminelle Vereinigungen aus Italien, Russland, Albanien oder der Türkei nicht mehr gegeneinander, sondern teilen die Märkte untereinander auf und beackern die Dunkelfelder gemeinsam.

In denen tummeln sich jene bereits erwähnten 3600 kriminellen Vereinigungen, was Rob Wainwright zwar bestätigt, aber im nächsten Satz wieder relativiert. Es gibt straff organisierte *Poly-Crime Groups*, richtig. Aber die vielen kleinen kriminellen Vereinigungen stellen die Mehrheit. Wenn Vater, Sohn und Onkel als familiäre Dreierbande Flüchtlinge über die Grenze schleusen, bilden sie eine kriminelle Vereinigung. Das Risiko, entdeckt zu werden, ist geringer als bei den Großen, wo es zumindest theoretisch eine *Fighting Chance* der Polizei gibt, mithilfe eingeschleuster verdeckter Ermittler das Netzwerk zu zerreißen.

Immer dann, wenn ich über diese Polizeitaktik mehr wissen wollte, wurden meine Gesprächspartner schmallippig. Verdeckte Ermittler im Dunkelfeld organisierte Kriminalität haben die gefährlichsten Jobs im Kampf der Guten gegen die Bösen. Denn sie müssen nicht nur überzeugend in eine andere Rolle schlüpfen können, in die eines Bösen, sie müssen, um nicht aufzufallen, auch bei manchen kriminellen Aktionen aktiv mitmachen. Wie weit dürfen sie dabei gehen? Ist es nicht ihre erste Pflicht, Straftaten zu verhindern, statt sie zu unterstützen? Und wer rettet sie, falls sie auffliegen, vor dem finalen Schuss zwischen die Augen?

Niemand.

Natürliche Grenzen sind den Menschenhändlern nicht mehr gesetzt, seit die Welt ein *Global Village* geworden ist. Die einst im Sklavenhandel üblichen Handelsmethoden haben sich zum Schlechteren entwickelt, weil Geschäfte nicht mehr per Handschlag, sondern im Internet abgewickelt werden und die Handelnden gesichtslos bleiben. Die Transaktionen finden im virtuellen Raum statt. Schmutziges Geld wird mithilfe befreundeter OK-Banden von China bis Kolumbien auf karibischen Inseln reingewaschen und anschließend in legale Unternehmen in den USA oder Europa investiert.

Lieferungen erfolgen einerseits erst nach Bestellung, andererseits wird aber auch auf eigene Rechnung investiert, um Marktchancen zu testen. In der Abteilung *Child Trafficking* des Unternehmens Menschenhandel ist das Risiko am geringsten. Das *Risk Venture Capital* besteht aus armen Kindern. Die sind wegen des Massenangebots auf den Weltmärkten billig. Es sind einfach zu viele Kinder, die keine Kindheit haben, weil sie als Arbeitssklaven ausgebeutet werden, bis sie auf der Straße irgendwo tot aufgefunden und entsorgt werden. In Indien, Bangladesch, Pakistan.

Aber in Europa? Mitten unter uns?

Wie viele Mädchen und Jungen aus Rumänien, Bulgarien, Moldawien, Transnistrien, Ungarn, der Ukraine vermietet oder verkauft werden von ihren Eltern, wie viele verschleppt von kriminellen Rattenfängern der OK-Banden, wie viele aus Waisenhäusern und Anstalten entführt oder von der Heimleitung verschachert, wie viele Babys nach der Geburt ihren Müttern weggenommen, ist seriös kaum zu recherchieren. Die Dunkelziffern sind gewaltig. Begegnungen mit der Realität lassen ahnen, wie riesig die Dunkelfelder sind.

Irgendwo müssen die Recherchen jedoch beginnen. Die goldene Regel für Ermittler lautet bekanntlich, der Spur des Geldes zu folgen, um Unbekannte zu finden, die im Hintergrund abkassieren. In bestimmten Fällen aber sollte besser umgekehrt da begonnen werden, wo das Geld bereits angekommen ist und immer noch ankommt und gut sichtbar ist. Beispielsweise in protzigen Villen, Festungen der Bösen, bewacht von Bewaffneten, umgeben von Hütten, in denen die da unten leben, von denen die da oben leben.

Die Geschäfte einer ethnisch geprägten kriminellen Vereinigung unter der Führung ihres sichtbar reichen Clanchefs haben lokale Wurzeln. So wächst beispielsweise in den städtischen oder ländlichen Ghettos der Roma die Handelsware heran: Kinder.

Die Roma in Bulgarien, Rumänien, Albanien sind kein homogenes Volk, sondern unter die allgemeine Bezeichnung »Roma« fallen vor 700 Jahren aus Indien nach Europa eingewanderte, miteinander verbundene Bevölkerungsgruppen, die in allen Ländern Europas jeweils nur eine Minderheit bilden. Besonders zahlreich vertreten sind sie in Spanien und den

Ländern Südosteuropas. Seit dem Mittelalter wurden (und werden) sie von den sesshaften Mehrheitsgesellschaften verachtet, verhasst, verfolgt, in Deutschland unter der abwertenden Bezeichnung »Zigeuner«. Auch heute noch ist es üblich, die längst integrierten und gesetzestreuen Roma für Taten ihrer kriminellen Roma-Mitbürger in Sippenhaft zu nehmen, als wäre bei den über Europa verteilten geschätzt elf Millionen Roma kriminelles Verhalten genetisch bedingt. Und deshalb halten es zu viele von ihnen nicht für unrecht, wenn sie auch in Ländern, in die sie sich aus dem Elend abgesetzt haben, keine legale Perspektive sehen – wo oft ja auch tatsächlich keine sichtbar ist –, und das dort geltende Recht brechen, indem sie dort Geld, Schmuck, Autos stehlen.

Im Kommunismus wurden Männer und Frauen der Roma zur Arbeit gezwungen wie alle anderen. Im Gegenzug sorgte Vater Staat für Sicherheit, Ernährung und Unterkunft auch dieser seiner Untertanen. Nach Vaters Tod blieben sie schutz- und rechtlos zurück. Die vom ideologischen Zwang zum Miteinander befreiten Bulgaren, Rumänen, Slowaken, Ungarn wollten die Roma nicht mehr dulden, geschweige denn friedlich mit ihnen zusammenleben. Roma auszugrenzen und zu jagen wurde staatlich geduldeter und oft genug sogar noch von Staats wegen geförderter Volkssport.

Die Roma zogen sich zurück in Slums von Städten oder in armselige Dörfer aufs Land und leben dort in postsozialistischen Ruinen ohne Strom und fließend Wasser. In einem Lagebild der Vereinten Nationen werden die Roma-Siedlungen als »Inseln der Dritten Welt« in Europa bezeichnet. Einziger Reichtum der Armen sind ihre Kinder. Viele werden produziert für den Export. Der wird gesteuert von den Clanchefs. Das Geschäft mit Kindern, die sie nach Griechenland und in die Türkei oder von dort im Transit nach Westeuropa transportieren lassen, ist ihre *Unique Selling Proposition*. In Griechenland und in der Türkei sollen es zwischen 40 000 und 100 000 Kinder sein, die zum Betteln und Klauen abgerichtet wurden, aber bereits die Spannbreite der Zahlen beweist, dass es auch hier nichts Brauchbares für Statistiken gibt.

Die Unterchefs der Clans treten bei der Rekrutierung der Ware Kind zunächst als Gutmenschen auf mit kleinen Gaben, wie Feuerholz für den Winter, Schnaps für die Väter, Buntes für die Mütter, und kommen nach ein paar Wochen wieder, diesmal mit leeren Händen, und verlangen, dass sich die Beschenkten für die vom Clanchef erwiesenen Wohltaten erkenntlich zeigen. Beispielsweise etwas abgeben von ihrem Reichtum. Ihren Kindern. Die sollen ein paar Monate lang betteln im Ausland, Geld verdienen für den Patriarchen, der für sie so gütig sorgt, aber auch für die eigene Familie, und dann zurückkehren in ihr Dorf.

Die Methode funktioniert. Mädchen und Jungen werden vermietet auf Zeit. Der Befehl ihres Chefs, ihres Vaters, genügt ihnen, so wie diesem der Wunsch wiederum seines Chefs Befehl ist, des Oberhaupts der Sippe. Dass der weiß, wie man zu Geld kommt, sieht man ja an seinem Haus, an seinen Limousinen, an seinem Wohlstandsspeck. Seine Rekrutierer sammeln Dutzende von Kindern ein, damit sich jeder Transport rechnet. Kein Kind älter als 13, weil in vielen westeuropäischen Ländern, darunter Deutschland, die Strafmündigkeit ab dem 14. Lebensjahr beginnt und deshalb unbestraft bleibt, wer auf frischer Tat ertappt wird. Die Kinder, die zum Betteln und Stehlen nach England gebracht werden, sollten noch jünger sein. Dort beginnt Strafmündigkeit seit den Zeiten von Oliver Twist und Charles Dickens unverändert ab zehn Jahren.

Die Mütter wehren sich nicht. Die Unterdrückung von Frauen, ihre Degradierung zu Sexobjekten ohne Anspruch auf eine eigene Meinung, hat ebenfalls Tradition. Auch die alerten jungen Nachfolger der alten Männer, die nie von ihrer Sippe, sondern nur durch den Tod abberufen werden können, bleiben diesen Machoregeln treu. So gedeiht ein furchtbar fruchtbares Biotop aus real existierender Armut, kinderreichen Familien, skrupellosen Ausbeutern.

In Vierer- oder Fünfergruppen werden Kinder unter Bewachung durch ein weibliches Clanmitglied per Fernbus nach Westeuropa transportiert. Frauen sind bei Grenzkontrollen unverdächtiger als Männer. Für solche Reisen wird offen geworben. Da wird groß auf den Plakaten zum Beispiel die Route »Moldva – Italia« angegeben und, darunter aufgelistet, alle Städte, in denen der Bus halten wird. An den jeweiligen Stationen warten »Betreuer«, denen die Kinder künftig ausgeliefert sind.

Früher war Athen das erste und beliebteste Ziel. Seit aber dort auch Einheimische betteln, weil sie in der Krise alles verloren haben, werden die Fremden von den populären Neonazis der »Goldenen Morgenröte« mit Gewalt aus der Stadt aufs weite Land vertrieben.

Im Spätherbst 2013 fiel griechischen Polizisten während einer Razzia gegen Drogenhändler in einem Roma-Quartier in Farsala ein kleines blondes, blauäugiges Mädchen auf. Es passte nicht ins von üblichen Vorurteilen geprägte Raster »braune Haut + schwarzes Haar = schmutziger Zigeuner«. Sie nahmen das Kind mit und die angeblichen Eltern fest. Dass es nicht deren eigenes Kind war, wie sie behaupteten, stellte sich anderntags nach dem DNA-Test heraus. Beim nachfolgenden Verhör behaupteten die vorgeblichen Eltern dann, eine junge Frau aus Bulgarien habe ihnen das Mädchen nach der Geburt übergeben, und sie hätten es gemeinsam mit ihren anderen Kindern aufgezogen.

Die Beamten glaubten ihnen nicht. War das kleine Mädchen entführt worden? Hatten sie es gekauft? Beauftragt von einem Ring krimineller Kinderhändler? Der Verdacht wuchs, als sich nach weiteren DNA-Tests herausstellte, dass mindestens sechs der insgesamt vierzehn Kinder, die laut Geburtsurkunden alle ihre eigenen waren, nicht von ihnen, den vorgeblichen Erzeugern, stammen konnten. Die Ermittler gingen davon aus, dass es sich um angemietete Bettelkinder handelte.

Die von ihnen befreite Kleine sprach nur wenige Worte in der Roma-Sprache und reagierte auf den Namen Maria. Die untersuchenden Ärzte schätzten ihr Alter auf fünf, höchstens sechs Jahre, was den obligatorischen Abgleich mit den bei Interpol und EUROPOL gespeicherten Daten über verschwundene und entführte Kinder eingrenzte. Ende Oktober 2013 waren das etwa 10 000 gemeldete unaufgeklärte Fälle. Parallel zu den Ermittlungen im Umfeld des verhafteten Roma-Paares begann die Suche nach den leiblichen Eltern im Internet. Das gepostete Foto zeigte ein blondgezopftes kleines Mädchen, in dessen Augen sich etwas zu verbergen schien, wovon es selbst nichts erzählen konnte. Es schien keine besonders gute Geschichte zu sein.

Wobei diese Interpretation des Blicks nur eine Vermutung ist. Nach Überzeugung der Polizei war Maria in Nordeuropa geboren, dort entführt und, sobald sie laufen konnte, mit ihren angeblichen Geschwistern zum Betteln auf die Straße geschickt worden. Beweisbar aber war nur, dass sich die beiden Verhafteten Kindergeld erschlichen hatten, indem sie die bei Standesämtern vorzulegenden Urkunden fälschten. Alles andere blieb Spekulation, doch die passte ins Bild, das man in Westeuropa von den Roma hat, wobei richtig ist, dass auch viele Roma daran mitgemalt hatten – als Taschendiebe, Einbrecher, Drogenhändler, Zuhälter und Kinderhändler.

Der Fall Maria schien kein Einzelfall zu sein. Parallelen zu einem anderen, inzwischen weltberühmten Fall – dem Fall Maddie – lagen auf der Hand. Die damals dreijährige Madeleine McCann war 2007 aus einer Ferienanlage an der Algarve entführt worden, offenbar während ihre Eltern, ein britisches Ärzteehepaar, 300 Meter von ihrem Appartement entfernt mit Freunden beim Abendessen saßen. Entführt von wem? Von einem pädokriminellen Einzeltäter? Oder, wie die McCanns stets annahmen, von einer Kinderhändlerbande?

Profis von Scotland Yard, die eine Woche vor der Befreiung Marias im Fall Maddie aufgrund neuer Erkenntnisse das Phantombild eines Verdächtigen publiziert und die Öffentlichkeit europaweit zur Mithilfe aufgefordert hatten, glauben von Berufs wegen nicht an Zufälle. Eher an eine kriminelle Vereinigung, die sich auf das Kidnapping von Kindern spezialisiert hat. Bevorzugt von Mädchen. Bevorzugt blond. Bevorzugt drei, vier Jahre alt. Der Verdacht, dass Pädokriminelle dafür einen Dauerauftrag erteilt haben, ist zwar ungeheuerlich, wäre in der Tat eine Erklärung, aber konkrete Spuren in diese Richtung gab es nicht.

Alle Verdachtsmomente im Fall des griechischen Roma-Kinds aber fielen in sich zusammen, als sich die leibliche Mutter in Bulgarien meldete. Auch eine Roma. Dass sie es wirklich ist, ließ sich wiederum durch einen DNA-Test nachweisen. Vor Jahren habe sie als Obstpflückerin in Griechenland gearbeitet, das Kind zur Welt gebracht und in die Obhut des verhafteten Paares gegeben. Weil sie über viele selbst produzierte Kinder verfügen, müssen Roma keine fremden klauen, schicken die eigenen oder von anderen Roma angemietete oder ausgeliehene Kinder zum Betteln oder richten sie zum Klauen ab.

Istanbul ist für kriminelle Roma wegen der vielen Touristen ein gutes Pflaster, sowohl für Bettler als auch für Taschendiebe, wird jedoch kontrolliert von der türkischen Mafia, die Schutzgelder kassiert oder für die Duldung bettelnder Kinder junge Roma-Mädchen für die eigenen Bordelle verlangt. Die können von den Roma-Banditen jederzeit geliefert werden. Wenn Not am Mann ist, helfen sie aus: Roma-Mädchen werden übers Wochenende vom Betteln freigestellt und an Freier vermietet, die für Pauschalsummen mit ihnen machen dürfen, was immer sie wollen. Das bringt nicht nur pro Nachtschicht 150 Euro extra, es ist auch Ausdruck ihrer menschenverachtenden Grundhaltung gegenüber Frauen.

Mit anderen kriminellen Organisationen arbeiten kriminelle Roma-Banden aus Bulgarien, Rumänien, Albanien, der Slowakei dann zusammen, sobald Kooperationen für beide Seiten genügend abwerfen. Sie haben wie auch OK-Vereinigungen ihre Helfer und Helfershelfer und Stützpunkte in ganz Europa.

Ein Beispiel von vielen: Roma-Zuhälter aus Ungarn, wo ebenso wie in Rumänien die Roma verfemt werden, setzten sich in die Schweiz ab und mit rücksichtsloser Gewalt in Rotlichtvierteln durch, wo sie die aus Ungarn nach Zürich verschleppten jungen Frauen brutal misshandelten. Sobald die nicht genügend erwirtschaftet hatten, wurden sie mit Methoden gequält, die zwar in den Ermittlungsberichten der Schweizer Bundespolizei dokumentiert sind, aber wegen der verwendeten Ausdrücke und Beschreibungen hier nicht wiedergegeben werden können. Zwei der übelsten Kriminellen, die beiden Roma »Samurai« und »Goldfinger«, deren Geschäftsgespräche während der »Operation Goldfinger« abgehört worden waren, wurden verhaftet und zu langjährigen Gefängnisstrafen verurteilt. Beide sind nicht deshalb zu Schwerverbrechern geworden, weil sie von den Roma abstammen, sondern weil sie zu den Bösen gehören.

Und die gibt es überall und in allen Völkern.

Großbritannien, Deutschland, Österreich, Holland, Frankreich, Italien sind die hauptsächlichen Ziele der Zwischenhändler im Kinderhandel. Dort beuten sie ihre in Rumänien, Bulgarien, Ungarn, Moldawien, der Slowakei angemietete Beute beim Betteln und Stehlen aus. Bis zu 250 Euro pro Sechzehn-Stunden-Schicht müssen Kinder täglich abliefern, andernfalls gibt es Prügel und nichts zu essen. Damit vor dem Kind in irgendeinem schmutzigen Fetzen Tuch nie zu viel Geld liegt, was mitleidige Passanten daran hindern könnte, etwas zu geben, werden die Einnahmen stündlich einkassiert und einmal pro Woche die gesamten Tagesumsätze an den Chef weitergeleitet.

Gegen Zwischenfälle ist vorgesorgt: Falls Kinder beim Betteln aufgegriffen oder von der Polizei beim Stehlen erwischt werden, greifen die im Clan zuständigen Aufpasser ein. Sie sind im Besitz von Dokumenten, bestätigt von einem obskuren Notar, aber versehen mit einem echten Stempel, wonach sie von den Eltern mit der Aufsicht für ihre Kinder beauftragt worden seien, solange die im Ausland sind. Das glauben zwar weder die Polizisten noch die Streetworker, aber sie haben rechtlich keine andere Möglichkeit, als alle wieder laufen zu lassen.

Dass die Eltern weder lesen noch schreiben können, dass die Kinder nie eine Schule besucht haben, dass sie nach einer Rückkehr in ihr Dorf allenfalls drei, vier Tage zu Hause bleiben können, falls das ein Zuhause ist, bevor sie erneut, diesmal mit einer anderen Gruppe, weggeschickt werden zum Wohl des Clanchefs, ist allen Polizeibehörden vertraut.

Aber wenn das alles bekannt ist, wenn alle Methoden ähnliche Muster aufweisen, egal ob in London oder Paris, Rom oder Berlin, Amsterdam oder Wien – warum zum Teufel schlägt die Polizei nicht dort zu, wo die Hintermänner sich ja nicht mal verstecken, sondern sich ganz offen mit dem Lohn ihrer bösen Taten brüsten? Warum gibt die EU ihren armen Mitgliedsländern in Osteuropa nicht genügend Subventionen, damit sie die Zustände in ihren Ländern verbessern, bis sich dort für alle leben lässt?

Weil erstens viele Polizisten lieber die Hand aufhalten, als sie zur Faust zu ballen und zuzuschlagen. Weil die vielen Milliarden Euro, die von der EU nach Bulgarien oder Rumänien gepumpt wurden, irgendwo herumliegen oder verteilt werden, aber nicht denen zugute kommen, die sie so nötig hätten. Weil es insgeheim die Politik der Regierenden ist, ihre verabscheuten Volksgenossen Roma endgültig loszuwerden, auf dass in Zukunft die Länder im Westen mit denen zurechtkommen müssen.

Ermittlungen gegen Hintermänner an der Spitze der Clans irgendwo in Bulgarien, Rumänien, Georgien, der Slowakei oder Tschechien sind selbst dann aussichtslos, falls Beamte dort nicht korrupt sind und aus ehrlicher Überzeugung den Kinderhändlern das Handwerk legen wollen. Die Gemeinschaft der Roma schützt ihre Ausbeuter, indem sie schweigt. Das Gesetz der Omertá gilt wie bei der Mafia. Im Notfall opfern die Anführer einige Zwischenhändler, weil sie wissen, dass die trotz drohender Haftstrafen nie gegen sie aussagen werden.

Die Geschäfte laufen prächtig. Wenn es in einem europäischen Land Probleme gibt, weil mittlerweile auch Einheimische bettelarm geworden sind, wenn in Griechenland oder Portugal oder Spanien aufgrund der Wirtschaftskrise Betteln nicht mehr genug einbringt, ziehen die Roma mitsamt Aufpassern und Waren weiter. Kinder werden über die offene Grenze in einen Nachbarstaat verlegt. Vorbild für diese Methode ist die *mobile Prostitution* der kriminellen Organisationen.

Aufpasser lassen ihre Opfer nie aus den Augen. Selbst wenn ein Kind fliehen wollte – aber wohin? –, würde es ihnen in die Arme laufen. Kleine Fluchten sind eh selten. Es handelt sich ausschließlich um Kinder, die zuvor nichts anderes kannten als die arme »Dritte Welt«, in der sie aufwuchsen. Sie können wie ihre Eltern weder lesen noch schreiben. Dass es fern der Heimat ihre Pflicht sei, zu betteln und zu stehlen, ist ihnen von denen schlagkräftig eingebläut worden. Sie haben Angst davor, sobald sie nicht tun, was ihnen befohlen wird, bestraft zu werden.

An das System von Befehl und Gehorsam sind sie gewöhnt. Daran hat sich im neuen Alltag nichts geändert. Jetzt schlägt sie nicht mehr ihr Vater, sondern ein fremder Mann, und, im Gegensatz zu dem, vor allem nicht täglich. Es gibt mitunter sogar Streicheleinheiten. Wenn ein Kind als geschickter Taschendieb auffällt oder als erfolgreicher Bettler, verteilt der Aufpasser Lob und Anerkennung und eine Extraportion Essen.

Weil sie keine anderen Bezugspersonen mehr haben, entwickeln die Kinder zu ihren »Betreuern« eine besondere Beziehung, vergleichbar der »Stockholm-Syndrom« genannten Nähe zwischen Geiselnehmern und Geiseln. Befreit zu werden empfinden sie deshalb nicht etwa als Rettung, ähnlich wie 1973 die Geiseln bei einem Banküberfall in Stockholm, die vor der Polizei mehr Angst hatten als vor denen, die sie gefangen hielten. Viele der zwölf-, dreizehnjährigen Jungen, die auf der Straße aufgelesen und in ein Heim gebracht worden waren, bevor über das weitere Vorgehen in ihren Fällen entschieden wurde, brachen noch in der folgenden Nacht wieder aus und flohen aus der Sicherheit, der sie nicht trauten, zurück zu den Peinigern, die ihnen vertraut waren. Das dort mit gleichaltrigen Leidensbrüdern geteilte Elend war ihnen vertrauter als die vage Aussicht auf ein neues Leben mit all seinen Risiken.

Sie bewundern ihren Besitzer. *Crime does pay* sehen sie täglich, sobald der bei Einbruch der Dunkelheit im Geländewagen vorfährt. Er braucht das große Auto nicht nur, um anzugeben – Seht her: Ich habe es geschafft! –, sondern auch, um die Gruppe, die bei jedem Wetter zur Arbeit gezwungen wird, zurückzuschaffen in einen dreckigen Verschlag am Stadtrand, in dem die ins Ausland Verschubten leben. »Verschubt« ist der polizeiliche Begriff für Kinder, die zum Betteln und Stehlen nach Westeuropa transportiert werden. Sie schlafen in Abbruchhäusern oder in Industrieruinen wie der ehemaligen Eisfabrik in Berlin oder der einstigen Kokerei im Ruhrgebiet, in der verfallenen Werft in London oder im verrotteten Bahnhofsstellwerk in Rom – Herbergen der Verlorenen und Vergessenen und Verschleppten. Neben Junkies und Obdachlosen hausen dort Kindersklaven der Organisation Bettler KG.

Der eingangs erwähnte Polizeioffizier aus Bukarest, der bei jener EUROPOL-Tagung in Den Haag in aller Bescheidenheit und mit der unausgesprochenen Bitte um Anerkennung der Bemühungen seiner rumänischen Mitstreiter darauf hinwies, dass die Zahlen aus seinem Land zwar nach wie vor hoch seien, aber nicht gestiegen waren, muss in seiner Heimat ein besonders dunkles Feld umpflügen. Dass es in Rumänien Dörfer geben soll, kaum mehr als 100 Kilometer von Bukarest entfernt, in dem keine einzige junge Frau unter 25 Jahren mehr zu finden sei, hat mir ein italienischer Ermittler erzählt.

Ich hielt es für ein Schauermärchen wie die Legende von Graf Dracula in den Karpaten, der sich, wie man weiß, an jungen Mädchen labte. Alle Versuche, dies vor Ort zu überprüfen, scheiterten daran, dass den Vermittlern der Reise ins Ungewisse nicht zu trauen war. Sie gehörten zum Clan.

Eines ihrer Opfer war Irina. Sie heißt in Wirklichkeit anders. Aber dort, wo sie jetzt lebt, kennt man sie unter diesem

Namen. Ihre Eltern waren gestorben, als sie noch ein kleines Kind war. Bei Verwandten wuchs sie auf. Eine Schule gab es nicht im Dorf. Vom zwölften Lebensjahr an musste sie im Haus mitarbeiten. Dafür bekam sie zu essen. Ein wohlhabender Roma aus der nächsten Stadt bot ihr eine Stelle als Dienstmädchen in seinem Haus an. Angeblich gegen Kost, Logis und Lohn. Sie ging mit ihm. Schon vom ersten Tag an wurde sie als Sklavin gehalten und so behandelt. Vom frühen Morgen bis spät in die Nacht zu Diensten ihres Besitzers und seiner betrunkenen Gäste. Lohn gab es nie. Nur einen Schlafplatz im Keller.

Einmal versuchte sie zu fliehen, aber bevor sie eine Polizeiwache erreichte, wurde sie wieder erwischt. Und doch hatte sie im Gegensatz zu anderen Mädchen Glück im Unglück. Bevor sie endgültig verloren gewesen wäre, weil sie als Strafe für ihren Fluchtversuch verkauft werden sollte in ein türkisches Bordell, rannte sie erneut weg. Diesmal gelang es ihr. Eine der Hilfsorganisationen, die in Rumänien vor Ort arbeiten, nahm sie auf.

Ein kleiner Junge, acht Jahre alt, war vor den täglichen Prügeln seines Vaters ausgerissen ins Nachbardorf. Roma nahmen ihn auf. Sie hatten schon so viele Kinder, dass eines mehr nicht weiter auffiel. Die eigentlichen Eltern suchten ihn nicht, denn die hatten schließlich ein Kind weniger zu ernähren. Zum ersten Mal seit Jahren schlief er ein, ohne befürchten zu müssen, mit Faustschlägen geweckt zu werden. Als er von seinen neuen »Eltern« nach ein paar Tagen zum Betteln eingeteilt wurde, hielt er das für seine Pflicht. Das Geld gab er ab, dafür durfte er bleiben. Die Befreiung nach einer Polizeikontrolle empfand er nicht als befreiend. Er kam in ein Heim, musste nicht wieder zurück nach Hause, das für ihn keines war.

Als aus einer rumänischen Kleinstadt in einem einzigen Jahr

1007 Kinder verschwunden waren, baten die örtlichen Behörden EUROPOL um Hilfe. Sie vermuteten, dass sich internationale Banden der Kinder bemächtigt und diese ins Ausland geschleust hatten und nicht wie üblich Eltern sie zum Einsatz vermietet hatten an die ihnen bekannten Mitglieder der Roma-Bande. Aber wie sich herausstellte, brauchte es keine Gewalt, um die Kinder zu ihren Diensten zu zwingen. Es waren fast ausnahmslos ihre Eltern, die sie zum Betteln und Stehlen freigegeben hatten.

Britischen Kollegen von der Metropolitan Police in London fiel auf, dass Kinder, die sie auf frischer Tat bei Taschendiebstählen ertappt hatten, laut ihrer Personalausweise unter zehn Jahre alt waren und alle aus Rumänien stammten. Sie suchten zunächst Angehörige, die die Kinder von den Wachen oder den Kinderheimen, in die sie vorübergehend gebracht worden waren, abholen sollten, fanden aber keine, weil die aufgegriffenen Kinder keine Adressen wussten oder wissen wollten.

Abgeholt wurden sie aber dennoch. Zumeist von Frauen, die sich als Verwandte der Eltern ausgaben, die angeblich wegen einer Beerdigung in der Heimat nicht selbst hatten kommen können, oder in anderen Fällen zu Protokoll gaben, die Eltern seien des Englischen nicht mächtig und hätten deshalb sie gebeten, ihre Kinder zu holen. Zum Beweis legten sie eine notarielle Beglaubigung vor, die sie als Aufsichtsperson auswies. Solche Urkunden werden allen Aufpassern für die Auslandseinsätze mitgegeben. In denen stehen sogar die echten Namen der Kinder. Überprüfen würde das eh niemand: zu mühsam.

Aber in diesen Fällen schon. Das wahre Zuhause der Straßenkinder von London war jene Stadt der verschwundenen Kinder. In Rumänien. Kriminelle, deren Boss es für alle sichtbar zu etwas gebracht hatte, hatten armen Roma-Eltern angeboten, deren Kinder ins Ausland zu transportieren, wo sie so viel würden verdienen können, dass es zu Hause für die ganze Familie reichen würde. Worin ihre »Arbeit« bestand, war kein Geheimnis: betteln und stehlen. Aber dagegen gab es keine Einwände. Das galt als Ausbildungsberuf und als normale Arbeit. Für die Kosten des Verschubs musste in diesen Fällen die Familie aufkommen und sich, da sie nichts besaß, beim Clanchef verschulden.

Sein Kapo kehrte nach wenigen Wochen aus London zurück. Leider habe das Kind nicht genug verdient, im Gegenteil zusätzliche Kosten verursacht, was die Schulden erhöht habe. Als Pfand nahm er zwei Geschwister mit. Am Ende befanden sich vielfach ganze Familien, einschließlich der ebenfalls verschubten Eltern, in der Gewalt moderner Sklavenhalter, wurden in London zum Betteln und Stehlen eingesetzt. Ein *Joint Investigation Team* von englischen und rumänischen Polizisten, der Einsatz koordiniert von EUROPOL, schlug dann sowohl in der Kleinstadt als auch in der Großstadt zu, verhaftete Dutzende Roma da und befreite Kinder dort.

Das jüngste Kind war sechs Jahre alt.

Liest sich wie ein Erfolg, wie das glückliche Ende einer schaurigen Geschichte. Aber niemand gibt sich der Illusion hin – die etwas Tröstliches hätte –, dass wie im Märchen 1007 Kinder wieder friedlich aufwachsen würden dort, wo sie verkauft worden waren. Ihre Eltern hatten sie freiwillig hergegeben. Sie waren nicht mit Gewalt entführt worden, ihre Väter würden im Gegenteil bei nächster Gelegenheit genauso handeln. Solange sich nichts ändert an den Ursachen, die solche miesen Geschäfte bewirken, wird sich auch am Schicksal von Klau- und Bettelkindern nichts ändern.

Menschenschmuggel nach England ist schwieriger geworden. Nicht nur für Roma-Banden. Die allgegenwärtige Gefahr terroristischer Anschläge wirkt sich auch für kriminelle Organisationen geschäftsschädigend aus, weil Polizei und Geheimdienst in dauernder Alarmbereitschaft sind. Was immer sich die OK-Banden als neue Taktik einfallen lassen – und die lassen sich viel einfallen –, fällt jetzt auch denen auf, die früher nichts Verdächtiges vermutet hätten zum Beispiel angesichts zweier 13 und 14 Jahre alten Schwestern, die mit koreanischen Pässen und gültigen Visa versehen aus Paris kommend Verwandte in England besuchen wollten. Begleitet von einer Cousine, erwartet von einem Onkel.

Bei der routinemäßigen Überprüfung der Abholer in der Ankunftshalle von Heathrow wurde das System fündig. Das aufgefallene Gesicht konnte einer Person zugeordnet werden. Die war der Polizei bereits bekannt. Sie griff zu. Die jungen Mädchen stammten aus Hanoi und waren, wie sich herausstellte, nach England verkauft worden, um in vietnamesischen Nagelstudios zu arbeiten, in deren Hinterzimmern andere Dienste verlangt werden. Ihr Onkel und ihre Cousine gehörten zur Bande.

Die beiden zwölfjährigen Jungen, aus Albanien kommend, erwartet von einem älteren Herrn, hatten angeblich wegen ihrer außerordentlichen Schulleistungen einen Ferienaufenthalt in England gewonnen. Kosten für Flug und Aufenthalt waren übernommen worden von einem großherzigen Sponsor, der sie abholte. Eine misstrauische Beamtin notierte sich dessen Adresse. Mehr konnte sie nicht machen, denn die Papiere waren in Ordnung und der Mann in der nationalen Polizeidatei noch nie gelistet worden.

Aber ihren Kollegen an dessen Wohnort außerhalb von London teilte sie ihren unbestimmten Verdacht mit. Die machten zwei Tage später einen Hausbesuch, ohne sich zuvor anzumelden. Auch eine gute Idee. Drei schliefen in einem Bett: der Gentleman und die beiden Jungs.

In Albanien wurden nach Recherchen von Hilfsorganisationen Roma-Kinder aus der Provinz nicht nur nach Tirana transportiert, um in der Hauptstadt zu betteln. Sondern auch, teils von ihrer wirklichen Familie, teils von falschen Onkeln und Cousinen begleitet, in die Großstädte der EU. Dort wurden sie ebenfalls zum Betteln eingesetzt, aber auch für Einbrüche oder als Drogenkuriere, die der Polizei nicht auffallen. Sie gehören zum Straßenbild, an das sich Westeuropäer gewöhnt haben. Dass die Kinder im Besitz von Banden sind, ahnt die Polizei. Ohne Beweise aber kann sie nichts unternehmen. Die Kinder wissen weder, wo sie sind, noch, wer sie ausbeutet, noch wollen sie darüber reden. Je größer der Druck von außen, desto enger rücken sie zusammen.

Kinderhandel bringt noch mehr ein als Frauenhandel, weil die Investitionen nicht nur gering sind, sondern oft sogar einer Nullsumme entsprechen. Kinder verdienen außerdem im Gegensatz zu Frauen, die zumindest einen Hungerlohn ausbezahlt bekommen von ihren Zuhältern, schon um sie einigermaßen bei Laune zu halten, gar nichts. In London oder Manchester genauso wie in Berlin oder Dortmund, in Paris oder Madrid genauso wie in Hamburg oder Mannheim wird der Rohstoff so lange rücksichtslos geschliffen, bis sich die Besitzer Brillantringe an ihre fetten Finger stecken können.

Roma-Großfamilien aus Rumänien und Bulgarien haben in Deutschland Anspruch auf Kindergeld und seit Anfang 2014 das Recht, in allen EU-Ländern legal zu arbeiten. Sie ziehen dorthin, wo bereits andere aus ihrer Sippe leben. In Duisburg, wo sich parallel zum Zuzug die Zahl krimineller Delikte innerhalb eines Jahres verdreifacht hat, oder in Dortmund sind das Quartiere, längst von Gott verlassen, inzwischen aber auch von denen, die zuvor dort lebten, den Türken. Gemeinsam demonstrieren die sogar in ungewöhnlichen Allianzen mit ihren deutschen Nachbarn gegen die Zugewanderten. Die stinken. Die kippen Müll aus dem Fenster. Die scheißen ins Treppenhaus. Die schicken Kinder zum Betteln in die Fußgängerzonen. Die jagen ihre Töchter auf den Straßenstrich.

Deren Väter werden am schlimmsten von den eigenen Landsleuten ausgebeutet, als Tagelöhner zu Stundenlöhnen von drei, vier Euro verkauft an deutsche Firmen, die sich bei Bedarf auf dem »Arbeitsstrich« bedienen. Natürlich indirekt über einen Subunternehmer, denn sonst würden sie sich ja selbst die Hände schmutzig machen, müssten sie sich ja schämen oder zumindest rechtfertigen für das, was sie tun.

Minderjährige an Straßenkreuzungen, die zu wartenden Autos eilen, sobald die Ampel auf Rot springt, und unaufgefordert die Scheiben zu waschen beginnen, in der Hoffnung, dass ein Fahrer die Scheibe heruntergedreht und ihnen ein paar Cent in die Hand drückt, machen das nicht als Ferienjob, bevor daheim in Rumänien oder Bulgarien wieder die Schule beginnt. Sondern aus Angst vor denen, die sich ihrer bemächtigt haben.

Um Mitleid zu wecken, was ihre Einnahmen beim Betteln automatisch steigert, verkrüppeln Täter ihre Opfer, die kleinen wie die großen, die Kinder wie die Erwachsenen. Ein nach Zufall aussehender Stoß gegen ein vorbeifahrendes Auto ist die gängige Methode. Es dürfen im Krankenhaus schließlich keine Brüche festgestellt werden, die auf Misshandlungen schließen lassen, sonst würde die Polizei informiert werden. Die nach solchen Vorfällen sichtbaren Schäden sind erwünscht, und um Dauerschmerzen zu betäuben, werden Drogen verteilt, um die bereits Behinderten erst recht abhängig zu machen.

Die meisten Kinder werden über Mitglieder der Großfamilie ins Ausland transportiert, von ihren eigenen Eltern entweder »ausgeliehen« oder für ein paar Euro verkauft. Händler haben danach die Nutzungsrechte. Im Kinderhandel arbeiten sie mit allen Mitteln. Gehen sogar so weit, alleinerziehende Frauen, darunter viele Analphabeten ohne schützendes soziales Umfeld, mitsamt ihren Kindern in ein vermeintlich besseres Leben jenseits der Grenzen zu locken. Bei sogar in Moldawien verschärften Grenzkontrollen werden mittlerweile Kinder in Begleitung von Männern, die nicht ihre Väter sind, sofort festgehalten – ein Fortschritt in diesem von Korruption und Armut zerfressenen Land. Eine Mutter mit ihren Kindern fällt nicht auf.

Warum aber wehrt sie sich nicht? Warum bittet sie nicht um Hilfe?

Weil ihre Hoffnung auf das versprochene bessere Leben noch nicht gestorben ist. Die stirbt erst dann – aber dann ist es für eine Umkehr zu spät, gibt es keine Rettung mehr –, wenn sie auf dem Straßenstrich in Florenz um Kunden bettelt, während ihre Kinder eine Ecke weiter Touristen um ein paar Cent anbetteln und die als Faustpfand – Faustpfand im wörtlichen Sinn – benutzt werden gegen sie.

Roma-Banden werden von Clan-Chefs trainiert auf Betteln und auf Stehlen. In Berlin zum Beispiel speziell eingesetzt in den Villenvierteln. Im Schnelldurchgang. Bevor die Polizei das Muster erkannte und sich ihnen widmen konnte, waren sie wieder weitergezogen. Doch nur weil das gut organisiert war, gehören sie noch nicht automatisch in die Abteilung organisierte Kriminalität. Nicht einmal dann, wenn sie im Auftrag der OK aufgebrochen waren zum Raubzug und der die Vermarktung der Beute überließen, weil die über die besseren Kontakte verfügt. Und weil sie skrupelloser ist. Auch kriminelle Vereinigungen handeln mit Kindern, aber auf Märkten, mit denen verglichen die der Bettler und Taschendiebe so etwas wie Weihnachtsmärkte im Legoland sind. Sie verkaufen

Kinder für Sex. Als willenlos gemachte Objekte, die live vor der Kamera in allen möglichen Stellungen benutzt und erniedrigt und deren Aufnahmen dann ins Internet gestellt werden, Mädchen wie Jungen. Die Gemeinde der Pädosexuellen zahlt für Kinderpornografie, produziert in der Ukraine, in Russland, in Serbien und auf der ganzen Welt, gegen Gebühr vertrieben über Provider, die erst einmal gefunden werden müssen, um sie stillzulegen.

Oder die Kinder werden in bestimmten Positionen, bei bestimmten ihnen aufgezwungenen Sexpraktiken live gefilmt und dann direkt verkauft an Pädosexuelle aus Westeuropa oder aus den USA, wie Sonderangebote im Supermarkt. Früher flogen die Pädosexuellen nach Thailand oder auf die Philippinen. Seit dem Zusammenbruch des Ostblocks gibt es Zielländer, die günstiger und bequemer per Pauschalreise zu erreichen sind.

Die Flugzeit beispielsweise von Frankfurt nach Chişinău, Hauptstadt von Moldawien, zweieinhalb Stunden. Im Preis inbegriffen sind Flugticket, Hotel, Stadtrundfahrt, Sex. Ein Reisebüro, das der kriminellen Organisation gehört, kassiert vom Kunden eine bestimmte Summe, abhängig von dessen Wünschen. Kleine Jungen werden mit zwei Euro pro Dienstleistung entlohnt, was in einem Land, in dem das durchschnittliche Monatseinkommen 150 Euro beträgt, viel Geld ist. Blowjobs ernähren ganze Familien. Die Preise für kleine Mädchen sind je nach Angebot und Sonderwünschen höher.

In Moldawien ist zwar der offiziell vermeldete Anteil von Kindern unter 17 Jahren an geschmuggelten oder geschleusten Personen von 17 auf etwa 14 Prozent gefallen. Wie so viele Zahlen im Dunkelfeld Menschenhandel ist auch diese Angabe eine aufgrund aufgedeckter Fälle hochgerechnete Zahl. Aber angesichts der Armut ein Erfolg. Erzielt durch scharfe Kontrollen an den Grenzen zur Ukraine und zu Rumänien, von wo aus die Transporte Richtung Westeuropa beginnen. Erzielt auch, weil die Beamten an Grenzstationen regelmäßig ausgewechselt werden, um Korruption zu verhindern. Die Händler haben reagiert und neue Routen erschlossen über Odessa. Von dort aus geht es weiter per Boot Richtung Türkei statt wie früher per Flugzeug aus Chişinău nach Bukarest und dann weiter nach Istanbul.

Und die Menschenhändler haben eine weitere perfide Methode gefunden, um an ihre Beute zu kommen. Bekanntlich arbeiten etwa eine Million Moldawier, Männer wie Frauen, legal oder illegal im Ausland. Was sie verdienen, schicken sie nach Hause, wo sie ihre Kinder in der Obhut von Großeltern oder Verwandten zurückgelassen haben. Agenten der kriminellen Schleuser bieten ihnen zusätzliche Dienste an. Für eine bestimmte Summe, die man sich aber bei ihnen leihen könne, würden sie die Kinder aus Moldawien schmuggeln und zu ihren Eltern im Zielland X bringen.

Ich ahne, wie es endet, noch bevor der Mann, der mir davon erzählt, seine Geschichte beendet hat. Kinder kamen nie dort an, wo ihre Eltern auf sie gewartet haben. Sie blieben verschwunden wie auch die Vermittler. Im Laufe der Recherchen habe ich manche Frage nicht mehr gestellt. Zum Beispiel die, warum es nicht möglich ist, drastisch darüber aufzuklären, was ihnen droht, wenn sie sich den Einkäufern anvertrauen, wenn sie deren Versprechungen glauben. Dass Wissen Macht bedeutet, gilt auch für sie. Weil sie wissen, was die Rekrutierer tatsächlich planen, können sie sich erfolgreich verweigern.

Denn die Antwort war immer die gleiche, gültig für alle Länder, in denen jegliche Hoffnung auf ein anständiges Leben gestorben ist. Sechzig Prozent aller von *Child Trafficking* Betroffenen stammen aus kinderreichen armen Familien. Von denen wiederum sind mehr als zwei Drittel geprägt von Brutalität und zerrütteten Verhältnissen. Mehr als die Hälfte der Kinder kann weder lesen noch schreiben.

Nach den jahrelangen ethnisch-religiösen Bürgerkriegen auf dem Balkan oder den blutigen Regionalkonflikten in Moldawien, Georgien, Usbekistan stieg mit der Zahl der Opfer die der Waisen. Die wenigen staatlichen Heime waren so überfüllt, dass niemand wusste, wie viele Kinder dort untergebracht worden waren. Kontrollen fanden nicht statt. Die Kriminellen schwärmten aus wie Wölfe auf der Jagd nach Beute, kauften in Waisenhäusern Babys, die über Agenturen in Großbritannien oder Frankreich an Eltern vermittelt wurden, die jeden Preis bereit waren zu zahlen für eine Adoption. Bestochene Notare und Standesbeamte bestätigten eine legale Adoption samt Einverständnis der leiblichen Mutter auf gefälschten Geburtsurkunden.

Im Vergleich zu anderen Fällen, in denen Prostituierte geschwängert und gezwungen wurden, das Kind auszutragen, weil adoptionswillige Paare Vorkasse geleistet hatten, oder in denen Leihmütter, *in vitro* mit dem Samen des Käufers versehen, in Brutstätten leben mussten bis zur Geburt, sind Notverkäufe vor Ort eine zwar kriminelle, aber auch humane Tat. Wahrscheinlich werden die Zwangsadoptierten, weil sie einen dringenden Wunsch nach einem Kind erfüllen, bessere Chancen im Leben haben als viele der in den Heimen verwahrten Kinder.

Es gibt selbstverständlich auch Heime, in denen unter den herrschenden schlechten Bedingungen das Menschenmögliche getan wird, für die Waisen zu sorgen, und von denen alle Angebote obskurer Händler abgelehnt werden. Aber es sind noch immer zu viele, die nicht kontrolliert werden, was es korrupten Direktoren ermöglicht, einzelne »Schützlinge« – wie immer beim kriminellen Menschenhandel sind es vorwiegend Mädchen – dann zu verkaufen, wenn die als Heranwachsende leicht zu verlocken sind mit Aussichten auf einen Job als Au-pair-Mädchen oder als Dienstbotin im angeblich so goldenen Westen. Dass es keine genauen Zahlen gibt, liegt in der Natur des Dunkelfeldes. Wenn Waisenkinder verschwinden, fragt in den Ländern, aus denen Fälle bekannt wurden – Moldawien, Rumänien, Bulgarien –, niemand nach ihrem Verbleib. Als hätte es sie nie gegeben.

Die Kontrollen sind im Lauf der Jahre nach stetigen Mahnungen von EUROPOL und nach Beschwerden bei gemeinsamen Strategietagungen verschärft worden. So einfach wie in den postkommunistischen Umbruchjahren ist es nicht mehr, die Waisen meistbietend zu versteigern. Und Kindergärtnerinnen, Krankenschwestern und Heimleitung sind keine sich durch Gewinnbeteiligung mitschuldig machenden Gemeinschaften mehr. Russlands Präsident Wladimir Putin ließ den Adoptionshandel mit Waisen in die USA sogar ganz stoppen.

Was jedoch nicht etwa bedeutet, dass sich die kriminellen Menschenhändler zurückgezogen haben und die Bösen über Nacht plötzlich zu Guten geworden sind. Sie haben ihr Geschäft entweder legalisiert, indem sie offiziell zur Adoption freigegebene Waisenkinder vermitteln und sich von Paaren aus Westeuropa insgeheim auch dafür bezahlen lassen, dass die auf der Warteliste nach oben rücken. Oder sie haben langfristige Verträge mit vertrauten Heimleitern geschlossen, die dann erfüllt werden müssen, sobald Mädchen oder Jungen achtzehn Jahre alt werden und damit reif für Prostitution und Zwangsarbeit. Professionelle Gangster achten darauf, dass die Heranwachsenden tatsächlich – nachweislich per Geburtsurkunde – achtzehn sind. Denn wenn sie mal bei einer Razzia erwischt werden und sich Minderjährige in ihrer Gewalt befinden, würden sich die dann fälligen Strafen verdoppeln.

Gern gebucht werden auch Zweckgemeinschaften zu ge-

genseitigem Nutzen: Scheinehen. Der Bräutigam wird bezahlt sowohl mit Geld als auch mit Sex. Nach einer gewissen Zeit reicht er die Scheidung ein. Die Frau ist danach frei in dem Land, in dem sie legal arbeiten darf. Die Provision, im Regelfall 20 Prozent, kassieren die Vermittler in der Unterabteilung der OK.

Das Dunkelfeld Organhandel ist das dunkelste von allen. Alle Zahlen können sowohl denkbar nah der Wirklichkeit sein als auch denkbar weit von der entfernt. Die von der Weltgesundheitsorganisation (WHO) zuletzt veröffentlichten für 2010 sehen so aus: 95 Mitgliedsstaaten meldeten 106 879 legale und illegale Transplantationen. Dass auch illegale mitgezählt werden können, liegt daran, dass es in einigen Ländern gelungen war, einen Händlerring auffliegen zu lassen und dadurch an Material über zurückliegende Operationen heranzukommen. Naturgemäß längst nicht an alle. In 73 170 Fällen wurden Nieren oder Leber verpflanzt. Frisch Verstorbene dienten für den Nachschub an Herz und Lunge. Etwa jede zehnte Niere dürfte nach Schätzung der WHO auf dem Schwarzmarkt verkauft worden sein, was ungefähr 11 000 illegale Operationen bedeutet.

Die freiwilligen oder überredeten Verkäufer stammen mehrheitlich aus Indien, Pakistan, Bangladesch, aber auch aus den Armutsländern Südosteuropas wie Moldawien, Bulgarien, Rumänien. Für die Entnahme einer Niere erhalten sie 2500 bis 3000 Euro. Das zumindest sind die offiziellen Marktpreise. Aber auch im Organhandel geht nichts mehr ohne Internet. Da werden Nieren und Leber feilgeboten, und wer am meisten bietet, bekommt wie bei Ebay am Ende den Zuschlag. Leib-Eigenes zu verkaufen ist legal, wenn es um legale Transplantationen aufgrund von Wartelisten der Patienten geht. Erst dann, wenn eine Vereinigung von Händlern, Ärzten, Kliniken ihre Dienste als Gesamtpaket offeriert, wird es kriminell.

Reiche Patienten aus den Vereinigten Arabischen Emiraten, aus Westeuropa, den USA, Kanada und Israel zahlen für ein neues Organ und die Transplantation plus Nachsorge zwischen 150 000 und 200 000 Euro. Für die Organisationen, die den Organhandel steuern, ein Geschäft, bei dem sie zwischen 1,5 und 2 Milliarden Euro jährlich umsetzen. Ärzte werden mit Pauschalen honoriert. Die liegen zwischen 25 000 und 30 000 Euro. Da die Ware billig eingekauft wurde und die Spender nach der Entnahme keinen Anspruch haben auf medizinische Betreuung in ihren Heimatländern, fallen selten weitere Kosten an.

Dass in diesem Schattenreich selbst die schlimmsten Taten, selbst die grausamsten Verbrechen möglich sind, ist nicht verwunderlich. Denn beweisbar, zuletzt geschehen im Frühjahr 2013 durch Michael Obert im Magazin der *Süddeutschen Zeitung*, sind die von Beduinenstämmen im gesetzlosen Teil des Sinai begangenen Grausamkeiten. Sie foltern und verstümmeln ihre Opfer so lange, bis deren Angehörige das geforderte Lösegeld bezahlt haben, und falls die das nicht können, weiden sie ihre Opfer mithilfe von korrupten Ärzten aus. In einer Leichenhalle lagen Dutzende von grobmaschig zugenähten Leichen. Entnommen waren ihnen Nieren, Lebern, Herzen. Andernorts wurden Leichen mit leeren Brusthöhlen gefunden. Ohne skrupellose Chirurgen wäre Organhandel nicht durchführbar.

Weil Transplantationen nicht heimlich zu machen sind, gehören zu den notwendigen Komplizen der *Kidney Hunters* – denn Nieren sind nun mal am begehrtesten – mobile Kliniken oder feste Häuser mit einer korrupten Belegschaft, Techniker, oft zwei parallel operierende Ärzteteams, Reisebüros, die den Transport von Spendern und Patienten organisieren und koordinieren. Zynisch ließe sich das als *Lean Management* bezeichnen, schlankes Management, weil die Ware naturgemäß erst dann frisch angeliefert werden kann, wenn die Bestellung eingegangen ist.

Alles aber ist nicht zu koordinieren ohne eine kriminelle Organisation von Menschenhändlern mit einem weltweiten Netz von Helfern. Die einzelnen Stationen des Handels sind vergleichbar mit der Infrastruktur bei der Zwangsprostitution, der Zwangsarbeit, dem Kinderhandel, beginnend jeweils mit der Rekrutierung der Organspender, denen ein besseres Leben versprochen wird. Es folgt der Transport des menschlichen Ersatzteillagers zu Kunden in den Zielländern Deutschland, Großbritannien, Saudi-Arabien, Kanada, Israel und der Schweiz. Schließlich die Übergabe dort an Besteller und Begleichung offener Rechnungen. Andere Schleuser nehmen von denen, die kein Geld haben für illegale Auswanderung, auch deren Organe in Zahlung.

Oft werden Arme in doppelter Hinsicht ausgebeutet. Zwar haben sie freiwillig der Entnahme zugestimmt, aber nach der Operation werden sie nicht bezahlt, sondern noch ärmer als zuvor zurückgelassen im Elend. Die Käufer sind mit ihrer Beute längst in das Land gereist, in dem die Ärzte warten. Manchmal wartet da auch bereits die Polizei. Im Kosovo zum Beispiel kam sie den illegalen Geschäften zufällig auf die Spur, weil im Flughafen von Priština ein junger Türke beim Einchecken zusammengebrochen war. Der herbeigerufene Notarzt entdeckte eine frische Operationsnarbe auf der linken Körperhälfte des Patienten. Notdürftig stabilisiert, erzählte dieser, dass er mit dem Versprechen auf 17500 Euro für eine Niere hierhergelockt, dann operiert, schließlich nicht bezahlt, sondern mit einem One-Way-Ticket versehen zum Flughafen gebracht und dort abgesetzt worden sei. Eine sofortige Razzia in der Klinik, an deren Namen er sich erinnern konnte, war erfolgreich. Der Patient, ein älterer Israeli, hatte für die Niere des Türken 75 000 Euro auf ein Offshore-Bankkonto überwiesen.

Die Ermittlungen ergaben 25 Fälle von illegalen Transplantationen. Für manche Operationen wurden bis zu 100 000 Euro verlangt. Was aber im Vergleich zu den marktüblichen Preisen, die in Israel oder in den USA bis zu 200 000 Euro gehen, weil dort bessere medizinische Bedingungen herrschen, ein Schnäppchen war. Ein Chirurg erhielt acht, sein hilfreicher Sohn siebeneinhalb und der Anästhesist drei Jahre Gefängnis. Die meisten ihrer Opfer hatten sie nach der Transplantation ohne ärztliche Versorgung entlassen – und außerdem nie bezahlt. Aber der eigentliche, der entscheidende Drahtzieher, Chef jener internationalen Bande von Organhändlern, wurde nicht gefasst und wird seitdem mit einem internationalen Haftbefehl gesucht.

Der Markt ist unerschöpflich. Er bleibt es, solange auf der einen Seite die Armut Menschen den Händlern in die Arme treibt. Und solange auf der anderen Seite die Lebenserwartung in den reichen Ländern steigt, die legalen Angebote an Nieren – oder an Lebern und Herzen – aber weniger werden. Wer kann, bedient sich auf dem Schwarzmarkt, um sein Leben zu retten. Dass Organhandel dennoch nicht automatisch unter Menschenhandel fällt, liegt an der Definition von *Trafficking in Human Persons* im Palermo-Protokoll. Solange die Verkäufer freiwillig ihre Organe anbieten, gelten sie nicht als Opfer von Menschenhandel. Erst wenn sie gegen ihren Willen ausgeschlachtet werden, sind sie ein Fall für die Behörden. Eine Konvention des Europarats, die noch von den nationalen Parlamenten ratifiziert werden muss, also nicht vor 2015 in Kraft tritt, stellt Organentnahme bei »lebenden oder verstorbenen Menschen unter Strafe, wenn die Entnahme nicht mit dem freien Willen des Spenders erfolgt ist oder für eine Drittpartei einen finanziellen Vorteil bringt«.

Grausige Geschichten über Fälle, in denen junge Frauen oder junge Männer in einer Diskothek mit K.o.-Tropfen betäubt wurden und dann beim Aufwachen in einem verdreckten Hinterhof feststellten, dass sie während ihrer Bewusstlosigkeit operiert worden waren und dass ihnen eine Niere fehlte, sind eher *Urban Legends* in der Tradition von Bram Stoker. Und in der Tat: Belegbare echte Fälle gibt es nicht.

Dass zum Tode verurteilte Häftlinge in chinesischen Gefängnissen auf Bestellung hingerichtet und anschließend ausgeschlachtet wurden, könnte zwar den Tatsachen entsprechen, aber so etwas lässt sich in einer Diktatur wie der Volksrepublik China nicht nachprüfen. Vieles spricht dafür, dass es stimmt, denn das Muster an sich ist unstrittig: Rund 8000 Lebern und Nieren werden nach Angaben aus Peking pro Jahr in China legal verpflanzt, etwa 5000 davon würden von Hingerichteten stammen, die allerdings freiwillig einer Organentnahme zugestimmt haben sollen. Was sowohl der Weltärztebund als auch die internationale Transplantationsgesellschaft (TTS) nicht gelten lassen, weil sich niemand vorstellen kann, dass Gefangene in China irgendetwas aus freiem Willen entscheiden dürfen.

Der Verdacht, dass manche Todesurteile per Spritze in einem Klinikzimmer vollstreckt wurden, weil der Empfänger auf dem Operationstisch nebenan bereits wartete, liegt dagegen näher. Offiziell ließ das Gesundheitsministerium verbreiten, ab Mitte 2014 sowohl gegen den Organhandel vorzugehen als auch darauf zu verzichten, Hingerichtete auszuweiden.

Ein Patient aus Israel, in der Wochenzeitung *Die Zeit* damit konfrontiert, dass er sein zweites Leben möglicherweise einem Chinesen verdanke, der für Menschenrechte eingetreten und dafür mit dem Tod bestraft worden sei, konnte daran nichts Unmoralisches erkennen. Hätte er nicht bezahlt, wäre irgendwo auf der Welt ein anderer Todkranker auf das Angebot eingegangen. So oder so sei der Mann in China nicht zu retten gewesen. 170 000 Dollar für ein neues Herz, die Operation, den Krankenhausaufenthalt, Verpflegung sowie Hin- und Rückflug für ihn und seine Familie seien ihm sein Leben allemal wert.

Reiche wie er können sich in Notfällen eben auch Menschen leisten. Da es für ihn um Leben oder Tod ging, bezahlte er für die Vermittlung eine kriminelle Organisation. Würde die ihm andere Waren angeboten haben, hätte er als gesetzestreuer Bürger empört abgelehnt. Moral ist wie Hochverrat manchmal eine Frage des Datums.

Ein kleines feines Nebengeschäft betreiben kriminelle Vereinigungen in ihrer Abteilung *Domestic Servitude*. Klein, weil es zu den jährlichen Gewinnen nach Einschätzung von EUROPOL nur 0,5 Prozent beiträgt, was aber in Anbetracht der Gesamtbilanz von jährlich 15 Milliarden Euro immerhin noch 75 bis 100 Millionen Euro wären. Im Crime Business so etwas wie in der legalen Wirtschaft gesunder Mittelstand, auch wenn das Geschäft mit Haussklaven – denn das verbirgt sich hinter *Domestic Servitude* – ausschließlich bessere Kreise betrifft. Auch Arme knechten ihre Sklaven, aber es sind ihre Frauen und Kinder.

Vorzugsweise aus Flüchtlingslagern oder aus Indien, Pakistan, Nepal bedienen sich die Reichen in den Golfstaaten. Das halten sie für ihr selbstverständliches und von Allah so gewolltes Recht. Wenn mitunter ein arabischer Diplomat im Westen in die Kritik gerät, weil er sich in seiner Residenz ein paar Haussklaven hält, kann er die veröffentlichte Meinung nicht verstehen. Selbstverständlich ist er für die Einhaltung der Menschenrechte, doch fehlt ihm der Glaube daran. Dass es sich in diesen Fällen um Menschen wie ihn handelt.

Hauptsächlich wird verdient mit Mädchen, die wie Sklavinnen an reiche Bürger in Großbritannien oder Frankreich vermittelt werden. Die müssten auf dem legalen Markt anständige Gehälter für Dienstboten zahlen. Tun es aber nicht, weil sie sich die zwar leisten könnten, aber sich mit ihnen nicht leisten dürften, was sie mit den Illegalen machen und von denen verlangen. Falls es je zu einem Prozess kommt, weil sich eine Sklavin retten konnte in Hilfsorganisationen, lesen sich die Aussagen wie Aufzeichnungen aus Dantes Inferno: Sie mussten kochen, putzen, die Kinder beaufsichtigen, täglich zwölf bis vierzehn Stunden, durften das Haus nicht allein verlassen, bekamen keinen Lohn, nur zu essen und zu trinken. Sobald sie aufmuckten, wurden sie mit dem Holzstock verprügelt, und falls dem Hausherrn danach war, von ihm vergewaltigt. Ihr Schlafplatz war ein Kellerraum ohne Fenster. Solche Fälle werden selten bekannt. Höchstens werden jene neuen Sklavenhalter zu Geldstrafen verurteilt, die ihre gesellschaftliche Stellung als privilegierte Stützen der Gesellschaft schändlich missbrauchen, wohingegen ihre missbrauchten Opfer ausgewiesen werden.

Mir gefällt die Taktik eines offensichtlich intelligenten leitenden Beamten, der eines Vormittags in einer schönen Straße in einer schönen Gegend Londons – wobei »schön« dort gleichbedeutend ist mit teuer, saudische Milliardäre, britische *Upper Class* etc. – einen Unfall mit Schrottautos inszenieren ließ, in der Annahme, dass solcher Lärm die Neugier der Anwohner wecken würde, die er näher kennenlernen wollte. So geschah es. Viele stürzten aus den Häusern, um zu sehen, was da passiert war. Fast alle hatten dunkle Hautfarbe. Genau das hatte der Einsatzleiter erhofft, als er die Operation plante – die eigentlich stets Unsichtbaren dadurch sichtbar zu machen, indem er die Haussklaven aus dem Haus lockte. Wie die Überprüfung ergab, hielten sich fast alle illegal in England auf. Ihre Halter bekamen Besuch von höflichen *Immigration Officers*, die Haussklaven wurden vom Hausarrest befreit – und nach Abschluss der Ermittlungen dorthin ausgewiesen, woher sie einst voller Hoffnung auf Zukunft gekommen waren.

Weil die Stimme von Rob Wainwright mal wieder von Dur nach Moll gewechselt ist, vermute ich, dass er Geschichten mit einem Ende dieser Art nicht unbedingt für einen Sieg der Gerechtigkeit halten würde. Da wären wir uns zwar einig.

Aber darüber spricht man selbstverständlich nicht.

KAPITEL 7

Frauenpower: Das Netz der Helferinnen

Ein Hochhaus in Steinwurfweite zum Hafen, verrostete Fahrräder vor dem Eingang, der Lift außer Betrieb, kein Name am Klingelknopf. Vor unangemeldeten Besuchern schützt oben im achten Stock zusätzlich eine Tür aus Stahl. Selbst ein im Einsatz in Dunkelfeldern bewährter Rammbock der Bundespolizei müsste vor ihrer Stärke kapitulieren. Polizisten haben hier allerdings nichts zu suchen. Die Frauen hinter der Tür gehören zu den Guten und nicht zu den Bösen, und wenn am Briefkasten ihr Name verzeichnet wäre, dann stünde dort KOOFRA.

Das klingt lautmalerisch nach Kobra, hat mit einer Schlangenart aber nichts gemein, sondern ist die Abkürzung für »Koordinierungsstelle gegen Frauenhandel«. Dass KOOFRA eine der vielen Mitgliedsorganisationen des »Bundesweiten Koordinierungskreises gegen Frauenhandel und Gewalt an Frauen im Migrationsprozess« ist, kurz KOK genannt, hatte ich mir zuvor angelesen. Im KOK haben sich diverse nichtstaatliche Organisationen zur Bekämpfung des Menschenhandels und für die Verurteilung des Menschenhandels vereint. Um gegen gemeingefährliche Raubtiere in Großstadtdschungeln zu kämpfen, müssen sie gemeinsam so schlau sein wie gemeine Schlangen.

Ich bin bei KOOFRA angemeldet, drücke auf die Klingel und werde hereingelassen.

Zwei karg nur mit dem Nötigsten möblierte Räume. Aktenregale, Telefone, Computer, Kaffeepulver, Thermoskanne, Karteikästen. Keine Fotos von Lieben im Wechselrahmen auf Schreibtischen, keine Postkartengrüße von Urlauben in Dingsda an der Wand, keine Gummibäume, die dem Vergehen entgegenwelken. All das fehlt, was sonst in deutschen Büros traditionell zum Wohlfühlinventar gehört. Wäre dies ein Tatort, könnten Ermittler davon ausgehen, dass hier nur gearbeitet und alles, was von Arbeit abgelenkt hätte, entfernt wurde.

Aber es gibt Spuren. »Frauen im Migrationsprozess« ist zumindest ein Spurenansatz. Kann möglicherweise nichts und gleichzeitig auch alles Mögliche bedeuten. Erinnert mich deshalb an die ehrenwerte Rundfunkserie »Christentum in dieser Zeit«, die wegen der Beliebigkeit dieses Titels von böswilligen Journalisten, also fast allen, mit dem hämischen Zusatz »– Segen oder Fluch?« versehen wurde. Im vergangenen Jahrhundert hatte das zeitgeistig versendete Christentum mal eine treue Hörergemeinde. Am Ende siegte stets Gottes Segen über Teufels Fluch, das Gute über das Böse. Im Gegensatz zu den wirklichen Schlachten im richtigen Leben.

»Frauen im Migrationsprozess« könnten also Frauen sein, die von ihren Vätern, Brüdern, Ehemännern schlecht behandelt worden sind, was in gewissen Ländern traditionell schon immer und immer noch als natürliches Menschenrecht aller Adam nachgeborener Männer betrachtet wird. Es entspricht dem Frauenbild einer Religion, in der verklemmte Anhänger des Propheten ein Frauenbild predigen, das jenem entspricht, das bis zur Aufklärung die Welt im Westen verdunkelte.

Oder es könnte sich – um nicht schon wieder die Frage aufkommen zu lassen, wo das Positive bleibe – bei »Frauen im Migrationsprozess« darum handeln, nach Deutschland ausgewanderten Frauen in Selbstverteidigungskursen überlebensnotwendiges Selbstbewusstsein anzutrainieren. Wodurch sie dann in dem ihnen bevorstehenden Migrationsprozess männliche Herrschaftsansprüche abwehren könnten, verbal zwischen die Augen, rustikal zwischen die Beine.

So kompliziert ist es im achten Stock in Wirklichkeit nicht. Sondern viel einfacher und deshalb, sobald es konkret wird, viel komplizierter. Das Einfache ist: KOOFRA-Frauen helfen Frauen, anderen Frauen aus der Not zu helfen. Prostituierte, die aus dem täglichen Zwang zu sexuellen Dienstleistungen ausbrechen wollen, sind auf Unterstützung von außen angewiesen. Sie wissen nicht, an wen sie sich wenden könnten, aber selbst falls sie es erfahren würden, scheitert ein Kontakt bereits an der Hürde namens Sprache, die sie nicht sprechen und verstehen.

Kernzielgruppe von KOOFRA sind jene vorwiegend aus Osteuropa stammenden Frauen, die nach den geschilderten Mustern – keine Perspektive im Heimatland, Aussicht auf angeblich gut bezahlte seriöse Dienstleistungsjobs in Westeuropa, Abnahme des Passes nach der Ankunft etc. – zur Prostitution gezwungen wurden.

Die erlebte physische Gewalt hat diese Frauen auch psychisch gebrochen. Sie haben sich innerlich aufgegeben, um zu ertragen, was sie täglich über sich ergehen lassen müssen. Ihr ursprünglicher Widerwille, der Wille zum Widerstand, muss erst mal wieder geweckt werden, bevor ein Ausbruch überhaupt nur geplant werden kann. Mit allen sich daraus ergebenden Konsequenzen. KOOFRA-Frauen sind keine Fluchthelfer, aber sie beraten über Fluchtrouten und über Herbergen auf dem Weg und wissen um ein sicheres Haus am Ziel.

Wie lange die Rückkehr in ein normales Leben dauern kann, wie lange eine Betreuung nötig ist, nachdem es gelungen ist, eine Frau aus der physischen Gefangenschaft zu befreien, welche Therapien es braucht, bis sich auch die Seele frei bewegen kann, zeigen Fallstudien von KOOFRA. Fast die Hälfte der von der Organisation zum Beispiel hier in Hamburg betreuten Frauen mussten nach ihrer Flucht zwischen einem halben und einem ganzen Jahr in ihrer Obhut bleiben. Die Raubtiere, denen ihre Beute entrissen wurde, geben nicht so schnell auf.

Die Rotlichtmilieus in Berlin, Hamburg, Frankfurt, Köln werden von Ausländern beherrscht, ebenso das Gewerbe auf dem flachen Land oder das in tiefster Provinz in Wohnwagen betriebene. Einst den Ton in der Szene angebende deutsche Kiezgrößen werden allenfalls noch als Strohmänner benutzt, um notwendige behördliche Genehmigungen für den Betrieb von Bordellen, Laufhäusern, Nachtklubs zu besorgen. Deutsche Rockerbanden mischen gewalttätig mit, brüsten sich an der Seite angeblich seriöser Juristen mit besten Verbindungen zur Politik und damit, auf ihre Art für Ordnung zu sorgen. Genau wegen dieser Art werden sie beim Bundeskriminalamt unter der Rubrik »Kriminelle Vereinigungen« gelistet, so wie auch Menschenhändler, Drogendealer, Waffenhändler.

Die tatsächlich Regierenden des Milieus stammen mehrheitlich aus Albanien, dem Kosovo, der Türkei, aus Serbien, aus Russland. Die russische Mafia gilt wegen ihrer brutalstmöglichen *Violent Specialists*, viele von denen einst ausgebildet in der sowjetischen Armee, als die gefährlichste kriminelle Organisation.

Zur Strategie gehört, Gewalt nur im Notfall anzuwenden, und nur dann, wenn sie nicht auffällt im Hellfeld. Internationale Ermittlungen wegen ungeklärter Todesfälle und schwerer Körperverletzungen stören den transnationalen Handel, Polizisten auf Streife schrecken potenzielle Kunden ab. Beides würde die gewinnträchtige Vermarktung der Waren verhindern. Kollegiale Kooperationen unter gleichgesinnten Verbrechern beruhen nicht auf Treu und Glaube, sondern auf dem sorgfältigen Ausbalancieren krimineller Energien. Unnötig Stärke zu demonstrieren kann deshalb für Täter genauso tödliche Folgen zeitigen wie Schwäche zu zeigen.

Am höchsten ist die Rendite dann, wenn nicht ermittelt werden kann, wie der Gewinn zustande kommt, woher die Menschen stammen, wie sie ins Land gelangten und wer sie am Ende der »Nahrungskette« verschlingt. Um ihre Festkosten zu reduzieren, folgen kriminelle Manager den Beispielen ihrer Kollegen aus dem legalen Handel. Deren Einkäufer bedienen sich dort, wo die Ware bei gleicher Qualität am günstigsten ist, und nutzen auf den Märkten die Erfahrung örtlicher Partner.

Im Menschenhandel gilt das gleiche Prinzip. Falls Männer und Frauen aus Syrien, Irak oder Afghanistan billiger sind als die bisher günstigsten aus Moldawien, Rumänien oder Bulgarien, weil wegen Bürgerkrieg und Terror in Flüchtlingslagern die Preise fallen, schlagen die OK-Einkäufer dort zu. Die Reisekosten zu Endabnehmern in Westeuropa wiederum lassen sich senken, wenn in Moldawien, der Ukraine, Rumänien und Bulgarien akquiriert wird und dann auf kurzen Transportwegen die klassischen Drehkreuze Balkan oder Türkei angelaufen werden. Auch Ungarn bietet sich an, seitdem es nicht mehr im Osten hinter dem Eisernen Vorhang, sondern wie einst zu Zeiten der Habsburger in der Mitte Europas liegt.

Das fiel aber auch den Analysten von EUROPOL auf. Sie beschlossen eine gemeinsame Operation mit ihren ungarischen Kollegen. Die einen ermittelten klassisch durch Verstärkung der Grenzkontrollen, die anderen setzten ihre überlegene Abhörtechnik ein. Für das *Joint Investigation Team* wurden die Ergebnisse koordiniert, und die passten ins gängige Muster: Rekrutierer lieferten junge Frauen aus Osteuropa auf unterschiedlichen Routen an einen zentralen Marktplatz nach

Ungarn, sowohl Einkauf als auch Transport wurden von Investoren über anonyme Nummernkonten finanziert. Ihre Namen kannten nur die Spitzen der Organsiation. In Ungarn übernahmen Reiseführer und Chauffeure, wie sie bei allen im Menschenhandel tätigen kriminellen Vereinigungen anzutreffen sind, den Weitertransport. In diesem Fall per Lieferwagen nach Holland. Am Drehkreuz Amsterdam wurden die Frauen abgeholt, auf Bordelle in den Niederlanden verteilt und zu täglichen Fünfzehn-Stunden-Schichten gezwungen. Bei einer minutiös abgestimmten gemeinsamen Operation nahmen ungarische und holländische Spezialkommandos zwei Dutzend Männer fest. Die meisten stammten aus Serbien. Vertreten waren »Berufe« aus der unteren und mittleren OK-Hierarchie: Rekrutierer, Reiseführer, Chauffeure, Aufpasser, Türsteher, Geschäftsführer von Bordellen. Die Hintermänner an der Spitze kamen davon.

Wenn deutsche Unternehmer in Eigenverantwortung diese Art des Warenverkehrs regeln, gleichen die Produktionsstätten eher modernen Freizeitzentren als verruchten Lasterhöhlen. Sie halten sich an Gesetzesvorgaben, beschäftigen nach eigenen Aussagen, wie sie bei Gelegenheit auch in seriösen Talkshows betonen, als wäre ihr Business gesellschaftsfähig, nur legal eingereiste Frauen, führen Steuern und Sozialabgaben ab, schicken ihre Töchter und Söhne auf die besten Universitäten, damit sie später mal in einer anderen Branche als der des Vaters erfolgreich sind.

Unter welchen Umständen die Frauen angeworben wurden, die sie zu ihren Diensten verpflichten, geben die Großbordelliers vor nicht zu wissen. Achtzig Prozent aller Prostituierten, auch die bei ihnen tätigen, kommen aus Nigeria oder Russland oder Ost- und Südosteuropa. Wie und von wem dort rekrutiert wird, ist allgemein bekannt und bestimmt kein Geheimnis für die Arbeitgeber in den Pull-Ländern. Aber man müsste beweisen können, dass sie die Hilfe von Kriminellen billigend in Kauf genommen haben. Das ist schwierig. Vor allem dann, wenn sich Dunkelfeld und Hellfeld zu einer Grauzone vermischen und nicht mehr klar erkennbar ist, wer sich da freiwillig bewegt und wer tränenblind nach einem Ausweg sucht.

Bis 2009, aufgewachsen in postsozialistschen Umbruchgesellschaften in unsicheren Zeiten, gehörten viele Russinen laut der Fallstudien von KOOFRA zu den gebildeten Ständen – beispielsweise als Lehrerinnen ohne Aussicht auf eine Anstellung – und wussten, was sie tun. Freiwillig wählten sie als Überlebensmittel einen Beruf, mit dem sie sich oder ihre Familien ernähren konnten, kehrten irgendwann mit dem Ersparten zurück in eine von da an wieder wohlanständige bürgerliche Existenz. Es waren Prostituierte auf Zeit, gezwungen zwar durch Notlagen, doch stets in der Lage, zu einem selbstbestimmten Zeitpunkt wieder auszusteigen und heimzukehren. Sie waren keine Opfer von Menschenhändlern, sondern Opfer der in ihrem Land herrschenden Zustände. Die haben sich mittlerweile in Putins Reich für diese gesellschaftliche Schicht verbessert, also entfallen für Russland die wesentlichen Push-Faktoren.

Deshalb dominieren mittlerweile den Markt Frauen aus Bulgarien und Rumänien, die sich sogar in ihrer Muttersprache kaum auszudrücken wissen und von denen viele weder lesen noch schreiben können. Ideale Beute für kriminelle Schleuser und Händler: Sie sind im Einkauf billiger als ihre Vorgängerinnen, in weltfremder Ahnungslosigkeit einfach zu verlocken und zu schleusen – und vor allem gehorchen sie aufs Wort. Der Unterschied zu dem, was ihnen in der heimatlichen Umgebung widerfahren ist – insbesondere als Roma – und täglich widerfährt, ist nicht spürbar groß: Diskriminierung, Gewalt, Zwang. Von Männern unterdrückt zu werden, denen aus der Familie oder der religiösen Gemeinschaft oder denen aus der ethnischen Sippe, ist für sie Alltag, den sie gewohnt sind und an den sie sich gewöhnt haben.

Diese Ordnung haben sie noch nie infrage gestellt. Erst recht nicht in der Fremde. Daran halten sie – sich – fest. Zur Lage dieser Nationen gehört es auch, dass sich dort werdende Väter der selbst gezeugten Verantwortung entziehen, sobald Verpflichtungen drohen. Deshalb müssen viele alleinerziehende Frauen ihre Kinder in der Obhut ihrer Mütter zurücklassen, um mit dem Verdienst aus der Prostitution die Familie zu versorgen, entweder in einer Stadt ihres Heimatlands, registriert unter dem Begriff »Armutsprostitution«, oder als »Sexarbeiterin«, wie das so beschönigend heißt, im fernen Westeuropa. Andere führen ein Doppelleben, erzählen zu Hause, als Putzfrau oder als Pflegerin in Deutschland zu arbeiten, während sie in trister Realität ihre Körper verkaufen. Machen sich damit doppelt erpressbar, weil sie zusätzlich mit der Drohung, dass ihren Familien die nackte Wahrheit verraten wird, gefügig gehalten werden.

Es wäre wenig hilfreich, diesen Prostituierten mit feministischen Thesen aufgeklärter Frauen zu kommen, denn die können sie nicht verstehen. In Albanien oder Moldawien zum Beispiel herrschen mittelalterliche Vorstellungen darüber, was sich einer Frau geziemt und was alles ein Mann ungestraft mit ihr tun darf, dem zu gehorchen sie verpflichtet ist.

Im Westen gilt zumindest theoretisch die Gleichberechtigung von Mann und Frau. Der Krieg der Geschlechter ist entschieden, obwohl sich manche der klassischen Männerseilschaften noch immer verbissen gegen den Verlust ihrer jahrhundertealten Privilegien wehren. Frauenfeindliche Äußerungen von Wirtschaftsbossen, Medienmachern und Politikern, einst noch herzhaft als quasi genetisch zugestandene Scherze belacht, wirken inzwischen wie aus der Zeit gefallen. Falls einer durch einen tiefen Blick in ein Dekolleté tief in sein eigenes Weltbild blicken lässt wie jener alte Mann von der FDP, wird er nicht nur von selbstbewussten Frauen, sondern auch von aufgeklärten Geschlechtsgenossen öffentlich vorgeführt. Prollige Machoinseln in Unterschichten, die politisch korrekt »unterprivilegiert« genannt werden müssen, gibt es nach wie vor, und richtig ist: Noch immer werden dumme Männer besser bezahlt als kluge Frauen.

Doch im internationalen Frauenhandel gelten ohne Einschränkungen die Strukturen und Regeln von Herr- und Leibeigenschaft. KOOFRA ist deshalb in seiner Strategie klug beraten, nicht etwa zu missionieren, sondern im Geiste von KOK konkrete Hilfe denen anzubieten, die sich aus einer Zwangssituation befreien wollen. »Die Ziele der Arbeit des KOK sind die Bekämpfung des Menschenhandels, die Verbesserung der Situation und die Stärkung der Betroffenen von Menschenhandel, die rechtliche und soziale Gleichstellung von Prostituierten, die Bekämpfung rassistischer und sexistischer Diskriminierung von Migrantinnen und die Unterstützung der bestehenden Strukturen der Fachberatungsstellen für Betroffene von Menschenhandel.«

Wann beginnt Zwang? Ist die Ausbeutung von Reinigungskräften und Putzkolonnen durch Subunternehmer nicht ebenso eine Verletzung der Menschenrechte wie die tägliche Ausbeutung im Bordell, obwohl sich beispielsweise Zimmermädchen in Hotels zu Hungerlöhnen von zwei, drei Euro pro Stunde freiwillig verpflichtet haben? Auch sie werden traumatisiert durch die ihnen aufgezwungene Realität, sind psychische Opfer einer unsozialen Marktwirtschaft.

Das Deutsche Institut für Menschenrechte (DIMR), gegründet 2001 als gemeinnütziger Verein, finanziert aus den Etats verschiedener Bundesministerien, berät Politiker zum Beispiel über »zeitgenössische Formen der Sklaverei« durch »Einbringen der menschenrechtlichen Perspektive im Kampf gegen Menschenhandel«, was in meiner nichtautorisierten Übersetzung bedeutet, dass es nicht allein um eine höhere Moral geht, die der Guten. Sondern auch darum, den Anspruch der Opfer auf Entschädigung unabhängig von ihrer Bereitschaft zur »Mitwirkung als Zeugin oder Zeuge in Strafverfahren« durchzusetzen.

»Zeuge« und nicht nur »Zeugin«, »Mann« und nicht nur »Frau« stehen deshalb in den Forderungen, weil sexuelle Ausbeutung gleich behandelt werden muss wie Arbeitsausbeutung. In beiden Fällen geht es ganz konkret um Geld. Die meisten kehren arm, wie sie mal gekommen sind, zurück in ihre Heimat, weil sie als Illegale keine Ansprüche durchsetzen können im Land, in dem sie jahrelang ausgebeutet wurden.

Selbst wenn sie legal eingewandert waren, mit gültigen Visa und echten Arbeitspapieren, dauert es im Durchschnitt drei Jahre, bis ihre Anträge aufgrund des Opferentschädigungsgesetzes von den Versorgungsämtern entschieden werden. Am Ende sind das 130 Euro Monatsrente, vielleicht sogar 300, aber es kann auch sein, dass nur die Kosten für den Zahnarzt erstattet werden, der die einem wiederborstigen Arbeiter ausgeschlagenen Zähne behandelt hat.

Die Menschenrechtler vom DIMR sind sowohl Politikberater als auch Lobbyisten. Wenn Prostitution als Arbeit begriffen und akzeptiert würde wie Arbeit in Großschlachtereien und die Bestimmungen gegen Lohndumping hier zumindest durchgesetzt würden und nicht so vernachlässigt wie in der Praxis mit bulgarischen oder rumänischen Hilfskräften, wäre endlich mal der Teufel los. Der Teufel, frage ich nach, der Teufel?

Nun ja, nicht der Teufel. Aber zumindest Gewerkschafter würden den betroffenen Unternehmern die Hölle heißmachen. Weil in beiden Wirtschaftszweigen die existenzielle Notlage der Arbeiterinnen und Arbeiter schamlos und skrupellos ausgenutzt wird. Staatliche Hilfe oder Beratung und Betreung durch nichtstaatliche Organisationen gibt es bisher aber – außer beispielhaft mal in einem Projekt von XENOS, benannt nach dem altgriechischen Wort *xénos* (= Fremder), das zum nationalen Aktionsplan gegen Diskriminierung und Fremdenfeindlichkeit gehört – viel zu selten. In einer Studie des DGB über Arbeitsausbeutung und Menschenhandel in Brandenburg wird zwischen Zwangsarbeit und Zwangsprostitution kein Unterschied gemacht. Die Not ist gleich groß, wenn Menschen nichts mehr bleibt, was sie verkaufen können außer ihrem Körper oder ihrer Körperkraft.

Viele wissen nicht einmal, wo sie eigentlich sind. In welchem Staat. In welcher Stadt. Menschenhändler haben die Männer mit falschen Versprechen geködert, ganz nach dem Muster der Rekutierung von Frauen, Schleuser sie wie Vieh ans Ziel getrieben, Endabnehmer ihre Pässe konfisziert. Aber obwohl ihnen spätestens da klar geworden ist, dass sie in der Falle sitzen, dass sie eigentlich Gefangene sind und zudem noch selbst schuld aufgrund ihrer blauäugigen Naivität, bleiben sie im Alltag angewiesen auf ihre kriminellen neuen Besitzer. Egal, ob sie getäuscht wurden über die Artbeitsbedingungen vor Ort, ob sie mit Gewalt verschleppt wurden oder ob sie genau wussten, was sie erwartete. Denn außer Subunternehmern, die den »Arbeitsstrich« beherrschen, und außer Zuhältern, die den Sexmarkt regulieren, kennen sie niemanden.

Männer, die sich widersetzen, werden verprügelt, was mögliche Gleichgesinnte davon abhält, Widerstand zu wagen, und Frauen unter Verschluss gehalten, allzeit bereit zum Gebrauch.

Ihre Kunden um Hilfe zu bitten, scheitert entweder an der Sprachbarriere oder daran, dass die nur schnell erledigt haben wollen, wofür sie bezahlt haben. Selbst wenn die Kunden besten Willens wären – woran sollen sie merken, ob eine Prostituierte willig ihren Dienst verrichtet oder aus Furcht vor Strafe nur so tut, in Wahrheit jedoch auf Hilfe hofft?

Auch Freier gehören manchmal zu unseren Helfern, entgegnet die KOOFRA-Frau, die mich eingelassen hat, und weil sie meine ungläubige Miene sieht, legt sie nach. Ja, es rufen wirklich post coitum Männer an, die beim Vollzug einen Verdacht schöpften, dass irgendwas nicht stimmt. Teilen Adresse des Bordells oder der Modellwohnung mit und den angeblichen Namen der Frau. Selbstverständlich wollen sie anonym bleiben und sind für Rückfragen nicht erreichbar.

Woher wissen die, was KOOFRA bedeutet und was die machen und wie man die findet?

Weil sie Stichwörter wie »Prostitution« oder »Zwang« oder »Zwangsprostitution« in Suchmasken ihrer Computer eingegeben haben und an eine der in Deutschland rund um die Uhr besetzten Telefonnumern für Notfälle verwiesen wurden. Die Hilfe-Hotline 088000 116016 ist ein kleines, aber wirksames Beispiel für solche Aktivitäten dieser Art. Dolmetscherinnen für 16 Sprachen stehen bereit.

Nach konkreten Hinweisen gibt KOOFRA die Informationen weiter, denn jeder Fall ist erst einmal ein Fall für die Polizei. KOOFRA kann nur Beratung oder Betreuung bieten, aber darf nicht selbst aktiv werden, zum Beispiel bei der Befreiung eines Opfers. Sondern wird sich erst anschließend kümmern um Unterbringung, um Lebensunterhalt, um ärztliche und juristische Fürsorge für die Frauen, die sich nach Bedenkzeit oder spontan und mutig zur Zusammenarbeit mit der Polizei bereit erklärt haben, es trotz aller Ängste und Drohungen wagen wollen, gegen Kriminelle auszusagen. Manche wissen über deren Geschäfte so viel, dass sie wegen akuter Lebensgefahr in ein »Schutzprogramm des operativen Opferschutzes« aufgenommen und bis zum Prozess in einer sicheren Wohnung, bewacht von Spezialkommandos, untergebracht werden.

Zusammen mit dem Referat LD 65 des Landeskriminalamts hat KOOFRA, um nicht nur auf Zufallstreffer aufgrund anonymer Freiertipps angewiesen zu sein, eine Strategie entwickelt, die mittlerweile als »Hamburger Modell« bundesweit praktiziert wird. Falls während einer Razzia den Einsatzkräften auffällt, dass Frauen verängstigt schweigen, während ihre »Beschützer« versichern, sie dürften in ihrem Namen reden, könnten alle Fragen beantworten, weil die Mädchen angeblich nichts verstehen würden in der ihnen fremden Sprache, werden die Männer getrennt von den Frauen verhört und außer Reich- und Sichtweite gebracht. Parallel dazu wird KOOFRA informiert und um Beistand gebeten.

Der besteht zunächst darin, dass die betroffenen Frauen Unterstützung in ihrer Muttersprache bekommen. Am Anfang ist bekanntlich das Wort, und das gilt nicht nur in der Bibel, sondern auch hier. So wie Bundespolizei und Bundeskriminalamt anders als in früheren Zeiten, als bei Verhören von Zeugen oder Verdächtigen aus dem Dunkelfeld organisierter Kriminalität meist Dolmetscher für zwei Sprachen genügten – Italienisch und Serbisch –, heute Dolmetscher für ein gutes Dutzend Sprachen benötigen, mussten auch nichtstaatliche Hilfsorganisationen sprachlich aufrüsten.

Die notwendigen Betreuungssprachen sind so zahlreich, dass KOOFRA auf Unterstützung von Studentinnen angewiesen ist, die auf Honorarbasis dolmetschen, von KOOFRA »multikulturelles Mediationsteam« genannt. Notwendig sind inzwischen aufgrund internationaler Beutezüge der Menschenhändler: Albanisch, Bulgarisch, Englisch, Französisch, Kikuyu, Swahili, Kroatisch, Mazedonisch, Polnisch, Portugiesisch und Spanisch (für Frauen aus Lateinamerika), Rumänisch, Russisch, Serbisch, Slowakisch, Tschechisch, Türkisch. Für Gespräche in Bulgarisch und Rumänisch hat KOOFRA je zwei Dolmetscherinnen auf ihrer Liste. Aus diesen beiden Ländern stammen die meisten Frauen.

Honoriert werden Übersetzerinnen aus einem Bußgeldfonds. Der verteilt jedes Jahr kleine und größere Summen, die nach Gerichtsverfahren als Strafe verhängt wurden und von den Verurteilten bezahlt werden müssen. Bußgeldfonds gibt es in allen Bundesländern; gemeinnützige Vereine und Ehrenamtliche brauchen die Zuwendungen, um wirksam helfen zu können.

Psychologisches Einfühlungsvermögen ist bei allen Erstgesprächen der Schlüssel zu einem Durchbruch. Die Studentinnen sind darin geschult worden. Falls Frauen aus Ländern außerhalb der EU mit Besuchervisa in den Schengen-Raum geschleust wurden, fürchten sie bei Aussagen über Routen und Methoden die Rache ihrer Ausbeuter und die ihnen zwangsläufig bevorstehende Ausweisung. Viele schweigen lieber und müssen trotz verdächtig vieler Indizien für eine strafbare Handlung ergebnislos entlassen werden. Aber auch sie bekommen kleine Helfer mit auf den Weg. Das sind jene bunten Zettel, die mir in den Karteikästen auf den KOOFRA-Schreibtischen aufgefallen waren. Auf denen steht eine Handynummer von KOOFRA, verbunden mit einem einzigen Satz in vielen Sprachen: »Falls Sie Hilfe brauchen, melden Sie sich bei uns.«

Wenn Beamte aufgrund ihrer langjähriger Erfahrung während eines Verhörs das Gefühl haben, dass es sich lohnen könnte, in einer anderen Umgebung als der einer Behörde erneut einen Versuch zu starten, die Frauen zu einer Aussage zu bewegen, informieren sie eine Streetworkerin, die zum Netzwerk der Helfer gehört. Sie bietet Beratung an einem geheimen Ort an. Niemand wird bedrängt. Nur die Frau soll entscheiden, ob sie das Angebot annehmen und bei KOOFRA anrufen will. Vielleicht aber ist ihre Angst vor ihren Unterdrückern am Ende doch zu groß, weil die nicht nur sie bedrohen, sondern ebenso ihre in Rumänien, Bulgarien, Moldawien oder Albanien lebenden Angehörigen.

Aber falls sie sich trotz der Gefahren für deren Leib und Leiben und trotz drohender Ausweisung zur Flucht aus der Zwangsherrschaft der Zuhälter entschließt, für den Ausstieg aus der Prostitution, egal ob aus erzwungener oder aus freiwilliger, stehen Wegbegleiterinnen betreuend bereit. Rechtsanwältinnen helfen bei Anträgen auf Entschädigung aus dem Opferentschädigungsgesetz, falls die Händler verurteilt werden und die von ihnen Ausgebeuteten Anspruch auf Entschädigung haben. Was allerdings nur auf dem Papier gut aussieht, denn die meisten Beklagten behaupten, keinen Besitz zu haben, mittellos zu sein und von Hartz IV zu leben.

Wo sie ihr Vermögen versteckt oder in welcher Firma sie ihr Schwarzgeld weißgewaschen und dann irgendwo neu investiert haben, müsste ermittelt werden. Das kann lange dauern. Einer der Verurteilten hatte nicht mit dem guten Einfall einer KOOFRA-Juristin gerechnet – sein von der Polizei beschlagnahmter einziger nachweislicher Vermögenswert, ein Auto, gehört jetzt seinem Opfer. Solche Erfolgserlebnisse hellen den düsteren Alltag auf.

Frauen, die bereit waren, vor Gericht auszusagen, werden nach Prozessende wieder in sicheren Wohnungen untergebracht. Andere brauchen sofort Unterkunft und Geld. Nicht nur für eine Woche oder einen Monat, sondern manchmal für ein Jahr. So lange kann es dauern, bis manche fähig sind, allein mit dem Leben zurechtzukommen. Im Glücksfall verbunden mit einer Arbeit in der legalen Wirtschaft, diesmal tatsächlich als Putzfrau, Kellnerin oder Pflegerin. Oder stark genug für die Rückkehr ins Land, aus dem sie einst kamen. Wer illegal eingewandert ist, muss zurückgeschickt werden. So steht es in den Gesetzen, und die gelten im Rechtsstaat Deutschland. Was man grundsätzlich an denen ändern müsste, steht auf einem anderen Blatt im nächsten Kapitel.

Letzte Rettung vor einer drohenden Ausweisung ist manchmal die Heirat mit deutschen Staatsbürgern. KOOFRA warnt zwar vor Typen, die sich für Scheinehen bezahlen lassen und außerdem ihr Opfer in den eigenen vier Wänden ausbeuten für private sexuelle Dienstleistungen. Aber manchmal, sagt die Vertreterin von KOOFRA, manchmal gibt es tatsächlich Fälle von Liebe und einer Hochzeit, und womöglich leben die Protagonisten dann wie im Märchen glücklich zusammen bis ans Ende ihrer Tage.

KOK, die Vernetzungs- und Koordinierungsstelle, in der auch KOOFRA Mitglied ist, vertritt die Interessen und Forderungen seiner Mitgliedsorganisationen, koordiniert die Arbeit der Beratungsstellen, arbeitet mit anderen Hilfsorganisationen der Guten zusammen und will ganz bewusst Politik und Öffentlichkeit immer wieder und so lange nerven, bis sich tatsächlich etwas ändert und bis den vielen Worten konkrete Taten folgen. Die wichtigste politische Forderung von KOK ist die nach unbeschränktem Aufenthaltsrecht für alle Betroffenen von Menschenhandel, unabhängig von deren Kooperationsbereitschaft mit Strafverfolgungsbehörden. Denn viele, die grundsätzlich dazu bereit wären, schweigen lieber, aus Angst vor Ausweisung, statt sich unter Eid vor Gericht zu offenbaren. Kriminelle aber lassen sich nur dann zum Offenbarungseid zwingen, wenn Opfer gegen sie aussagen und wenn die bedrohte Familie des Opfers im Heimatland von der dortigen Polizei geschützt wird. Das geschieht nur selten.

KOK verlangt Straffreiheit für Opfer von Menschenhandel, den er bewusst nur »Frauenhandel« nennt, weil es um die Rechte der Frauen geht. Und obwohl auch Männer Opfer von Menschenhandel werden, sind es aber, nach gängigen internationaler Schätzungen zwischen 55% bis 80%, nun mal Frauen und Mädchen, die ausgebeutet werden. Schätzungen über die Zahl von Prostituierten in Deutschland, freiwillig und unfreiwillig tätigen, schwanken um 400 000 herum. Geschätzte 1,2 Millionen Freier kaufen täglich Sex. Je billiger, desto besser; je günstiger das Angebot, desto begehrter die Ware.

Erkenntnisse von Polizei und Hilfsorganisationen beweisen, dass der Begriff *Sexual Exploitation*, sexuelle Ausbeutung, die Wirklichkeit auch im Hellfeld freiwilliger Prostitution widerspiegelt und nicht nur im Dunkelfeld der Zwangsprostitution. Die eine ist legal, die andere strafbar. In beiden Fällen basiert das Geschäftsmodell auf Ausbeutung. Es ist eine Legende, dass Frauen in wenigen Berufsjahren in Deutschland so viel Geld verdienen, dass sie sich anschließend in Rumänien, Bulgarien, Weißrussland oder Moldawien zur Ruhe setzen und in Frieden leben können.

Ausgehend von sieben Kunden pro Tag, die jeweils pro Akt 30 Euro bezahlen, ließe sich eine durchschnittliche Abrechnung aufstellen —»ließe« deshalb, weil die Konkurrenz auf dem Sexmarkt so groß ist, dass vielerorts Kunden durch Dumpingpreise angelockt werden, so wie in dem anderen Dunkelfeld des Menschenhandels Arbeitgeber von den Dumpinglöhnen der Arbeitssklaven verlockt werden. Bei Sonderaktionen bestehender oder zur Eröffnung neuer Bordelle, Frau + Getränk + Erdnüsse für 8,90 Euro, standen Hunderte von Männern in der Warteschlange. Da fragt keiner nach der Herkunft oder gar dem seelischen Zustand der Frauen.

Es könnte sich bei einer Musterrechnung aus dem Jahre

2010 schon 2013 um ein Muster ohne Wert handeln, weil die Welt in den drei Jahren nicht friedlicher geworden ist, sondern blutiger, weil so viele aus Syrien fliehen mussten und sich damit das Angebot an frischer Ware vermehrt hat, weil die Lage in Ländern wie Moldawien, Rumänien, Bulgarien sich nicht verbessert hat, sondern eher verschlechtert. Aber wer wie viel von dem bekommt, was eine Frau erwirtschaftet hat, der Verteilerschlüssel, das bleibt gleich, egal auf welchem Niveau. Alle folgenden Zahlen beziehen sich auf die ganz legale Prostitution. Zwangsprostituierte müssen oft bis zu 30 Männer pro Tag und Nacht bedienen und haben allenfalls mal ein paar Stunden frei.

Das Muster: 28 Arbeitstage mit täglichen Einnahmen von 210 Euro bedeuten für die Prostituierte einen Umsatz von monatlich 5880 Euro. Auch an den drei arbeitsfreien Tagen sind für das »Arbeitszimmer« 180 Euro Gebühr fällig. An den Bordellbesitzer abzugeben sind pro Tag 115 Euro Miete, macht im Monat 3220 Euro. Gewerbe- und Sexsteuer pro Tag 12 Euro, summiert sich auf 336 Euro. Durchschnittliche Ausgaben für Essen, Trinken, Kosmetik, Handy, Friseur, Zigaretten 400 Euro. Gesamtausgaben 4136 Euro. Es bleiben ihr also 1744 Euro. Falls die Frau versichert ist, wird davon die Prämie für die Krankenversicherung bezahlt. Vom Rest holt sich der Zuhälter seinen Anteil, im Regelfall 50 bis 60 Prozent.

Selbst wenn der Frau im Monat nur knapp 800 Euro Lohn der Arbeit bleiben, entsprechen die bereits etwa dem Fünffachen des monatlichen Durchschnittsverdienstes in ihrem Herkunftsland. Deshalb auch empfinden sich zu viele Prostituierte nicht als ausgebeutete Opfer, obwohl sie das nach westeuropäischen Maßstäben ja tatsächlich sind, sondern als privilegiert.

In der Zentrale von KOK in Berlin genügt ein Blick aus dem Fenster, um zu sehen, was sie dafür tun: Morgens bereits ab zehn Uhr, kaum dass die Nachtschichtlerinnen von ihren Zuhältern abkassiert worden sind, flattern am Bordstein des Straßenstrichs die Schwalben der nächsten Schicht. Manche sehen sehr jung aus, als wären sie gerade erst aus dem Nest gefallen und noch nicht flügge. Muskelstarke Goldkettenträger observieren ihren Besitz. Die Mädchen reden untereinander in Sprachen, die nur sie verstehen. Nähert sich ein Kunde, getrieben von präseniler Bettflucht, sprechen sie die wenigen Sätze Deutsch, die ihnen beigebracht wurden. In denen geht es um Praktiken, um Preise, um Präservative.

KOK verlangt mehr Rechte für Opfer von Frauenhandel und eine soziale Gleichstellung von Prostituierten mit anderen Berufen. Im KOK, der größtenteils finanziert wird vom Bundesministerium für Familie, Frauen, Senioren und Jugend und unterstützt von einigen Spenden, sind 37 verschiedene Organisationen vernetzt. Die Mitgliedsorganisationen des KOK – die spezialisierten Fachberatungsstellen für Betroffene von Menschenhandel – beraten Betroffene, begleiten Sie beispielsweise zu RechtsanwältInnen oder GutachterInnen und unterstützen sie direkt. Die Frauen werden in Safe Houses untergebracht, in denen sie sich sicher fühlen können vor der Rache ihrer nach Razzien festgenommenen Zuhälter. Falls es denen gelingt, sie so einzuschüchtern, direkt oder indirekt über ihre Angehörigen, dass sie frühere Aussagen zurückziehen und nicht mehr bereit sind, als Zeugin vor Gericht aufzutreten, kommen die Täter glimpflich oder gar straffrei davon. Entscheidend bei Strafverfahren in einem Rechtsstaat sind nun mal Personenbeweise.

Sicheren Schutz kann KOK nicht bieten. Wie auch. Was sie machen können, ist, Öffentlichkeit herstellen und Politiker unter Druck setzen. Wesentliche Forderungen lauten, einen Schutzanspruch der Opfer durchzusetzen, was bedeutet, dass der Staat, in dem ihnen Unrecht geschehen ist, Gewalt angetan wurde, deshalb verantwortlich ist für ihren Schutz. Und genauso wichtig ist eine Aufenthaltserlaubnis in Deutschland, nicht nur gekoppelt an die Bereitschaft, als Kronzeugin mit Strafverfolgungsbehören zu kooperieren, sondern grundsätzlich.

Viele wollen ja gar nicht hierbleiben, wollen lieber zurück dahin, woher sie kamen, trotz aller Gefahren, die dort lauern. Obwohl ihnen KOK nichts versprechen kann außer einer gewissen nachhaltigen Betreuung durch Partner wie *La Strada* oder SOLWODI (Solidarity with Women in Distress) vor Ort. Als guter Anfang, als Erfolgserlebnis gilt bereits, wenn es gelingt, die Frauen am Flughafen vor jenen abzuholen, die im Auftrag der kriminellen Organisation dort warten, und sie unbemerkt an einen sicheren Ort zu bringen.

KOOFRA mit klugen Schlangen in Verbindung zu bringen, scheint doch nicht so weit hergeholt. Auch *La Strada*, die Straße, könnte tierisch gut passen, weil die Überlebensstrategie von Straßenkötern darin besteht, alle möglichen Gefahren rechtzeitig zu wittern und allen rechtzeitig auszuweichen.

Den passenden Namen für das, was sie planten, fanden sechs Frauen aus Polen, Tschechien und Holland 1995 nach Mitternacht in einer Utrechter Kneipe. »La Strada« von Federico Fellini war ein Lieblingsfilm von Stana Buchowska, der Polin. Im italienischen Klassiker mit Giulietta Masina und Anthony Quinn in den Hauptrollen wird das junge Mädchen Gelsomina von seiner Mutter an einen bärenstarken Mann vom Zirkus verkauft, den großen Zampano, mit dem es fortan durch Italien zieht, von ihm benutzt und ausgebeutet und misshandelt.

Im Film endet das Lied der Straße für Gelsomina tödlich. Auch dieses Ende passt zum Netzwerk *La Strada*, in den Gründerjahren finanziert von einer privaten Stiftung mit dem Ziel der »Bekämpfung der sexuellen Ausbeutung von Frauen«, inzwischen außer durch Spenden unter anderem durch Mittel der EU, zum Beispiel aus dem DAPHNE genannten Programm zur »Bekämpfung von Gewalt gegen Kinder, Jugendliche und Frauen«, das über einen Etat von 117 Millionen Euro verfügt.

Viele Frauen und Männer und Kinder, verkauft und vergewaltigt und versklavt, finden nicht mehr richtig zurück ins Leben, auch wenn es gelungen ist, sie zu befreien. Vor allem Kinder leiden nicht nur an der alltäglichen materiellen Not, sondern auch psychisch, bekommen aber keine Hilfe. Weil es in ihrem Land für kranke Seelen keine entsprechenden Einrichtungen gibt. *La Strada* ist deshalb mit Beraterinnen, Therapeutinnen und Helferinnen vertreten in vielen europäischen Ländern, darunter natürlich aus guten schlechten Gründen in denen, die zu den Hauptlieferanten der Ware Mensch zählen, wie Bulgarien, Rumänien, Tschechien, Ukraine, Weißrussland und – Moldawien.

Der ärmste Staat Europas.

Eine ausgeschlachtete Nation.

Das Herz der Finsternis.

Ein Land für *La Strada*.

Der Staat, wie viele andere einstige Teilrepubliken der Sowjetunion nach deren Zusammenbruch in die Unabhängigkeit entlassen, gehört zu den Regionen Osteuropas, wo außer mehr oder selten weniger aktiven kriminellen Organisationen und mal mehr, oft weniger korrupten politischen Seilschaften vor allem eines herrscht – Armut.

Die Holländerin Trijntje Koostra, damals bei der Namensfindung in Utrecht nächtens dabei, erinnert sich daran, dass sie bei ihren ersten Kontakten zu Regierungsstellen in der Ukraine von irgendeinem Vizeminister verlacht wurden, weil sie tatsächlich glaubten, Frauenhandel sei ein Problem für die Ukraine. Die hätte aber ganz andere Probleme. Mit dem Handel überhaupt. Weil sie schlicht keinen hatten. Die Frauen könnten warten.

Inzwischen gibt es außer *La Strada* in der Ukraine dreißig nichtstaatliche Hilfsorganisationen gegen Menschenhandel. Und nicht nur, weil sie in Nachbarstaaten aktiv sind, sondern auch weil es dort jeweils die gleichen Probleme gibt, ist *La Strada* in Kiew mit ihrer Schwester in Chişinău in einer strategischen bilateralen Partnerschaft verbunden, so wie die Dependance in Polen mit der in Weißrussland, die in Bulgarien mit der in Mazedonien und die in Tschechien mit der in Bosnien-Herzegowina.

Kriminalität und Korruption existierten auch in Zeiten, als in Moskau noch kommunistische Zaren herrschten. Weil im Ostblock alle Grenzen zum Klassenfeind dicht waren, gab es zwar im Sowjetreich Kriminelle und natürlich auch Prostitution, schweigend geduldet oder aber durch bestochene Polizisten geschützt, aber keinen kriminellen Handel mit der Ware Mensch und im Kalten Krieg keine Chance, durch Schleusung aus der Armut zu flüchten.

Väterchen Staat garantierte im Gegenzug allen Untertanen Arbeit, Kost und Logis. Diese Menschenrechte galten, andere zu fordern endete im Gefängnis. Die Hoffnung auf bessere Zeiten in Unabhängigkeit und Freiheit verstarb in den meisten ehemaligen Ostblockländern bereits wenige Monate nach den umjubelten Totenfeiern für das alte System. Dessen Hinterlassenschaften, verstärkt durch den ungezähmten Raubtierkapitalismus westlicher Provenienz, hießen: Armut, Korruption, Kriminalität.

Ideale Voraussetzungen für Menschenhandel.

Ob tatsächlich eine Million Menschen, was einem Viertel der Gesamtbevölkerung entsprechen würde, das Land verlassen haben, freiwillig oder unfreiwillig, seit Moldawien 1991 unabhängig wurde, ist schon deshalb nicht nachprüfbar, weil im Lauf der vergangenen zwanzig Jahre viele wieder zurückgekehrt sind. Aus ihren Berichten und aus eigenen Fallstudien weiß die Vertretung von *La Strada* in der Hauptstadt Chișinău über das Dunkelfeld mehr, als staatliche Behörden zugeben wollen oder tatsächlich wissen, auch weil es von Staats wegen keine verlässlichen Erhebungen gibt und keine zielgerichtete Strategie gegen kriminelle Organisationen, die den Menschenhandel in Moldawien beherrschen.

Die hatten aufgrund veränderter Marktlage ihr Geschäftsmodell den neuen Zeiten angepasst. Strategisch. Taktisch. Praktisch. Traditionelle gesellschaftliche Normen, die nie infrage gestellt worden waren, zum Beispiel die dienenden Rolle von Frauen und die herrschende von Männern, hatten schon den Menschenhandel innerhalb der nationalen Grenzen befördert. Das Oberhaupt einer ethnischen Sippschaft oder eines Clans der Roma dehnte nach der Unabhängigkeit die Handelsrouten über die neuen Grenzen hinaus aus und schloss sich mit seiner nationalen Bande internationalen Banden an, die den großen Menschenmarkt Europa bedienten.

Um Nachschub mussten sie sich nie sorgen. Rekrutiert wurde hauptsächlich in den Provinzen, in den Dörfern, wo die meisten Armen, Ungebildeten, Hoffnungslosen lebten. Sie anzuwerben war leicht. Es reichten Versprechungen eines besseren Lebens im Ausland. Von dem hatten sie noch nie etwas tatsächlich gesehen, hatten keine Vorstellung von den herrschenden Bedingungen und Angeboten, kannten nur die bunt lockenden Trugbilder aus dem Fernsehen. Da es auf den versendeten Bildern allemal besser aussah als da, wo sie waren, ließen sie sich leicht einfangen von denen, die sich auskannten dort, wohin sie ihre Beute hinzubringen gedachten.

Bevorzugt Frauen. Deren anerzogene Pflicht, Männern zu gehorchen, erleichterte den Händlern das Geschäft. Widerstand musste nicht wie bei vielen verschleppten Mädchen aus

Ungarn, Tschechien oder gar Polen durch Vergewaltigung und Prügel gebrochen werden. Die meisten Opfer fügten sich ihrem Schicksal, als sie im Land ihrer naiven Träume mit der brutalen Wirklichkeit namens Prostitution oder Zwangsarbeit konfrontiert wurden. Offizielle in Moldawien sehen die Lage ihrer Nation inzwischen so, dass sie sich verbessert habe – dank entsprechender staatlicher Aufklärungsprogramme. Waren zur Jahrtausendwende noch bei 98 Prozent aller bekannt gewordenen Fälle von Menschenhandel junge Frauen die Opfer und nur bei 2 Prozent Männer, habe sich das Verhältnis jetzt deutlich zum Positiven verändert,

Jetzt laute es etwa 86:14.

Selbst solche Verbesserungen, die in Wirklichkeit ja nur eine Verschiebung der Relationen bei Menschenschmuggel und -handel bedeuten, werden in den Lagebildern von UNO oder EUROPOL als Fortschritt gewürdigt. Verbunden mit dem Ansporn, nicht nachzulassen in den Anstrengungen. Der Weg ist in dem Fall das Ziel.

Aber das Lied, das *La Strada* in Moldawien anstimmt, hat ganz andere Strophen. Zum Mitsingen sind sie nicht geeignet. Denn die Texte hat kein Poet verfasst, sondern das Leben. Klingt so formuliert nach einer falschen Melodie. Echte Geschichten bietet nur die Realität. Die verlangt eine andere Sprache, wenn sie gut beschrieben sein will.

Echt sind die folgenden Geschichten alle und von *La Strada* auch dokumentiert. Nicht etwa von ungefähr, sondern von der Wirklichkeit erzwungen, koordiniert *La Strada* ihre Aktionen mit den Schwesterorganisationen in Polen, der Ukraine, Bulgarien, Weißrussland, Tschechien.

Aber keine Geschichte ist wirklich gut:

Nicht die Geschichte von Elena, 21, alleinerziehende junge Mutter, deren Roma-Verwandte ihr einen Job als Blumenverkäuferin in Polen versprachen. Ihr Kind durfte sie mitnehmen. In Wirklichkeit wurde sie in Kattowitz zum Betteln gezwungen, zusammen mit der kleinen Tochter. Vierzehn Stunden täglich. Wenn sie abends nicht genügend Geld bei den Aufpassern ablieferte, bekamen beide nichts zu essen. Sie lebten in einem Abbruchhaus, wurden nachts eingeschlossen und tagsüber bewacht. Einmal gelang ihnen zwar die Flucht, aber Roma, die in einem anderen Stadtviertel ein ähnliches Gewerbe betrieben, brachten sie zurück zu ihren »Besitzern«. Die nahmen Elena daraufhin das Kind weg und teilten es in einer fremden Gruppe zum Betteln ein. Mutter und Tochter durften noch zusammen in einem Raum schlafen, stets bewacht von einem Bandenmitglied. Als das eines Nachts so betrunken war, dass es laut schnarchend einschlief, nutzten Mutter und Tochter diese ihre letzte Chance und rannten, bis sie eine Polizeiwache fanden. Ein mitleidiger Polizist half, statt sie wieder auf die Straße zu jagen, wo sie bald gejagt worden wären, und gab ihnen Geld für die Busfahrkarte zurück nach Moldawien.

Und auch nicht die Geschichte von Konstantin, 27, dem Arbeit auf einer Baustelle in Tschechien versprochen worden war, wovon er seine in Moldawien zurückbleibende Frau samt Kindern mit regelmäßigen Überweisungen würde ernähren können. Geldtransfers von Moldawiern, die irgendwo auf der Welt arbeiten, übersteigen das jährliche Bruttoinlandsprodukt des Staates. Seine Einwohner, Männer wie Frauen, sind das, was man in anderen Ländern Exportschlager nennen würde, nur dass damit in der Regel Maschinen, Computer, Autos gemeint sind. In Prag nahm Konstantins Arbeitgeber ihm den Pass ab, zwang ihn zu Schwerstarbeit, zahlte ihm keinen Lohn und drohte mit Vergeltung an den Angehörigen, falls er zur Polizei gehen sollte. Konstantins Frau bat *La Strada* um Hilfe. Die informierte ihre Partnerorganisation in der Tschechischen

Republik, und die konnte helfen. Konstantin kehrte zurück. Ärmer als zuvor.

Oder auch nicht die Geschichte von Raissa, 21, der Arbeit in einem russischen Agrarbetrieb angeboten wurde. Gut bezahlt im Vergleich zum durchschnittlichen Monatseinkommen in Moldawien von 30 Euro. Sie musste nicht lange nachdenken, sie sagte zu. Nach der in allen Fällen üblichen Methode nahm man ihr und den anderen jungen Frauen am Zielort die Pässe weg. Sie mussten vom frühen Morgen bis spät in die Nacht arbeiten. Es gab keine freien Tage – und am Ende der Saison keinen Lohn außer dem Fahrgeld für den Rückweg nach Hause. Als Raissa protestierte, wurde sie zuerst ausgelacht und dann bedroht. Man könne sie auch gleich für immer dabehalten, statt so menschenfreundlich zu sein, ihr die Heimfahrt zu erlauben. Sie fuhr.

Und erst recht typisch für Tausende ähnlicher Geschichten ist die von Alina. Aufgewachsen in einer kaputten Familie. Nach dem Tod der Mutter vom eigenen Vater vergewaltigt, rekrutiert von einem sich fürsorglich gebenden Mann, der ihr Arbeit als Kellnerin in der nächsten Stadt anbot. Sie folgte ihm. Er war zwar Jobvermittler, das stimmte, aber als Krimineller vermittelte er nur ganz bestimmte Jobs. In der Prostitution. Von den Einnahmen erhielt Alina ein paar Euro, alles andere nahm ihr der Zuhälter zur Begleichung bei ihm angelaufener Schulden für Anreise, Unterkunft, Essen ab. Bei einer Polizeirazzia wurde sie befreit, kehrte heim ins Elend. Ihr Vater immerhin saß inzwischen wegen sexuellen Missbrauchs im Gefängnis.

Die Methoden, mit denen junge Frauen unter falschen Vorgaben in die Prostitution gezwungen und Männer mit der Aussicht auf anständige Jobs in Zwangsarbeit gelockt werden, sind überall gleich. Es scheint so, als würde es einen teuflischen

Masterplan geben, nach dem sich kriminelle Schleuser und Händler richten. Egal wo. Aber das hilft, so absurd es sich anhört, auch den Hilfsorganisationen. Sie richten ihr Vorgehen nach demjenigen der Kriminellen aus und kontern es, so wie *La Strada* in Moldawien das fallweise schafft. Auf Konferenzen, per Livestream übertragen, berichten mit diesem Thema befasste NGOs aus der ganzen Welt über Erfahrungen und Strategien, alle lernen von allen für ihre regionalen Aktionen. Dank Internet können sich an den Debatten alle beteiligen. Die Kosten für einen Kongress wären höchstens von denen finanzierbar, die sie bekämpfen.

Moldawien ist wegen seiner sozialen Situation besonders gefährdet und unter Menschenhändlern deshalb beliebt. 27 Prozent der Bevölkerung, meist auf dem Land, leben unterhalb der Armutsgrenze. Um der Not zu entkommen, würden viele auch freiwillig tun, wozu sie dann gezwungen werden. *La Strada* hat da außer hilflosen Vorschlägen, von denen sie ahnen, dass die an der täglich erlebbaren Realität scheitern, wenig zu bieten: Arbeitslose warnen. In den Schulen aufklären. Jobs für Frauen schaffen. Häusliche Gewalt bestrafen. Doch sogar junge Städterinnen, die mehr wissen müssten durch Berichte im staatlichen Fernsehen oder durch Plakataktionen auf Bahnhöfen, in Bussen, in Straßenbahnen, vertrauen darauf, dass ihnen nicht passieren wird, was anderen schon widerfahren ist.

La Strada kalkuliert in seinen Kampagnen bewusst die Naivität der Verführbaren ein und bedient sich dabei derjenigen, die sich hatten verführen lassen, aber irgendwann befreit wurden. Erzählt wird mit der echten Stimme eines nach zwei Jahren aus der Sklaverei erlösten jungen Mädchens, wie es sich verliebt hatte in einen ach so netten jungen Mann, der so ganz anders auftrat als die Machotypen aus seiner Clique. Die Mutter hatte ihre Tochter zwar beschworen, ihm kein Wort zu glauben von der gemeinsamen Zukunft im westlichen Ausland und von den tollen Jobs, die dort auf sie warten würden, hatte ihr eine Broschüre von *La Strada* gezeigt, in der genau diese Methoden beschrieben und ausdrücklich vor Loverboys gewarnt worden war. Vergebens. Sie fuhr mit ihm.

Nach der Ankunft in Amsterdam verschwand der fürsorgliche Freund. Die Männer, die sie in Empfang nahmen, teilten ihr mit, sie sei nun ihr Besitz, sie hätten sie soeben gekauft. Benutzten sie von da an als Leibeigene und zwangen sie in die Prostitution. Die holländische Polizei rettete sie bei einer Aktion gegen albanische Zuhälter in der so genannten 20-Euro-Laan im Rotlichtviertel.

Eine andere junge Frau, Ludmilla, deren Geschichte ebenfalls von *La Strada* in nachgestellten Aufnahmen inszeniert wurde, erneut vom Opfer aus dem Off selbst erzählt, fiel auf den längst bekannten Trick herein, man habe eine gute Stelle für sie im Ausland gefunden. Die griechischen Arbeitgeber seien zufällig gerade in Chişinău und wollten sie gern kennenlernen. Würde auch nicht lange dauern, man hole sie mit dem Chauffeur der Griechen ab und bringe sie anschließend wieder nach Hause. Ludmilla ließ ihre kleine Tochter in der Obhut einer Verwandten und versprach, in zwei Stunden wieder bei ihr zu sein.

Das Auto, das sie abholte, hielt an einem abgelegenen Gehöft in einem Vorort. Die Männer, die dort warteten, sperrten sie in einen Keller. Am anderen Tag wurde sie über die Grenze nach Rumänien verschleppt, von dort nach Serbien geschleust und jahrelang in die Prostitution gezwungen. Ein gemeinsamer Action Day von EUROPOL und einer serbischen Spezialeinheit war ihre Rettung. Der Clip endet mit ihrer Ankunft im Garten, wo sie ihrer Tochter einst versprochen hatte, in zwei Stunden wieder zu Hause zu sein.

Die eigentliche Botschaft beider Filme lautet: Traut niemandem. Glaubt nichts. Bleibt wachsam. Sonst endet ihr wie die beiden Mädchen, die am Ende zwar noch Glück hatten. Tausende andere aber haben kein Glück. Türkei, Russland, die Vereinigten Arabischen Emirate (VAE), in denen Prostitution verboten ist, sind die drei häufigsten Zielländer moldawischer Frauen. Mit steigender Tendenz. Im Jahr 2000 gingen 13 Prozent dieser Art Warenlieferungen von Moldawien in die Türkei, dann folgten an zweiter Stelle Russland mit neun und schließlich die Vereinigten Arabischen Emirate mit drei Prozent. Ende 2012 standen die Türkei mit 40 Prozent, Russland mit 31 Prozent und die VAE mit 23 Prozent in der Statistik. Junge, blonde Moldawierinnen sind ein Exportschlager.

Reisebüros, Arbeitsagenturen, Jobbörsen in Moldawien gehören zum größten Teil kriminellen Organisationen. Die waschen damit ihr Geld sauber, nutzen diese Art des Investments aber unter dem Mäntelchen der Legalität auch als Tarnfirmen für ihr eigentliches Geschäft. Den Menschenhandel. Sie inserieren in einem zweimal pro Woche erscheinenden Blatt namens *Makler*. Regelmäßig durchforsten und analysieren Expertinnen von *La Strada* dieses Druckerzeugnis.

Dessen gesunkene Auflage ist kein Grund zur Freude. Das liegt nicht etwa daran, dass die Lage im Land sich verbessert hätte und es mehr Jobs gäbe in Moldawien. Die Anzeigen sind, wie überall auf der Welt, einfach vom Print ins Internet gewandert. Inhaltlich hat sich nichts geändert: In 388 Anzeigen – nämlich 32 Prozent pro Ausgabe – wurden dem jungen Publikum Urlaubsreisen ins westliche Ausland angepriesen. Das steht in keinem seriösen Verhältnis zu dem, was sich diese Zielgruppe überhaupt leisten kann. Die Vermutung liegt nicht nur nahe, sondern ließ sich auch erhärten in vielen Fällen, dass die werbenden Touristikunternehmen in Wirklichkeit nicht Reisen in die Sonne vermittelten, sondern Reisen in die Nacht. In 441 Anzeigen (38 Prozent) wurde Arbeit im Ausland offeriert: Das Angebot reichte von der Tänzerin in thailändischen und japanischen Nachtklubs über die Kellnerin in Österreich und die Altenpflegerin in Israel bis hin zum Au-pair- und Kindermädchen in Italien, England oder der Schweiz. Junge Männer konnten wählen zwischen Tischler oder Klempner in Tschechien und Polen oder Schlachter oder Metzger in der fleischverarbeitenden Industrie, den Biotopen der Ausbeutung zu Dumpinglöhnen, in Tschechien, Polen, England.

Und wie sollte man da hinkommen ohne Visa und Pass? Knapp zehn Prozent aller Anzeigen versprachen, dass innerhalb von wenigen Tagen Visa für alle gewünschten EU-Länder besorgt würden, was nur die besten Fälscherwerkstätten schaffen konnten und ganz sicher keine staatliche Behörde. Beispiele: »Art EUROTUR bietet an Arbeit als Tänzerin in ausländischen Nachtclubs, Sprachkurse, Hilfe bei Visabeschaffung, legale Transporte, Möglichkeit, auf Kredit zu reisen«, oder »Kellnerinnen, Krankenschwestern, Dienstmädchen und Landarbeiter auf Zypern«. Und in 55 Anzeigen suchten wohlsituierte Ausländer, meist Italiener und Japaner, Kontakt zu jungen Moldawierinnen zum Austausch gegenseitiger Interessen.

Da muss ich nicht nachfragen, was gemeint sein könnte. Der letzte überregional bekannt gewordene Fall, in dem ein mittelalterlicher Italiener mit einer jungen blonden Moldawierin gegenseitige Interessen ausgetauscht hat, fand auf der Kommandobrücke eines Kreuzfahrtschiffs statt, bevor es in Sichtweite des Hafens einer kleinen italienischen Insel auf einen Felsen krachte und an der Küste auf die Seite kippte.

Weil vieles online geschieht, müssen die Gegenattacken der Aufklärung in den Medien stattfinden, die am besten die Zielgruppe erreichen. Also im Internet, zum Beispiel mit Filmen auf *YouTube*. Oder auf populären Fernsehkanälen wie zum Beispiel dem in Osteuropa nach wie vor quotenstarken MTV.

Zwei Filme, die für »MTV Exit – End Exploitation and Trafficking« produziert wurden, präsentiert von Filmstar Angelina Jolie und Rockstar Jared Leto, haben weltweit fast hundert Millionen Zuschauer erreicht, genau aus der Generation, die zur Kernzielgruppe der Kriminellen gehört.

Erzählt wird in einer professionell produzierten Animation eine Story, wie sie tatsächlich jeden Tag passiert: Ein junges Mädchen verlässt mit Zustimmung seiner Eltern das Land X, um im Land Y zu arbeiten und Geld zu verdienen. Seriös wirkende Jobvermittler haben Arbeitsverträge mitgebracht, die nur noch unterschrieben werden müssen. Die Reise beginnt irgendwo in der Provinz. Bei der Landung in London wird die junge Frau von Abholern erwartet. Bereits im Auto, mit dem sie in die Stadt fahren, wird ihr der Pass abgenommen. Als sie den Grund wissen will, wird ihr von einem Mann, der ihr sagt, ab jetzt dürfe sie keine Fragen mehr stellen, und sie habe zu tun, was er befiehlt, brutal ins Gesicht geschlagen.

Im Bordell, in das sie verschleppt wird, muss sie Kunden zu Diensten sein. Widerstand wird mit der Drohung gebrochen, dass man sich ja auch ihre kleine Schwester in der fernen Heimat holen könne, wenn sie nicht willig sei. In einer anderen Szene sieht man zwei Polizisten vor dem Apartment eines Kriminellen. Statt die Wohnung zu durchsuchen, nehmen sie Bestechungsgeld und verabschieden sich dankend. Auch das ist Realität.

Weil das Gute siegen muss, was es ja tatsächlich mitunter auch in der Realität schafft, wird ein Polizist als verdeckter Ermittler in die kriminelle Vereinigung eingeschleust. Ein Team der Sondereinheit hört in einem unverdächtigen Kleinbus das verwanzte Hauptquartier der OK-Bande in einem westeuropäischen Rotlichtviertel ab. Beim hollywoodgemäßen Countdown stürmt die Polizei das Haus, befreit nach einem heftigen Schusswechsel das Mädchen, das am Ende der Animation durch eine friedlich anmutende Landschaft heimgefahren wird.

In eine solche Gott eher gefallende Szene würde die Frau passen, die mir in einem Kloster am Rhein gegenübersitzt. Sie ist bekannt in der Umgebung, am Bahnhof genügt es, dem Taxifahrer ihren Namen zu sagen. Adresse braucht er nicht. Er weiß, wo die Gründerin von SOLWODI lebt. Die Menschen sind stolz auf »ihre« Lea Ackermann. Wo sie wohnt, braucht sie auch keine Stahltür, denn sie weiß sich im Schutz einer höheren Macht. Die promovierte Nonne vom Orden der »Missionsschwestern Unserer Lieben Frau von Afrika«, auch «Weiße Schwestern» genannt, ist trotz ihrer 77 Jahre ein jung gebliebenes, angstfreies Kraftpaket im Namen Gottes.

Man kann ihre Geschichte erzählen als eine Erfolgsgeschichte im Kampf gegen die sexuelle Ausbeutung von Frauen. Man kann sie aber auch erzählen als die Geschichte einer Frau, die sich angesichts einer ihr zutiefst fremden Welt, in diesem Fall der des Sexbusiness in Kenia, nicht zurückgezogen hat ins Gebet, sondern den Kampf aufnahm. Das war 1985 in Mombasa. Dort steht auf dem einstigen Sklavenmarkt noch die Glocke, mit denen die Sklavenhalter früher neue Ware ankündigten und die Einkäufer aus Europa zur Auktion riefen. Die schauten den Menschen ins Maul, prüften die Muskeln, kniffen in die Haut, um deren Festigkeit zu testen. Ein Symbol der Schande. Gott sei Dank lange her. Die Glocke wird nicht mehr geläutet.

Aber wie damals wurden auch in neuerer Zeit Menschen verkauft. Die Einkäufer schauten ihnen nicht mehr ins Maul, sondern zwischen die Beine, prüften die Festigkeit des Busens statt die der Muskeln. Auftragsgemäß sollte Dr. Lea Ackermann in Kenia missionieren als Ordensschwester im Geiste des Herrn und Religionslehrer ausbilden. Doch der Kampf gegen die sichtbare Not afrikanischer junger Frauen, die sich prostituieren mussten, um zu überleben, die Sextouristen aus Europa bedienten, die von den Zuhältern nach Lust und Laune verkauft wurden, die ungeschützt ertrugen, was die mit ihnen machten, und entsorgt wurden im Dreck, wenn sie nicht mehr an den Mann zu bringen waren, wurde ihre eigentliche Mission.

Begonnen hat sie, indem sie Freunde und Bekannte in Deutschland bat, zehn Mark pro Monat zu spenden, damit sie in Mombasa ein Haus finanzieren konnte. Das gelang: zwei Räume ohne Fenster und Türen, Löcher im Dach, weder Strom noch fließendes Wasser. Der Name SOLWODI, *Solidarity with Women in Distress* – Solidarität mit Frauen in Not –, den sie fand, passte. Was sie damals täglich betete, das betet Schwester Lea täglich noch heute: »Lieber Gott, ich will Deinen verlorenen Kindern helfen, nun lass mich Du aber nicht im Stich.« Tat er auch nicht. Trotzdem sei sie sich oft vorgekommen wie eine Ordensschwester, die »nackt in der Wüste ausgesetzt worden war und nun beginnt, um sich herum ein Kloster zu bauen«.

Das »Kloster« war in diesem übertragenen Sinn ein ehemaliges Lagerhaus. SOLWODI richtete eine notdürftige Küche ein, in der Frauen in Not, nicht nur Prostituierte, Plätzchen und Brot backten, die sie verkauften. Sie lernten zu schneidern auf Nähmaschinen, die Schwester Lea erbettelt hatte. Bald konnten sie von dem, was sie verdienten, in Würde leben. Zwar waren sie immer noch arm, aber ihr Leben war nicht mehr armselig. Zwar waren sie immer noch auf Hilfe angewiesen, aber nicht mehr gezwungen, sich zu verkaufen. Wichtig zudem der Schulunterricht für ihre Kinder, endlich bezahlbar, denn ohne eine Ausbildung würden die mal da landen, wo ihre Mütter einst als Dreizehn-, Vierzehnjährige gelandet waren. Zwangsläufig in der Prostitution, als günstiges Angebot im Warenkatalog für Sextouristen aus Europa. Kenia gilt als heißer Tipp. Bis heute. SOLWODI unterhält dort inzwischen zehn Häuser für Beratung und konkrete Hilfe. Endlich eine gute Antwort auf die Frage, wo denn das Positive bleibe.

In Deutschland sind es inzwischen fünfzehn Beratungsstellen und sieben sichere Wohnungen für Frauen in Not. Konkret für die Frauen, die zwar befreit wurden aus sexueller Ausbeutung, aber in die nächste Not gerieten, die der drohenden Abschiebung in ihre Herkunftsländer. SOLWODI ist stark genug, sich auch der Bedrängung durch staatliche Behörden zu erwehren, die natürlich ahnen, wer die Mädchen schützend versteckt, die über Nacht verschwunden sind. Wenn die vor Dienstschluss freitags ankündigen, am Montag zwecks Abschiebung vorbeizukommen, ist klar, dass SOLWODI den Tag des Herrn nutzt, um die jungen Frauen am Sonntag woanders hinzubringen.

Lea Ackermann, wissend, dass Gott auf ihrer Seite ist, fürchtet sich nicht vor Drohungen, dass man sie so lange in Beugehaft nimmt, bis sie verrät, wo die Gesuchten sich aufhalten. Sie freue sich geradezu auf das Gefängnis, denn das wäre eine richtig gute Geschichte für Journalisten, die darüber berichten würden – womit sie recht hat. Und außerdem seien die Mädchen nicht, wie behauptet, verschwunden, denn sie wisse ja, wo die sind.

Die junge Inderin, zwangsverheiratet, von ihrem Mann missbraucht und geschlagen, endlich von hilfreichen Polizisten in ein Frauenhaus gebracht, arbeitet heute als Krankenschwester. Die junge Afrikanerin, im Voodoo-Ritual verschleppt und zur Prostitution gezwungen, endlich mutig genug, ihre »Madame« und die Zuhälter anzuzeigen und im Prozess als Kronzeugin aufzutreten, danach von SOLWODI betreut in Therapie, arbeitet heute als Krankenschwester. Die junge Frau aus Syrien, ihren Schleppern entkommen, will Polizistin werden. Die Mädchen aus Rumänien und Litauen und der Türkei, von Schleppern und Schleusern brutal vergewaltigt und an verschiedene Bordelle verkauft, sind heute mithilfe von Lea Ackermann und dem Herrn da oben, zu dem sie täglich betet, frei. Die Glocke vom einstigen Sklavenmarkt könnte als Freiheitsglocke im Garten des Pfarrhauses stehen, in dem Schwester Lea lebt.

Was würde sie tun, wenn ihr Wort in Gottes Ohr auch für Ungläubige gälte? Erstens immer und sofort das Vermögen der Täter beschlagnahmen. Das Geld verwenden für Betreuung und Therapien und Ausbildung der Opfer. Sich gezielt einzelne Bordelle vornehmen und bei denen ständig mit der Steuerfahndung anrücken. Aufenthaltserlaubnis gewähren den befreiten Frauen. Ein neues Prostitutionsgesetz erlassen.

Klingt überzeugend. Man müsste Politiker befragen, was sie davon halten, was sich ändern müsste und warum zum Teufel sie noch immer nichts getan haben.

Oder haben sie doch?

KAPITEL 8

Politik & Moral: Ach, Europa!

Die Frau weiß, dass sie dicke Bretter bohren muss, bevor sie auf Männerköpfe stößt, in deren Hirnen sie Nachhaltiges einpflanzen und an deren Synapsen sie Forderungen festmachen kann. Sie hat diese Taktik trainiert als Lobbyistin von Frauenverbänden und verfeinert als Generalsekretärin von Amnesty International, Sektion Deutschland. In dem um sie herum versammelten politischen Betrieb in Brüssel muss Barbara Lochbihler ihre Erfahrungen in praktische Arbeit umsetzen, denn die Abgeordnete von Bündins 90/Die Grünen leitet den Unterausschuss für Menschenrechte im Europäischen Parlament.

Das klingt zwar ziemlich nach Bedeutung, und in der Tat hätte das Gremium wegen trostloser Weltlagen zum Thema Menschenrechte den Parlamentariern vieles zu sagen. Aber tatsächlich was zu sagen hat es nicht. Mahnen: ja doch, appellieren: bitte gern! Solange im Zweifelsfall ökonomische Interessen wichtiger sind als moralische Bedenken, beispielsweise im Handel mit lupenreinen Demokratien, egal wo auf der Welt, setzen sich am Ende meist Erstere durch.

Weil Barbara Lochbihler bei Reisen in den Irak, nach Afghanistan oder nach Nordafrika selbst erlebt hat, worüber sie im Namen des Ausschusses dann im Plenum berichtet, und weil nicht auf Hörensagen basiert, was sie sagt, hören ihr aber auch politische Gegner vom rechten Flügel des Parlaments zu.

Sie misstraut allen Ideologien, weil sie davon überzeugt ist, dass selbst ernannte Menschheitsbeglücker die Welt im Zweifelsfall doch nach ihrem eigenen Bild formen. Fakten dagegen bilden das Fundament von Lochbihlers Weltbild, denn hilfreicher sei es allemal, sich selbst die Welt jenseits der Raumkapsel Brüssel und außerhalb der Festung Europa anzuschauen.

Statt sich die Welt nur zu ergoogeln.

Deswegen muss sie unterwegs in verschiedene Rollen schlüpfen und dennoch in allen gleich überzeugend wirken. Manchmal ahnt sie schon vor einem Auftritt, dass es am Ende ihres Monologs keinen Beifall geben wird. Beispielsweise auf Tourneen im Nahen Osten. Wenn sie mit saudiarabischen Machtpolitikern spricht und versucht, Verständnis dafür zu wecken, dass es sogar in autoritär regierten Gesellschaften wie denen ihrer männlichen Gesprächspartner nicht mehr zeitgemäß sei, Dienstboten zu vergewaltigen und zu verprügeln oder Arbeitssklaven aus Indien und Pakistan auszubeuten und dies gar zu verteidigen als von höheren Mächten verliehenes Menschenrecht. Das Verhalten der Herrschenden in Saudi-Arabien, Kuwait oder den Vereinigten Arabischen Emiraten, die längst aus der Zeit gefallen, aber dabei noch immer nicht gefallen sind, würde in demokratisch regierten Ländern wegen schwerer Verletzung der Menschenrechte mit harten Strafen geahndet.

Das weiß man im Unterausschuss für Menschenrechte in Brüssel, das weiß dessen Vorsitzende, das wissen alle Abgeordneten. Aber ebenso wissen sie, wie reich die genannten Staaten sind und wie wichtig es ist, dass sie ihre Milliarden in Europa und nicht in den Vereinigten Staaten oder in Russland investieren. Also werden moralische Skrupel, wie sie etwa nach der Enthüllung über in Katar verdurstete Zwangsarbeiter aufkamen, weichgespült und hinuntergeschluckt und die unverdaulichen Reste verwiesen an den zuständigen Ausschuss.

Die Ausbeutung des Menschen durch Zwangsarbeit, auferlegt von kriminellen Politikern oder politischen Kriminellen, wie auch immer man Hitler, Stalin, Kim Il-sung, Pol Pot und Konsorten nennen mag, gehört zur Geschichte der modernen Sklaverei. Die endete eben nicht 1888, als Brasilien sie abschaffte und sich damit als letzter Staat den gegen Sklavenhandel vereinten Nationen anschloss.

Sondern ging weiter. In arabischen Ländern sogar ohne Unterbrechung, bis heute. Arbeitssklaven werden allerdings nicht mehr kastriert, damit sie keine Nachkommen zeugen können, womöglich mit Frauen aus dem Harem ihres Besitzers, sondern nur noch verprügelt oder ausgepeitscht. Das gilt als Fortschritt. Aber auch das gehört zum Fortschritt: Auf *YouTube* lassen sich sowohl im freien Westen als auch im nicht so freien Nahen Osten die heimlich gefilmten Szenen anklicken, in denen ein arabischer Herrenmensch auf seinen pakistanischen Haussklaven einprügelt, weil der Diener es gewagt hatte, ein Wort an die Hausherrin zu richten. Das Echo in Saudi-Arabien war geteilt und schwankte zwischen Empörung über den Schläger und Empörung über die Empörung.

Zwangsarbeit war den menschenverachtenden und menschenvernichtenden Systemen der Nationalsozialisten und der Sowjetkommunisten immanent. Die Zahl ihrer Sklaven geht in die Millionen. Ihre Verbrechen sind höchstens noch vergleichbar mit denen der europäischen und arabischen Sklavenhändler des 18. und 19. Jahrhunderts. Auch über die Zahl der Verschleppten und Versklavten in den beiden grausamsten Diktaturen des 20. Jahrhunderts gibt es nur Schätzungen. Zwischen sieben und elf Millionen Menschen, die aus eroberten Ländern zwangsverpflichtet wurden in der deutschen Landwirtschaft, im Bergbau, in der Rüstungsindustrie, sollen es bei den Nationalsozialisten gewesen sein, achtzehn Millionen in den Gulags unter der Herrschaft Stalins und gar insgesamt 39 Millionen im Sowjetreich von der Machtübernahme 1917 bis zum Ende des Kommunismus 1991.

5 700 000 Juden Europas, Frauen, Kinder, Männer, wurden ermordet von Kriminellen in Uniformen deutscher Organisationen. Keine belastbaren Zahlen zu Exekutionen oder in den Straflagern zu Tode geschundenen Frauen und Männern gibt es bezüglich der Schreckensherrschaft des anderen großen Diktators. Bis zu Stalins Tod 1953 dürften es auch dort viele Millionen gewesen sein

In Israel, nur ein paar Autostunden entfernt von den Ländern, in denen Frauen keine Menschenrechte besitzen, will Barbara Lochbihler erfahren, mit Fakten bewaffnet, warum so viele Mädchen aus Russland und Moldawien, die den Angeboten für eine Stelle als Kellnerin, Köchin, Altenpflegerin in Jerusalem und Tel Aviv vertrauten, kaum angekommen im gelobten Land, an Zuhälter verkauft wurden. Ob Bordelle kontrolliert werden und ob Berichte über die mit Organen handelnden einheimischen Gangster den Tatsachen entsprechen.

Ihre Gesprächspartner sind dank ihres Inlandsgeheimdienstes ebenfalls gut vorbereitet: Nationale Mafia-Vereinigungen würden umgehend zerschlagen, aber die internationalen Organisationen hätten nun mal ihre Hauptquartiere außerhalb des Zugriffsbereichs der israelischen Spezialeinheiten. Ganz verhindern könne man Organ- und Menschenhandel trotz aller Anstrengungen selbst im eigenen Staat zwar nicht, aber immerhin sei Israel wiederholt vom US-Außenministerium in dessen jährlichen Berichten über *Trafficking in Human Beings* als das Land gelobt worden, das mehr als alle andere Staaten unternimmt gegen Menschenhändler.

Was noch so viele Worte nicht bewirkten, weil sie immer

wieder an dicken Brettern abprallten, haben im Sommer 2013 die Bilder der toten Flüchtlinge vor Lampedusa geschafft – Mitgefühl in Europa zu wecken und europäische Politiker aufzuschrecken. Die Wirklichkeit konnte nicht mehr so einfach verdrängt werden nach dem bis dahin angewandten und mehrheitlich vom Wahlvolk unterstützen Prinzip, das Boot Europa sei voll, und volle Boote aus Afrika dürften deshalb nicht mehr anlanden, sondern müssten umkehren.

Dass sich grundsätzlich etwas ändern muss, meint Barbara Lochbihler, sei sogar von Frontex begriffen worden. In Warschau hat sie denen zugehört, die im Auftrag der Regierenden Europas Außengrenzen zu schützen haben und immer dann als Sündenböcke herhalten dürfen, wenn Flüchtlinge auf der Suche nach einem besseren Leben das ihrige verlieren. Das neue, 250 Millionen Euro teure Grenzüberwachungssystem Eurosur *(European Border Surveillance System)* soll dabei nicht nur helfen, vor allem in Ost- und Südosteuropa an den Grenzen kriminelle Menschenschmuggler aufzuspüren, sondern auch per Satellitenüberwachung rechtzeitig Seelenverkäufer im Mittelmeer zu entdecken und Flüchtlinge aus Seenot zu retten.

Die Beamten wollen zu den Guten gehören, weiß Lochbihler. Aber sie hätten in der Vergangenheit auch viele Fehler gemacht und in einzelnen Fällen Schiffe auf dem Mittelmeer zum Abdrehen gezwungen, dabei billigend in Kauf nehmend, dass die untergehen, bevor sie wieder die Küste Nordafrikas erreichen, wo die Reise begonnen hatte.

Illegale übers Meer nach Nordafrika zurückzuschicken ist jedoch eindeutig ein Verstoß gegen die Genfer Konvention, ist eindeutig eine Verletzung der Menschenrechte. Die enden nicht an Grenzen, sondern sind grenzenlos. Frontex wurde inzwischen verpflichtet, wenigstens einmal pro Jahr dem Parlament in Brüssel Auskunft zu geben über seine Aktionen und Strategien.

Nachdem in Libyen 2011 die Diktatur des Bösen mithilfe vom Himmel fallender Botschaften der Guten zur Hölle geschickt wurde, in Europa außer von Silvio Berlusconi allgemein begrüßt als Sieg der Freiheit und der Menschenrechte, dominieren mittlerweile in vielen Regionen des Landes einander bekriegende Milizen. Libyen entwickelt sich eher in Richtung Chaos wie Somalia statt in Richtung Wohlstand wie Dubai. Obwohl im Boden alle Voraussetzungen vorhanden sind für eine sichere Zukunft – riesige Ölvorkommen.

Vor der Revolution wurden für die Förderung des Öls Tausende von Gastarbeitern ins Land geholt, Chinesen wie Schwarzafrikaner, und, weil das Regime auf diese Arbeitskräfte angewiesen war, einigermaßen menschlich behandelt. Im Gegensatz zu den herrschenden Unsitten bei den arabischen Glaubensbrüdern am Persischen Golf galt unter Gaddafi Sklavenhaltung nicht als Kavaliersdelikt, sondern als Verbrechen. Im Chaos der Kämpfe verloren die fremden Arbeiter alle, die sie bis dahin geschützt hatten. Sie waren vogelfrei, was bedeutete, freigegeben für Ausbeutung und Sklaverei.

Wer es nicht rechtzeitig über die Grenzen nach Ägypten und Tunesien schaffte oder zurück nach Togo und Liberia flüchtete, wurde gejagt wie einst die Vorfahren von arabischen Menschenhändlern und verkauft als Dienstboten, als Landarbeiter oder als Soldaten an afrikanische Warlords. Wer es selbst finanzieren konnte oder Verwandte hatte in der Heimat, die halfen, machte sich mithilfe von Schleuserbanden auf den Weg übers Meer nach Europa. Die Familien, die beides nicht schafften und kein Geld mehr hatten, um es erneut zu versuchen oder zurückzukehren dorthin, wo sie alles verlassen hatten, um sich den Traum von einem besseren Leben zu erfüllen, hausen heute in Zeltlagern in Tunesien, Marokko, Algerien. Die Zustände dort sind menschenunwürdig.

Hoffnungslos?

Ja, ziemlich hoffnungslos.

Die grüne Politikerin hat sich vor Ort kundig gemacht: Flüchtlinge in den Schleuserbooten, die umdrehen mussten, kamen zwar mit dem Leben davon, doch ohne die Hilfe von UNICEF und UNO wären sie in den Zeltlagern verhungert oder in die Sklaverei verschleppt worden. Wie immer bei von Erwachsenen verursachten menschlichen Katastrophen ist zum Verzweifeln das Elend der Kinder, die aufgrund der Verhältnisse, in denen sie aufwachsen, bereits jetzt ihre Zukunft hinter sich haben. Bestückt mit der Ware Mensch, die es vor Ort in Massen gibt oder die dorthin geliefert wird aus dem Westen Afrikas, wurde der Maghreb zu einem großen Sklavenmarkt.

Wenn kriminelle Banden, die den Handel mit Nachschub steuern, auf den die Schleuser an der Küste warten, in der Wüste in Gefahr geraten, weil Militäreinheiten hinter ihnen her sind, entledigen sie sich ihrer Beute am Wegesrand. Das war schon vor 200 Jahren so, in den Hochzeiten des Slavenhandels auf der Route nach Nordafrika zu den Sklavenschiffen der Europäer oder Araber.

Hunderttausende hatten, so die Schätzungen Ende 2015, bereits im Syrienkonflikt ihr Leben verloren. Millionen Flüchtlinge, geflohen vor Krieg und IS-Terror, leben in Zeltlagern in Jordanien, der Türkei, im Libanon. Ein Schnäppchenmarkt für kriminelle Banden. Der Preis für eine Niere fiel von 9000 bis 10 000 Euro auf 4000 bis 5000 Euro, Kunden kamen aus Israel, aus den Vereinigten Arabischen Emiraten, aus Westeuropa. Sie nutzten gnadenlos die Lage der Menschen aus, denen buchstäblich nur der eigene Leib geblieben war, um sich zu ernähren.

Barbara Lochbihler ist bereit, nicht nur alles Mögliche – Existiert in China ein staatlicher Handel mit Organen von Hingerichteten? Werden dort oder von Kriminellen in Somalia oder auf der Sinai-Halbinsel tatsächlich je nach Bestellung gezielt Menschen getötet? –, sondern manchmal auch sich selbst infrage zu stellen. Gibt zu, wenn auch zögernd, nicht zu wissen, wie sie handeln würde, falls sie im entsprechenden Alter wäre und es es ihr so schlecht ginge wie Frauen in Rumänien oder Bulgarien oder gar in Moldawien.

Sie fragt sich inzwischen auch, ob man Bulgarien und Rumänien nicht doch zu früh in die Europäische Union aufgenommen habe, ob es deshalb in Zukunft nicht angebracht sei, die Aufnahme neuer Staaten abhängig zu machen von der Beantwortung gewisser Fragen und nicht nur davon, dass es politisch so gewollt ist. Glaubt bei der EU wirklich jemand ernsthaft, dass zum Beispiel im Kosovo Zustände herrschen, die europäischen Normen entsprechen? Oder kann das Regime deshalb nach Belieben schalten und walten, Letzteres in enger Zusammenarbeit von kriminellen Vereinigungen und korrupten Eliten, weil der Kleinstaat, den Serbien für keinen Staat hält, die Region stabilisieren soll?

Bevor überhaupt Beitrittsverhandlungen beginnen, müssten andere Fragen befriedigend beantwortet werden – wie man Korruption bekämpft, wie man es mit den Menschenrechten hält und wie mit der Freiheit der Presse und der Dichter und Künstler und wie mit anderen unschätzbaren, nicht in Zahlen messbaren Werten der Aufklärung. Nicht die ökonomische Lage einer Nation darf oben auf der Agenda stehen, so wichtig sie auch sein mag, sondern die Lage der Menschen. Vor allem die einer Minderheit wie jener am meisten diskriminierten europäischen Volksgruppe, der Roma.

Am Umgang mit der Türkei ist nachzulesen, wie einfach das umsetzbar wäre: Regelmäßig müssen dem Europarat aus Ankara Zwischenberichte zum Stand der Menschenrechte vorgelegt werden, und erst wenn die positiv ausfallen, beginnen konkretere Verhandlungen über eine Aufnahme in die Europäische Union. Rein ökonomisch hätte die Türkei längst dabei sein müssen. Doch weil Menschenrechte noch immer brutal missachtet werden wie zuletzt bei der gewaltsamen Auflösung friedlicher Demonstrationen im Sommer 2013 in Istanbul, hat die Türkei vorläufig keine Chance.

Es ist eine gute Idee, die Menschenrechte zum Maß aller Dinge zu machen. Aber solche Kriterien müssten eigentlich für alle gelten. Daran gemessen hätte Ungarn längst die EU verlassen müssen, weil die Jobbik-Partei in anständigen Ländern zwar vielleicht noch nicht verboten wäre, aber unter Beobachtung des Verfassungsschutzes stehen würde, weil die Schlägerbanden, Brüder der griechischen Faschisten von der »Goldenen Morgenröte«, im Knast säßen statt, von der Polizei nicht daran gehindert, Andersdenkende verprügeln zu dürfen. Könnte erst dann wieder einen Antrag stellen, wenn eine neue, demokratisch gesinnte Regierung die Freiheitsrechte wieder garantiert. Europa ist mehr als ein Binnenmarkt, Europa ist mehr als eine Freihandelszone, Europa ist eine Wertegemeinschaft zur Verwirklichung von Frieden und Freiheit.

Eigentlich müsste die Erklärung der Menschenrechte eine überparteiliche Plattform sein, auf der sich in Brüssel oder Straßburg alle Parlamentarier treffen könnten von Rechts bis Links, die Sozialisten und Konservativen in der Mitte sowieso. Selbst auf diesen kleinsten gemeinsamen Nenner Menschenrechte, eine der großen Errungenschaften der Menschheit, begründet durch Philosophen der Aufklärung, politisch wesentlich geworden in der Französischen Revolution, erblüht in der Unabhängigkeitserklärung im Land der Freien, erstritten gegen Klerus und Adel, können sie sich nicht einigen. Im Prinzip schon, doch immer wenn es nicht bei einer moralischen Forderung bleibt, sondern die umgesetzt werden soll in konkrete politische Entscheidungen, scheiden sich die Geister je nachdem, zu welcher Partei sie gehören.

Niemand bezweifelt, dass kriminelle Vereinigungen nachhaltig und erfolgreich das Geschäft Menschenhandel betreiben. Wirklich niemand. Zwar gibt es keine Beweise für jene schockierenden Zahlen, die im Herbst 2013 ein Sonderausschuss der Europäischen Kommission veröffentlichte, der sich mit organisierter Kriminalität beschäftigte – demnach soll der jährliche Profit allein aus dem Menschenhandel 25 Milliarden Euro betragen, der aus dem Handel mit Körperorganen und Wildtieren 18 bis 26 Milliarden, der mit Cyber Crime erzielte 290 Milliarden Euro –, aber dass 3600 große und kleine kriminelle Vereinigungen Europa bedrohen, daran zweifelt niemand.

Wie es zu widersprüchlichen Aussagen über Opfer und Täter und Gewinne kommt, ist einfach zu erklären. Erstens findet Menschenhandel hauptsächlich in einem riesigen Dunkelfeld statt, zweitens sind die einzigen sicheren Zahlen jene über ermittelte Opfer und verurteilte Täter, drittens schätzen nichtstaatliche Hilfsorganisationen und Polizeibehörden einzelner Staaten aufgrund methodisch unterschiedlicher Hochrechnungen die Lage jeweils anders ein.

Allenfalls in sogenannten Opferbelastungsziffern gelingt eine Annäherung, weil dabei Zahlen über Prostituierte in Bezug zur Bevölkerungsdichte gesetzt werden. In Relation zu je 100 000 Frauen aus der Altersgruppe zwischen 15 und 30 Jahren führen Lettland, Litauen, Bulgarien, Rumänien, Ukraine,

Moldawien die »Rangliste« an, aber je nach Wirtschaftslage kann das im Jahr darauf wieder ganz anders aussehen.

Der Wirklichkeit am nächsten sind Einschätzungen und Statistiken aus gespeicherten und zugelieferten Daten in der SOCTA-Prognose von EUROPOL und im *Global Report* von UNODC, wonach die Wachstumsrate im Menschenhandel in den drei untersuchten Jahren von 2008 bis 2010 etwa 18 Prozent betrug und in West- und Mitteleuropa zu 61 Prozent Frauen, zu 20 Prozent Männer, zu 15 Prozent Mädchen und zu vier Prozent Jungen gehandelt wurden. Ganz oben steht nach wie vor die sexuelle Ausbeutung, aber im gleichen Zeitraum hat sich die Zahl ermittelter Fälle von Zwangsarbeit verdoppelt.

Zwar gibt es weltweit eine Selbstverpflichtung von Unternehmen, sich an bestimmte Regeln zu halten, aber es wird nur selten kontrolliert, ob sie im globalen Konkurrenzkampf und unter dem Druck, Kosten zu senken, auch umgesetzt werden. Die nach einer internationalen Konferenz gegen Menschenhandel »in tiefer Sorge« verkündeten *Athens Ethical Principles* lassen eigentlich keine Interpretation zu: null Toleranz gegenüber jeder Form des Menschenhandels, insbesondere gegenüber sexueller Ausbeutung von Frauen und Kindern, Aufklärungskampagnen in allen Ländern, Verpflichtung aller Mitarbeiter und aller Geschäftspartner auf diese Grundsätze, Druck auf Regierungen, den Kampf gegen Zwangsarbeit und Menschenhändler zu verstärken.

Firmen aus allen Branchen haben die Erklärung akzeptiert, allgemein gilt der Global Player MANPOWER, der weltweit Frauen und Männer auf legaler Leihbasis an Unternehmen vermittelt, diesbezüglich als vorbildlich konsequent bei der Umsetzung. »Alle Menschen«, steht in dessen Erklärung, »haben ein Recht auf menschenwürdige Arbeit.« Das sei ein fundamentales Menschenrecht und bedeute Anerkennung aller gültigen Gesetze zu Arbeitszeit und Lohn, bedeute Verbot der Kinderarbeit, was insgesamt in eine Null-Toleranz-Politik münde, egal wo auf der Welt MANPOWER tätig ist, und wo jedweder Verstoß zum Abbruch der Geschäftsbeziehungen führe. Niemand jedoch weiß, ob auf der Athener Liste auch Firmen stehen, die längst denen gehören, gegen die sich die Aktion richtet. Also Tarnfirmen der Kriminellen.

Andere Maßnahmen wurden von nationalen Bedenkenträgern verhindert. Die EU-Richtlinien, beschlossen im April 2011, in denen unter anderem Opferschutzrechte festgeschrieben sind, hat die deutsche Regierung zwar vier Jahre später endlich unterzeichnet, aber bis Ende 2015 noch immer nicht ratifiziert. Doch nur dann, wenn die Rechte der Opfer – Aufenthalt, Entschädigung – garantiert sind, gibt es logischerweise auch mehr Anzeigen gegen Täter, sind mehr Frauen als bisher bereit, trotz aller Ängste gegen Kriminelle vor Gericht auszusagen. Die deutsche Judikative, vertreten durch das Justizministerium, hielt nationales Strafrecht für ausreichend, die Exekutive, vertreten durch die Bundespolizei, wiederum hielt das für einen fatalen Irrtum.

Was steht denn da so Revolutionäres drin?

»Es ist erforderlich, dass die Opfer des Menschenhandels in der Lage sind, ihre Rechte wirksam in Anspruch zu nehmen. Daher sollte ihnen vor, während und für einen angemessenen Zeitraum nach dem Strafverfahren Unterstützung und Betreuung zur Verfügung stehen. Die Mitgliedsstaaten sollten Ressourcen für die Unterstützung, die Betreuung und den Schutz der Opfer bereitstellen. Die den Opfern gewährte Unterstützung und Betreuung sollte wenigstens ein Mindestpaket von Maßnahmen umfassen, die notwendig sind, damit das Opfer sich erholen und dem Einfluss der

Menschenhändler entziehen kann. Bei der praktischen Umsetzung dieser Maßnahmen sollte auf der Grundlage einer gemäß den nationalen Verfahren durchgeführten Einzelbewertung der Situation dem kulturellen Hintergrund und den Bedürfnissen der betreffenden Person Rechnung getragen werden. Einer Person sollte Unterstützung und Betreuung zuteilwerden, sobald berechtigter Grund zu der Annahme besteht, dass sie möglicherweise dem Menschenhandel ausgesetzt war, unabhängig davon, ob sie bereit ist, als Zeuge auszusagen. In Fällen, in denen das Opfer sich nicht rechtmäßig in dem betreffenden Mitgliedsstaat aufhält, sollten die Unterstützung und Betreuung ohne Vorbedingung zumindest während der Bedenkzeit gewährt werden.«

Selbstverständlich gehören Menschenrechte zu den unveräußerlichen Rechten auch der Opfer. Darüber sind sich alle außer den Tätern einig. Aber bei der Umsetzung in die Realität wird es im Hellfeld kompliziert, und nicht nur in Deutschland, wo »aufenthaltsrechtliche Regelungen für Opfer des Menschenhandels« gelten, die so lauten:

»Die Aufenthaltserlaubnis darf nur erteilt werden, wenn
1. eine vorübergehende Anwesenheit [des Ausländers, Anm. d. Verf.] im Bundesgebiet für ein Strafverfahren wegen dieser Straftat [des Täters, Anm. d. Verf.] von der Staatsanwaltschaft oder dem Strafgericht für sachgerecht erachtet wird, weil ohne seine Angaben die Erforschung des Sachverhalts erschwert wäre.
2. er jede Verbindung zu den Personen, die beschuldigt werden, die Straftat begangen zu haben, abgebrochen hat, und
3. er seine Bereitschaft erklärt hat, in dem Strafverfahren wegen der Straftat als Zeuge auszusagen.«

Erfahrene Ermittler plädieren für eine Bedenkfrist von drei Monaten, weil ein solches Verfahren oft länger dauert als die vom Gesetz bestimmten vier Wochen, weil es eben komplizierter ist, als es sich in Paragrafen liest, das Vertrauen der traumatisierten und verängstigten Opfer zu gewinnen. Ihr Vertrauen darauf, dass ihnen auf Dauer geholfen wird und nicht nur vorübergehend, weil man ihre Aussage braucht für ein Strafverfahren. Deshalb darf diese Duldung für Frauen aus Herkunftsländern wie der Ukraine, Moldawien, Weißrussland, Nigeria nicht mit dem Gerichtsurteil enden. Auch nichtstaatliche Organisationen halten drei Monate für die notwendige Mindestfrist. Denn die Prostituierten, deren Aussagen gegen Menschenhändler und Zuhälter als sogenannte Personenbeweise nötig sind, werden nur dann bereit sein auszusagen, wenn anschließend ihre Sicherheit in Deutschland garantiert ist.

Dass sie illegal eingereist sind oder mit falschen Papieren ins Land geschleust wurden, ist in solchen Fällen unerheblich oder, juristisch ausgedrückt: unschädlich, was wohl so viel bedeutet, dass es ihnen nicht zum Schaden gereichen darf. Es wird vor einer Entscheidung, die ja tatsächlich eine sein kann über Leben und Tod, eine vierwöchige Erholungs- und Bedenkzeit gewährt, erst danach beginnt bei einer Bereitschaft zur Aussage eine sechsmonatige Aufenthaltserlaubnis, die allerdings verlängert werden kann, je nach Dauer des Verfahrens. Frauen aus Rumänien oder Bulgarien dürfen, mit Visa und Papieren ausgestattet, echt oder falsch, arbeiten, wo immer sie wollen, denn der Status ihrer Heimatländer als EU-Staaten garantiert ihnen seit Januar 2014 freie Berufswahl innerhalb der Europäischen Union. Wobei die Freiheit in der Realität so aussieht, dass ihre Zuhälter sie über alle Grenzen hinweg in mobiler Prostitution dahin verschieben, wo sie am meisten für sie erwirtschaften.

Und was gilt für die anderen? Ausweisung dahin, wo bereits die Kumpane des Verurteilten auf sie warten? Schwester Lea Ackermann, die Gründerin von SOLWODI, kann das, was Juristen berufsbedingt in ein kompliziertes Deutsch quälen mussten, in einfachen Worten besser sagen: Es bestehe eine Art unheilige Allianz zwischen Ausgebeuteten und Ausbeutern, zwischen Frauen und Zuhältern.

Die einen befürchten Strafen und den Verlust ihrer Einnahmequellen, die anderen haben Angst, nach erfolgter Zeugenaussage ausgewiesen zu werden. Die einen brauchen das Geld, und sei es auch angesichts ihrer Dienstleistungen lächerlich wenig, um ihre in Armut zurückgelassenen Angehörigen zu unterstützen. Die anderen setzen genau damit ihre Opfer unter Druck. Nötig sind deshalb Dokumente für eine neue Identität, Kontakte zu Aussagewilligen nur über jene polizeiliche Dienststelle, die für ihre Sicherheit zuständig ist, juristische Begleitung im Prozess, parallel Schutz ihrer Familien im Heimatland durch dortige Polizeikräfte.

Der Kampf gegen Menschenhändler aber darf nicht allein der Polizei überlassen werden. Die Folgen von Menschenhandel zerstören gerade in den jungen demokratischen Staaten, die sich von langer Zwangsherrschaft befreit haben, die Gesellschaft. Auf allen Ebenen.

Kinder, die verschleppt wurden zum Betteln oder gezwungen zum Stehlen, haben nicht nur keine Schule besuchen dürfen, haben nichts anderes gelernt als die Sprache der Gewalt, sondern sind psychisch gezeichnet fürs Leben und deshalb auch später als Erwachsene nicht gesellschaftsfähig, also nicht fähig zur Teilhabe an einer Zivilgesellschaft, in der die Werte des Mit- statt des Gegeneinanders gelten. Junge Frauen, traumatisiert durch sexuelle Ausbeutung, sind nach ihrer Befreiung oft außerstande, normale Beziehungen einzugehen und Familien zu gründen. Und Männer, ausgebrannt von jahrelanger Knochenarbeit in Sklaverei und Entbehrung fern ihrer Angehörigen, flüchten sich wegen des subjektiv so empfundenen eigenen Versagens in Alkohol und Aggressionen.

Menschenhandel untergräbt auch gefestigte Zivilgesellschaften. Dort wächst im Untergrund eine parallele Schattenwirtschaft, in der das Machtwort der Bosse gültiges Gesetz ist. Zwangsarbeit schadet dem legalen Arbeitsmarkt, wo Recht und Ordnung und feste Tarife statt Dumpinglöhne gelten und diese gegebenenfalls vor Arbeitsgerichten oder durch Streiks durchgesetzt werden können. Im Dunkelfeld gibt es keine Streiks, und falls doch, hat der mitunter tödliche Folgen für die Streikführer. Menschenhandel inbesondere mit Zwangsprostituierten befördert jene Krankheiten, die als Folgen ungeschützten Geschlechtsverkehrs ausbrechen, wie Syphilis oder AIDS, und übertragen werden ins Hellfeld der Familien, wohin Freier nach dem Ausflug ins Verruchte zurückkehren.

Eine interdisziplinäre gesamteuropäische Strategie ließe sich in zehn Gebote fassen, wobei jedes einzelne Gebot bereits nachhaltige Wirkung entfalten würde, also nicht alle auf einmal umgesetzt werden müssten:

1. Unternehmen garantieren im Kampf gegen Zwangsarbeit und Ausbeutung den im jeweiligen Land gültigen Mindestlohn. Osteuropäische Subunternehmer, die Arbeitssklaven unter diesem Niveau bezahlen, bekommen in den hauptsächlich betroffenen Branchen – Hotelgewerbe, Schlachthöfe, Baufirmen – keine Aufträge mehr
2. Boulevardzeitungen, Yellow-Press-Magazine und alle Privatsender verpflichten sich, keine Anzeigenaufträge mehr für die im Handel üblichen Tarnofferten oder die Angebote sogenannter williger Frauen anzunehmen.

3. Kriminalisten aus allen bestehenden Referaten gegen organisierte Kriminalität werden mit ihrem erworbenen Spezialwissen zielgerichtet in schlagkräftigen Ermittlergruppen gebündelt, so wie es auf der Gegenseite die kriminellen Organisationen mit ihren Experten von *White Collar Criminals* bis *Violent Specialists* auch handhaben.
4. Nach dem Muster der internationalen Troika, die in stark verschuldeten Ländern die Umsetzung von Reformen kontrolliert, werden Behörden in gewissen Staaten regelmäßig daraufhin überprüft, ob sie gegen einheimische Banden wie Roma-Clans und gegen die Korruption in ihrer Polizei und Justiz tätig geworden sind und ob die von der EU überwiesenen Gelder nicht bei denen gelandet sind, gegen die sie eingesetzt werden sollten.
5. Etats für Bundespolizei und Landeskriminalämter werden ergänzt um einen Sonderposten »Dolmetscher«, weil Kriminelle in vielen Sprachen abgehört oder verhört werden müssen. Übersetzerhonorare machen inzwischen den größten Posten bei Ermittlungen aus und können nicht mehr aufgebracht werden durch Einsparungen bei der Bekämpfung gewöhnlicher Kriminalität wie Einbrüche, Autodiebstähle, Überfälle.
6. Abschöpfung der Vermögenswerte von Beschuldigten, unabhängig von der Verfahrensdauer im Einzelfall.
7. Einheitliche Regelung von Prostitutionsgesetzen – beispielsweise Legalisierung ab 21 Jahren, Freiwilligkeit, Versicherungspflicht usw. – im Schengen-Raum.
8. Höchststrafen im Rahmen der Gesetze gegen Menschenhandel statt Konzentration auf andere Straftaten, die für die Anklage einfacher nachzuweisen sind.
9. Sprachkurse, Therapien, Berufsausbildung für Opfer, bezahlt aus den beschlagnahmten Vermögenswerten der Täter

10. Dauernde Aufenthaltserlaubnis für Kronzeugen. Verkürzung des Arbeitsverbots für Asylbewerber von neun auf drei Monate.

Was ließe sich verwirklichen, und was ist allenfalls Wunschdenken eines blauäugigen Journalisten?, fragte ich Hamburgs Ersten Bürgermeister Olaf Scholz, der wie alle Regierungschefs der sechzehn Bundesländer insofern von allen im Justizministerium beschlossenen Gesetzen und Verordnungen betroffen ist – und getroffen wird –, als dass es vor Ort immer um Menschen geht und nicht mehr um Paragrafen. Und weil die Institutionen des Bundeslandes oder die kommunalen Behörden dann entscheiden müssen, oft gegen die Proteste ihrer Wahlbürger, was mit befreiten Opfern oder illegalen Flüchtlingen geschieht. Die einen fordern Bleiberecht, die anderen wollen in ihrer Nachbarschaft keine Menschen mit anderer Hautfarbe sehen.

Wünschenswert wäre es, dass Asylbewerber nach einem demografischen Schlüssel in ganz Europa verteilt werden auf einzelne Länder. Italien übrigens gewährt angesichts seiner Größe zu wenig Asyl und überlässt das Problem lieber den Bewohnern seiner Insel Lampedusa. Dass die meisten Menschen dorthin wollen, wo es funktionierende Sozialsysteme gibt, wie zum Beispiel in die Niederlande, nach Schweden, nach Deutschland, ist menschlich verständlich, allzu menschlich.

Und allzu unrealistisch. Denn so viele Flüchtlinge wie 2013 gab es in Europa zuletzt 2003. In Deutschland waren es im Herbst 2013 bereits fast 80 000, die sich um Asyl bewarben. Sie kamen aus arabischen Ländern, in denen der arabische Frühling wieder zum Winter wurde – Libyen, Ägypten, Tunesien –, sie flohen vor Bürgerkriegen in Syrien, Somalia, Mali, sie verließen wegen Armut ihre Heimat Pakistan, Afghanistan, Irak.

Kriminelle Schleuser erhöhten aufgrund steigender Nachfrage die Preise für ihre Dienste.

Es stiegen parallel die Risiken. Niemand wird je erfahren, wie viele Menschen bereits in der Wüste während des Transports an die Küste Nordafrikas verdurstet sind, wie viele auf dem Weg nach Griechenland oder in die Türkei von Menschenhändlern verkauft wurden, und wie viele irgendwo als unbrauchbar für den Verkauf für immer entsorgt wurden. Kaum seetüchtige Boote voller Frauen, Männer, Kinder kenterten im Mittelmeer, manchmal schafften es wie nach dem Untergang vor Lampedusa wenigstens noch die Toten nach Europa, wenn auch nur in die Fernsehnachrichten oder als Thema ins Parlament nach Brüssel. Aber wenige Wochen später waren sie schon wieder vergessen, weil eine neue Katastrophe mit Tausenden von Toten auf den Philippinen die alte schon wieder überlagert hatte, noch bevor die überhaupt bewältigt worden war.

Das Argument, nichts werde sich an den Flüchtlingsströmen aus Afrika ändern, solange nicht in den korrupten und armen Ursprungsländern die Ursachen für Flucht endlich wirksam bekämpft würden, ist zwar alt, aber nach wie vor gültig – und für kriminelle Schleuserbanden die bestmögliche Werbung. Nur dann, wenn die korrupte Gewaltherrschaft afrikanischer Diktatoren, gefüttert zu oft mit Milliardenbeträgen an sogenannter Entwicklungshilfe aus dem Westen, geschützt durch moralfreie Großmachtinteressen Chinas, Russlands, der USA, als Ursache der Flüchtlingsströme anerkannt wird, lässt sich von Fall zu Fall auch dafür plädieren, Gnade vor Recht ergehen zu lassen. Immer dann, wenn ich moralisch argumentierte und unterlassene Hilfeleistung als unmenschliches Verhalten attackierte, wurde ich mit dieser moralfreien Wirklichkeit konfrontiert.

Zu Recht?

Leider zu Recht.

Die wegen entsprechender Beschlüsse in Irlands Hauptstadt so genannte *Dublin III-Regelung,* wonach ein Flüchtling in dem EU-Land oder in einem sicheren Drittland wie der Schweiz Asyl beantragen muss, in dem er zuerst in Europa ankommt, ist theoretisch für alle Regierungen bindend. Aber praktisch nichts wert. Denn jedes Zielland versucht, legal, illegal, scheißegal, die unerwünschte Ware Mensch abzuschieben entweder zu Nachbarn oder zurückzuschicken in ihre Herkunftsländer, aus denen sie geflohen war.

Italienische Behörden statteten Flüchtlinge aus Somalia oder Eritrea mit einem 90 Tage gültigen Fremdenpass, einer Fahrkarte sowie 500 Euro Wegzehrung aus und schickten sie auf Nimmerwiedersehen über die Grenzen zum Beispiel im Sommer 2013 nach Hamburg. Russische Behörden vergaben an Tschetschenen, die sie loswerden wollten, innerhalb weniger Tage Pass und Visa für die Reise nach Polen, worauf andere Ausreisewillige Monate warten müssen. Von Polen aus beantragten die meisten dann im grenznahen Deutschland Asyl wegen politischer Verfolgung in Tschetschenien.

Die Chancen in Deutschland stehen schlecht, aber erst einmal sind die Flüchtlinge da, und bis entschieden wird über ihre Anträge, kann es dauern. Nach Einschätzung der Bundespolizei hatten höchstens zehn Prozent der ungefähr 12 000 tschetschenischen Asylbewerber im Jahr 2013 nach den Bestimmungen der Genfer Flüchtlingskonvention Anspruch auf »kleines Asyl«, wie das begrenzte Aufenthaltsrecht genannt wird, das auch bei Ablehnung ihrer eigentlichen Asylanträge all denen gewährt wird und wurde – Syrern, Irakern, Afghanen –, denen »Gefahr für Leib und Leben« droht bei einer Abschiebung in ihre Heimat.

Die meisten Tschetschenen verfügten aber über genug

Geld, eigenes oder von einer kriminellen Organisation, um Schmuggler und Schleuser zu bezahlen, wurden in europäischen Rotlichtvierteln von Amsterdam bis Berlin von dort bereits ansässigen Landsleuten freudig begrüßt, verstärkten die Banden, um allzeit brutalstmöglich das umzusetzen, was sie im Krieg gegen die Russen gelernt hatten. Manchmal auch wie einst erneut gegen die verhassten Russen. Diesmal gegen die russische Mafia statt gegen die russische Armee.

Wenn aber nicht zu beweisen ist, in welchem Land ein Asylbewerber europäischen Boden zuerst betreten hat, kann man ihn logischerweise nicht wieder dorthin zurückschicken, falls er in Deutschland aufgegriffen wird. Die Abschiebung nach Griechenland muss kein Flüchtling mehr fürchten, seit der Europäische Gerichtshof für Menschenrechte dies wegen menschenunwürdiger Bedingungen in griechischen Aufnahmelagern untersagt hat. An den Zuständen im Land hat sich allerdings auch nach dem Urteil nichts geändert. Anführer der faschistischen »Goldenen Morgenröte« befeuern den Hass auf alles Fremde.

Selbstverständlich haben sich Parlamentarier aus Brüssel vor Ort in Griechenland informiert. Selbstverständlich wurde danach die Regierung dringend ermahnt, für menschenwürdige Zustände in den Lagern zu sorgen. Selbstverständlich wurde das den Inspektoren von den griechischen Behörden zugesagt. Selbstverständlich geschah dennoch nichts.

Auch das bulgarische oder das rumänische Innenministerium versichern bei jeder Beschwerde, den Handel mit Roma-Bettelkindern und die Korruption an bestimmten Grenzstationen endlich nachhaltig zu bekämpfen und sich nicht mehr auf das bequeme Vorurteil hinauszureden, Roma seien nun mal bekannt dafür, sich als Kriminelle durchs Leben zu schlagen. Denn so einfach entledigen sie sich in der Realität ihrer politischen Verantwortung, statt das Gewaltmonopol des Staates gegen die mafiaähnliche Herrschaft der Clanoberen durchzusetzen und den in Ghettos herrschenden Dritte-Welt-Alltag mit den Transferleistungen der EU zu verändern. Nur dann, wenn sich an der Lage der Roma etwas ändert, werden sie nicht auf der Suche nach einem besseren Leben losziehen in den Westen, wo niemand sie mit offenen Armen empfängt. Beschwerden und Proteste der westeuropäischen EU-Staaten aber blieben ohne nachhaltige Wirkung.

Insgesamt steigen die Zahlen der illegalen Einwanderer, der Migranten, der Flüchtlinge unaufhaltsam. Am meisten Asylbewerber gab es 2015 in Deutschland mit fast einer Million, denn die Bundesrepublik ist als stärkste Volkswirtschaft in Europa das begehrteste Ziel. Es folgten Frankreich, Schweden, die Schweiz, Belgien, Großbritannien, Österreich, das mit 90 000 aufgenommenen Flüchtlingen angesichts seiner Bevölkerungszahl Vorbildliches leistete, Italien und die Niederlande. Insgesamt baten rund anderthalb Millionen Männer, Frauen, Kinder im sicheren Hafen Europa um Asyl.

Politik ist die Kunst, brauchbare Werkzeuge für Machbares bereitliegen zu haben und sie je nach Lage einzusetzen. Eine Binsenweisheit. In diesem Fall hieße das, durch Aufklärungskampagnen in Armutsländern klarzumachen, dass ungelernte Arbeitswillige ohne Schulabschluss im Paradies, das ihnen jenseits der Grenze von Schleusern versprochen wurde, keine Chance haben werden auf eine menschenwürdige Existenz. Klingt zwar theoretisch gut, hat aber in der Praxis keine Wirkung, weil zum Beispiel Roma aus Dritte-Welt-Ghettos in Rumänien oder Bulgarien selbst in verrotteten Abbruchhäusern in Berlin oder Dortmund oder Duisburg noch Fortschritt erkennen können, mal ganz zu schweigen von den Sozialleistungen des deutschen Staates, die auch ihnen zustehen. Die

Idee des Sozialdemokraten Olaf Scholz, Erkundungstouren zu veranstalten, damit sich Ausreisewillige selbst ein Bild machen können von den wahren Lebensumständen im Wunderland, gefällt mir zwar so gut wie jene, ein Unternehmensstrafrecht einzuführen, um all die Firmen mit hohen Geldbußen belegen zu können, die systematisch Ausbeutung betreiben durch Dumpinglöhne oder durch Geschäfte mit dubiosen Subunternehmern. Doch auch dies dürfte nur wenig Erfolg haben.

Dringend müsse, sagt der Jurist Olaf Scholz, Europa über alle Grenzen hinweg ein einheitlicher Rechtsraum werden, in dem gleiches Recht, auch gleiches Strafrecht, für alle gilt, schon deshalb, weil immer mehr Länder in die EU wollen und von daher – und seitens derer! – die Einhaltung gewisser einheitlicher Rechtsstandards verpflichtend ist.

Solange das Wohlstandsgefälle zwischen Nord und Süd sowie zwischen West und Ost nicht spürbar kleiner wird, analysiert sein Parteifreund, der Jurist Erardo C. Rautenberg, die Lage unserer Nation, dürfte sich auch nichts ändern am Lagebild, »weil Frauen aus benachteiligten Regionen in der Prostitution eine der wenigen Möglichkeiten sehen, ihrer wirtschaftlichen Notlage zu entkommen«. Sie sind aber nichtsdestotrotz unerlaubt ins Bundesgebiet eingereiste Ausländer, wie es im Paragrafen 14 des Aufenthaltsgesetzes heißt, und damit »ausreisepflichtig«:

»Die Einreise eines Ausländers in das Bundesgebiet ist unerlaubt, wenn er einen erforderlichen Pass oder Passersatz gemäß § 3 Abs. 1 nicht besitzt, den nach § 4 erforderlichen Aufenthaltstitel nicht besitzt oder nach § 11 nicht einreisen darf, es sei denn, er besitzt eine Betretenserlaubnis nach § 11 Abs. 2. Mit der polizeilichen Kontrolle des grenzüberschreitenden Verkehrs beauftragte Behörden können Ausnahme-Visa und Passersatzpapiere ausstellen.«

Die Abschiebung wird außer Kraft gesetzt, sobald man die Illegalen braucht. Nicht als Arbeitskräfte, denn auch zu arbeiten ist ihnen, Stand 2013, erst nach neun Monaten Aufenthalt in einem Asylbewerberheim erlaubt – falls sie bis dahin nicht abgeschoben wurden, weil ihre Anträge auf Asyl abschlägig beschieden worden sind –, sondern als Kronzeugen in Strafprozessen gegen Menschenhändler. Bis es so weit ist und solange der Prozess dauert, gibt es monatliche Zuwendungen nach einem – wieder so ein sperriges Wort – Asylbewerberleistungsgesetz. Es verpflichtet einzelne Kommunen zur Zahlung an die Asylbewerber. Die aber streiten sich regelmäßig mit ihrer Landesregierung, ob das nicht aus dem Etat des Bundeslandes bezahlt werden muss, weil das Verbrechen, auf das sich eine Anklage bezieht, und die Zeugenschaft eines Opfers von Menschenhandel schließlich nichts mit der Kommune zu tun hätten. Im Gesetz aber steht, zuständig sei die Behörde, in deren Bereich sich die Zeugin aufhält.

Schien mir eine vernünftige Regelung zu sein bis zu dem Moment, in dem ich von einem ranghohen Bundespolizisten eines Besseren belehrt wurde. Grundsätzlich sei es aus Sicherheitsgründen nötig – um eine Zeugin beispielsweise vor dem Zugriff Krimineller zu schützen –, mit ihr Orte und Wohnungen zu wechseln, mitunter sogar die Bundesländer. Und wer, bitte, sei dann zuständig für die Ausgaben?

Weil das Statistische Bundesamt den Gesamtumsatz der Prostitutionsbranche in rund 3500 Freudenhäusern, großen wie kleinen, auf 14,6 Milliarden Euro schätzt, weil laut dieser Statistik aber nicht mal die Hälfte der Frauen und nur knapp fünf Prozent der männlichen Prostituierten sozialversichert sind, dürften mehr als 200 000 Frauen in der Illegalität arbeiten. Davon stammen 80 Prozent aus dem Ausland und von denen wiederum mehr als die Hälfte aus Rumänien und Bulgarien. Illegal heißt ohne Schutz, nicht nur bei ihren sexuellen Dienstleistungen, sondern auch ihren Zuhältern gegenüber.

Die meisten fallen unter den politisch korrekten Begriff »migrantische Sexarbeiterinnen«, gebraucht von Feministinnen, um die Wörter »Prostituierte« oder »Hure« zu vermeiden, worunter sich viele noch eine Frau vorstellen, die diesen Beruf freiwillig gewählt hat, die ihren Verdienst aufs Sparkonto einzahlt, die nach Dienstschluss ihren Zwergpinscher ausführt, die einen festen Kundenstamm hat und die darauf hinarbeitet, irgendwann für immer aussteigen zu können in ein bürgerliches Dasein.

Das gut gemeinte Prostitutionsgesetz der rot-grünen Bundesregierung aus dem Jahr 2002 ging auch von solchen falschen Vorstellungen über den Beruf Hure aus. Das politische Argument, die Frauen würden das nicht freiwillig tun, sondern immer nur gezwungen, weil sie keinen Spaß an der Arbeit haben, weshalb es ein Gesetz brauche, gilt ebenso für andere Berufe. Auch in denen geht es nicht um den menschlichen Faktor »Spaß im Job«, sondern darum, Geld verdienen zu müssen.

Gewisse Arbeitnehmerrechte auch Prostituierten zu gewähren, die im Fall des Falles wie von anderen Arbeitnehmern auch bei den Arbeitgebern eingeklagt werden könnten, war im Ansatz ja nicht falsch. Richtig ist aber nach wie vor auch, dass Prostitution eben kein Beruf ist wie jeder andere, weil in diesem von kriminellen Organisationen, kleinen wie großen, beherrschten Dunkelfeld Streitigkeiten mit Gewalt und nicht vor Gericht gelöst werden.

Auf dem Sexmarkt gibt es inzwischen wie auf anderen Märkten des täglichen Lebens längst auch spezielle Anbieter, die keine sie schützenden Gesetze wollen: Ein »Berufsverband erotische und sexuelle Dienstleistungen«, der zwar im Namen vieler Frauen zu sprechen vorgibt, gern auch in Talkshows des deutschen Fernsehens, aber nach Ansicht vieler vorgeblich von ihm vertretenen Frauen nur seine eigenen, ganz besonderen Interessen vertritt, entdeckte die Marktnische des gepflegten Umgangs mit zahlungskräftigen Kunden. Keine verschwiemelten Hinterzimmer, keine Massenabfertigung wie in den Großbordellen, sondern Vollzug in den Beletagen der Gesellschaft.

Die im Prostitutionsgesetz beschlossene Liberalisierung, wonach die Berufsausübung legal ist ab dem 18. Lebensjahr, hat die kriminelle Ausbeutung der Frauen in Wirklichkeit beflügelt. Die Idee ist gescheitert. Das Gesetz hat nicht etwa Frauen aus krimineller Umklammerung, sondern die Kriminellen von überraschenden Razzien befreit. Weil nicht mehr wie bisher die »Förderung von Prostitution« unter Strafe stand, sondern die Ausbeutung durch Zuhälter, lösten die das anstehende Problem dadurch, dass sie dienstleistende Frauen und Männer zu angeblich freiwillig abgeschlossenen Arbeitsverträgen zwangen. Die zeigen sie vor, wenn Polizei oder Sozialbehörden zwecks Kontrolle vorbeischauen.

Ein Klub aber, der »vorne und hinten von Rockern bewacht« wird und in dem vor allem junge Frauen aus Osteuropa angeboten werden, muss »jeden Menschen mit gesundem Menschenverstand misstrauisch machen«, steht im Tagungsprotokoll einer Arbeitsgruppe von CDU/CSU und SPD, als bei den Verhandlungen über die Große Koalition die notwendige Änderung des bestehenden Prostitutionsgesetzes beschlossen wurde. Bisher war schon der »Einsatz von Minderjährigen« verboten, aber nun soll im Gesetz verankert werden: Verbot der Werbung mit Flatrate-Sex. Strafe für Freier von Zwangsprostituierten. Spezielles Gewerberecht für Bordelle.

Haben andere Länder in Europa bessere Modelle entwickelt? Was ist überhaupt noch sittenwidrig in Zeiten, in denen versendete Sittenlosigkeit auf allen Kanälen gefeiert wird, in denen Sex- und Pornofilme im Internet jederzeit für alle Altersgruppen zugänglich sind, in denen Zoten Quoten bringen wie früher nur die Toten?

Ausgerechnet in Ländern, aus denen Tausende von jungen Mädchen und Frauen Jahr für Jahr in die Prostitution gelockt oder verschleppt werden, ist sie verboten: in Albanien wie in Bosnien-Herzegowina, in Bulgarien wie in Rumänien, in Armenien wie in Aserbaidschan. Ebenso verboten in islamisch geprägten Ländern, die aber andererseits zu den Hauptabnehmern gehören, wie die Vereinigten Arabischen Emirate oder die Türkei.

Klare Verhältnisse dagegen herrschen zum Beispiel in der Schweiz, weil die Nachfahren von Wilhelm Tell schon immer einen sechsten Sinn dafür besaßen, alles zu fördern, was wirtschaftlichen Erfolg verspricht, egal, aus welchen Quellen der gespeist wird. Aus denen schöpften allerdings auch Zürcher Stadtpolizisten, wie im November 2013 enthüllt wurde. Sie unterschlugen Anzeigen, gaben Informationen über geplante Razzien und Geheimes aus Datenbanken an Bosse der Unterwelt weiter und kassierten für ihre Dienste in Naturalien: Sex, freie Mahlzeiten, Alkohol. Die internen Ermittlungen dauerten ein Jahr, dann schlug die Polizei gegen ihre korrupten Kollegen zu.

Angebote in Zeitungen und im Internet für legale Dienstleistungen in Schweizer Bordellen locken traditionell schon immer Tagesausvögler aus dem nahen Frankreich, wo Prostitution zwar nicht verboten ist, aber ungemütlich im Bois de Boulogne und auf dem Straßenstrich verhandelt oder betrieben werden muss, weil offiziell keine Freudenhäuser erlaubt sind und zudem auch in Frankreich Aktionen für das Verbot von Prostitution gestartet wurden wie die unter der Schirmherrinnenschaft von Alice Schwarzer in Deutschland.

Was allerdings unter dem Motto »Touche pas à ma pute!« – Hände weg von meiner Hure! – in Frankreich die Gegner eines Verbots mobilisierte. Ein »Manifest der Dreckskerle« wurde von 343 Prominenten unterschrieben. Die feministische Philosophin Élisabeth Badinter erklärte, ein Prostitutionsgesetz, nach dem Freier mit hohen Geldstrafen belegt werden können, würde die Lage der Frauen nicht verbessern, sondern verschlimmern, weil das Geschäft der kriminellen Zuhälter dann im Verborgenen stattfinde: »Frauen haben das Recht, mit ihrem Körper zu machen, was sie wollen.« Dennoch beschloss am 4. Dezember 2013 die französische Nationalversammlung, dass zukünftig ertappte Freier mit einem Bußgeld von bis zu 1500 Euro belegt werden können.

Ähnlich verlogen geht es in Italien zu: Bordelle zu betreiben ist untersagt, aber Straßenstrich erlaubt, was Menschenhändler dazu nutzen, Tausende von Afrikanerinnen ins Land zu schleusen. In den Niederlanden und in Belgien, in Spanien und in Portugal, in Griechenland und in Großbritannien ist Prostitution legal, sowohl in Rotlichtvierteln wie den berühmten in Amsterdam oder Soho als auch auf dem Straßenstrich.

Schweden ist zum Vorbild für alle geworden, die Prostitution verbieten wollen, weil sie die Würde der Frauen verletze, auch derjenigen, die sich freiwillig und willig den Beruf ausgesucht haben. Verboten ist in Schweden käuflicher Erwerb von Sex. So steht es im Gesetz. Bestraft werden die Freier, nicht die Frauen. Die Männer gaben aber nicht etwa ihre Neigungen auf, sondern suchten sich andere Wege. Weil der Straßenstrich, auf dem bis dahin die Verhandlungen über Preis und Leistung begannen, nach dem Erlass ausstarb, gingen sie in den einheimischen Untergrund, fuhren übers Wochenende nach Litauen oder flogen in die Türkei. Norwegen und Finnland folgten dem schwedischen Vorbild im Prinzip, nur Dänemark hatte eigene Ideen: Prostitution ist erlaubt, wenn Sexarbeiterinnen noch andere Einnahmen aus bürgerlichen Berufen nachweisen können und nicht allein vom Verkauf ihres Körpers leben.

Das schwedische Modell allerdings ist bei europäischen Strafverfolgern längst nicht so populär wie bei nichtstaatlichen Frauenverbänden. Denn die Menschenhändler haben nicht etwa ihr Geschäft beerdigt, sondern den Markt aus dem Hellfeld der Rotlichtviertel ins Dunkelfeld verlagert. In dem sind die Frauen, die zu schützen das Gesetz als Ziel vorgibt, den Zuhältern und gewalttätigen Freiern schutzlos preisgegeben. Weder polizeiliche noch ärztliche Kontrollen finden statt. Zwangsprostitution ist nicht mehr ermittelbar, weil es keine sichtbaren Anzeichen dafür mehr gibt wie in anderen Ländern ohne solch rigorose Gesetze, wo sie bei Razzien sofort auffielen und automatisch die Hilfsorganisationen aktiv werden ließen.

Was die Polizei für wesentlicher hält, sind nicht etwa verschärfte neue Gesetze, sondern mehr Mittel, um die bestehenden auszuschöpfen. Man kann auch sagen: auszureizen bis ans Limit. Halt, eines hätten sie schon gern, aber das ist kein Verbot. Sondern ein Gebot, weil ein solches den Bösen richtig wehtun dürfte, was dann die Guten freuen würde: Beschlagnahme aller Vermögenswerte von Tätern, selbst bei Beschuldigten, die darauf hoffen, dass keines ihrer Opfer gegen sie auszusagen wagt. Deutsche Strafbehörden schlagen die »Einführung einer Beweislastumkehr bei der Gewinnabschöpfung für verurteilte Straftäter des einfachen und schweren Menschenhandels« vor, was von allen nichtstaatlichen Hilfsorganisationen unterstützt wird. Nicht der Staatsanwalt soll beweisen müssen, dass die Summe X auf dem Konto oder die Villa in der Provence aus illegalen Geschäften stammen.

Sondern die Gegenseite muss nachweisen, wie in Italien oder in den USA gute Sitte ist im Kampf gegen die Mafia, dass der Reichtum legal erworben worden ist. Bei Drogendealern ist es verhältnismäßig einfach. Wenn die in flagranti beim Tausch Ware gegen Geld erwischt werden, geht beides in den Besitz des Staates über. Aber beim Menschenhandel müssen die zwischen Schleusern und Geschleusten vereinbarten und bezahlten Kopfpauschalen ermittelt und ausgerechnet werden – so wie während der abgehörten Telefongespräche bei der »Operation Scheich« geschehen –, bevor dann genau diese Summe beschlagnahmt werden kann.

Die eingezogenen Vermögenswerte von rechtskräftig verurteilten Straftätern könnten zum Beispiel zu gleichen Teilen in einen Fonds gehen, aus dem die Opfer entschädigt oder ihre Therapien bezahlt werden, und in einen anderen, aus dem Ermittler, Fahnder, Staatsanwälte ihre Mehrkosten bei der Täterjagd bestreiten dürfen – in Bulgarien, Rumänien, Griechenland, in der Türkei, in Nigeria. Ein schriftlicher Antrag auf Vernehmung von dort Festgenommenen, die der Mitgliedschaft in einer kriminellen, in Deutschland aktiven Organisation verdächtigt werden, dauert zu oft zu lang. Zu oft verschwinden auch auf dem Dienstweg da und dort Akten. Unter unbestechlichen Kollegen ließe sich persönlich vor Ort unbürokratisch erledigen, was bisher die Bürokratie verhindert oder was ein bestechlicher Haftrichter dadurch wieder zunichte macht, indem er den Verdächtigen auf freien Fuß setzt.

Statt die Täter nach vollbrachten Taten zu verfolgen wie in anderen Dunkelfeldern der organisierten Kriminalität, weil es da bei der Fahndung eindeutige Indizien und Beweise gibt wie Drogen, Waffen oder Leichen, wäre Vorbeugung bei der Zielgruppe im Land der Opfer die beste Methode. In Moldawien, Rumänien, Bulgarien, Serbien usw. müssten die Rekrutierer der Menschenhändler daran gehindert werden, Mädchen, Kinder, Männer anzuwerben.

Keine originelle Erkenntnis, denn Aufklärung wird ja bereits in allen möglichen Formen betrieben durch staatliche und nichtstaatliche Kampagnen. Aber das reicht noch lange nicht, wie die steigenden Zahlen von illegal nach Deutschland oder in den Schengen-Raum eingeschleusten Männern und Frauen beweisen. Nur wenn endlich in den Push-Ländern die Armut wirksam bekämpft wird, sinken die Gewinne der Menschenhändler. Auch wenn das nicht über Nacht passiert, sondern ein Prozess von Jahrzehnten sein wird, bis zum Beispiel ein Land wie Rumänien einigermaßen Lebensumstände zu bieten hat wie zum Beispiel ein Land wie Frankreich und dadurch lebenswerter wird.

Manchmal sind simple Ideen hilfreich wie jene der britischen SOCA, die über eine an sieben Tagen die Woche rund um die Uhr mit *Tactical Advisors* besetzte Telefonzentrale nicht nur anonyme Tipps aufnahm, wie es die österreichische Bundespolizei in Wien im Kampf gegen kriminelle Zuhälter macht, sondern auch Kollegen beriet, die eine Razzia planten, und ihnen einen Hinweis gab wie etwa jenen, dass man die Verbindung zu einer kriminellen Organisation manchmal bereits an gewissen Tätowierungen der Zuhälter erkennen könne.

Denn zum Wesen krimineller Vereinigungen gehört es nun mal, dass sie in vielen Ländern ihre Helfer haben, dass sie in vielen Dunkelfeldern aktiv sind. Deshalb können sie nur international koordiniert attackiert werden. Kriminalisten und Kriminologen aus Mitgliedsstaaten von EUROPOL haben dafür fünf zukunftsweisende Strategien erarbeitet.

Weil alle mit dem Buchstaben P anfangen, werden sie intern auch »The Five Big P«, die »fünf großen P«, genannt: P wie *Prevention* steht für Aufklärung der Zielgruppe und nachhaltige Verbesserung ihrer Lebensverhältnisse in Push-Ländern. P wie *Prosecution* für eine koordinierte Verfolgung der Menschenhändler und kriminellen Schleuser über alle Grenzen hinweg. P wie *Protection* für Schutz von Zeugen, sowohl im Staat, in dem sie vor Gericht aussagen, als auch im Herkunftsland, in dem ihre Familien bedroht werden könnten. P wie *Punishment* für harte, abschreckende Strafen gegen Täter inklusive Beschlagnahme ihres Vermögens. Und P wie *Partnership* für Zusammenarbeit aller staatlichen und nichtstaatlichen Organisationen gegen die internationalen staatlichen und nichtstaatlichen kriminellen Organisationen.

Die Strategie der fünf großen P gefällt mir, aber ich erinnere mich auch, dass der britisch cool-gelassene EUROPOL-Direktor Rob Wainwright, der jedes Wort wägt, bevor er es ausspricht, kämpferisch laut wurde, als wir über kriminelle Vereinigungen sprachen. Noch immer sei das wahre Ausmaß der Gefahr nicht begriffen, weder in der Öffentlichkeit noch in der Politik. Über Europa schwebe ein riesiger Geier namens organisierte Kriminalität, der seine Klauen überall reinschlägt, jedes Jahr den globalen und insbesondere den europäischen Volkswirtschaften Schäden in Milliardenhöhe zufüge und Hunderttausende von Menschen erbeute. Es lasse sich für sein Bild auch ein anderes Raubtier aus dem Schattenreich der Fauna verwenden, eine Krake zum Beispiel, deren Tentakel in die gewachsenen Strukturen der Zivilgesellschaften kriechen und sie von innen aushöhlen oder sie umarmend erdrücken.

Alle Ausgaben für Polizei, Grenzkontrollen, Einwanderungsbehörden, zum Schutz der europäischen Werte und Institutionen und Bürgerrechte betragen lächerliche 0,7 Prozent des ungefähr 145 Milliarden Euro umfassenden EU-Haushalts. Was nicht so recht passt zu Umfragen, wonach 24 Pozent aller EU-Bürger am meisten Angst haben vor der organisierten Kriminalität. Bei Drogen und Waffen klappt es ja ganz gut mit der gemeinsamen Strategie und dem koordinierten Kampf in den Dunkelfeldern. Beim Menschenhandel noch lange nicht.

Man müsse aber, schloss Rob Wainwright, dann wieder kühl, seine Analyse herrschender Zustände ab, man müsse aber mit dem auskommen, »as good as it gets«, was im Etat zur Verfügung stehe. Wenigstens gehörten sie, fügte Steve Harvey damals hinzu, zu den Guten, und das sei eine unbezahlbare Stärke.

Er klang aufbauend, mutmachend. Aber das europäische Netz, in dem sich die Bösen verfangen sollen, hat zu viele Löcher. Die Sucht der Konsumenten, in dem Fall die Triebe der Freier, lässt sich nicht bekämpfen in Entzugskliniken wie bei Drogenabhängigen. An ihre Moral zu appellieren ist lobenswert, aber sinnlos, weil die Botschaft zwar gehört wird, aber bei ihnen nicht ankommt, denn sie sind sich keiner Schuld bewusst. Schließlich haben sie bezahlt für die erbrachte Dienstleistung. Prostitution wird es immer geben, auch dann, wenn sie offiziell verboten ist.

Verbotenes macht sie erst recht scharf.

Es liegt zwar nahe, jene Männer als armselige Schweine zu bezeichnen, die für All-inclusive-Raten im Bordell Schlange stehen. Aber ändert das was am real existierenden Geschäftsmodell für die Frauenhändler? Es ist eine nur vorübergehend trostspendende Vorstellung, kriminelle Schleuser in der Hölle schmoren zu sehen. Aber brennt da tatsächlich ein Feuer? Es ist eine Genugtuung, wenn Frauenhändler und Sklavenhalter und Kinderquäler zu hohen Strafen verurteilt werden. Aber hilft das ihren Opfern?

Weshalb ich am Ende der Reisen durch die Nacht wieder am Anfang gelandet bin. Vom Baum die Frucht der Erkenntnis zu brechen und an ihr zu naschen, war Adam und Eva vom Herrn der Welten verboten worden. Also taten sie es und wurden aus dem Paradies vertrieben. Dieses Erbe lastet, sagt die Bibel, auf allen Menschen. Ein Glaubenssatz. Zwischen 700 000 und 2,5 Millionen von ihnen, sagt die UNO, werden jährlich von Schleusern, Schleppern, Zuhältern in die Sklaverei verkauft. Eine Hochrechnung.

Vom Jüngsten Gericht dürfte es, aller Voraussicht nach, dereinst keine Liveübertragungen geben. Gegen Urteile im Namen der Gerechtigkeit ist keine Berufung mehr möglich. Sie gelten auf ewig. Doch weil niemand weiß, wie lange es noch dauern wird bis zum Ende aller Tage, müssten so lange auf Erden die Menschenhändler gejagt und angeklagt...

... und schuldig gesprochen werden im Namen des Volkes. Auch wenn das den Opfern nicht mehr hilft: Wenigstens das wäre man ihnen schuldig.

Aber die Hölle sind nicht nur die bösen anderen. Mitschuldig sind auch manche Achsenmächte der Guten.

Ginge es um Rohstoffe wie Erdöl, um Kupfer, um Seltene Erden, würden zum Beispiel im Dunkelfeld der schlimmsten Menschenhändler auf der Sinai-Halbinsel längst schon Fallschirmjäger vom Himmel gefallen sein, wären gezielt die kriminellen Banden und deren korrupte Kumpane in Staatsdiensten für immer aus dem Verkehr gezogen worden. Hätten nationale Spezialkommandos längst die europäischen Kommandozentralen der internationalen Schleuser und Schmuggler in beispielsweise Moldawien, auf dem Balkan, in Weißrussland, in Rumänien, in Transnistrien, in Bulgarien, in der Ukraine usw. gestürmt.

Weil es aber nur um die Ware Mensch geht, um einen laufend auszuschlachtenden und stets nachwachsenden Rohstoff, steigen die Gewinne auf dem Sklavenmarkt Europa.

Jahr um Jahr.

Deshalb muss über die Schande geschrieben werden.

Immer wieder.

ANHANG

Bibliografie

Ackermann, Lea/Allgäuer, Alicia/Kreutzer, Mary: *In Freiheit leben, das war lange nur ein Traum*, München 2010

Ackermann, Lea/Bell, Inge/Koelges, Barbara: *Verkauft, versklavt, zum Sex gezwungen – das große Geschäft mit der Ware Frau*, München 2010

Ackermann, Lea/Engelmann, Rainer: *Solidarität mit Frauen in Not*, Berlin 2005

Aronowitz, Alexis A.: *Human Trafficking, Human Misery*, Plymouth 2013

Bales, Kevin/Cornell, Becky: *Moderne Sklaverei*, Hildesheim 2008

Cacho, Lydia: *Sklaverei*, Frankfurt a. M. 2012

Chalke, Steve: *Stop the Traffik*, Oxford 2009

De Bondt, W./Vermeulen, G./Van Damme, Y.: *Organised Crime Involvement in Trafficking in Persons and Smuggling of Migrants*, herausgegeben vom United Nations Office on Drugs and Crime (UNODC), Antwerpen/Apeldoorn/Portland 2010

Gatti, Fabrizio: *Bilal – als Illegaler auf dem Weg nach Europa*, Hamburg 2011

Geier, Katrin: *Moderne Formen des Menschenhandels und der Sklaverei*, München 2008

Gunderson, Connie/Müller, Anna/Teichert, Gesa C. (Hrsg.): *Zwangsprostitution und Menschenhandel«*, Hildesheim 2013

Kalemi, Oxana: *Sie haben mich verkauft*, Köln 2009

Kara, Siddharth: *Sex Trafficking – Inside the Business of Modern Slavery*, New York 2010

Klein, Herbert S.: *The Atlantic Slave Trade*, New York 2010

Koelges, Barbara/Thoma, Birgit/Welter-Kaschub, Gabriele: *Probleme der Strafverfolgung und des Zeuginnenschutzes in Menschenhandelsprozessen – eine Analyse in Gerichtsakten*, Boppard 2002

KOK (Hrsg.): *Trafficking in Women in Germany*, Berlin 2008

Lee, Maggy: *Human Trafficking*, New York 2007

Matas, David/Trey, Torsten (Hrsg.): *State Organs – Transplant Abuse in China*, Woodstock 2010

N'Diaye, Tidiane: *Der verschleierte Völkermord*, Hamburg 2010

Nelson, James. W.: *Daughters*, London 2011

Paulus, Manfred: *Frauenhandel und Zwangsprostitution*, Hilden 2003

Pfau, Markus: *Schleusungskriminalität*, Marburg 2012

Reddie, Richard S.: *Abolition – The Struggle to Abolish Slavery in the British Colonies*, Oxford 2007

Schirrmacher, Thomas (Hrsg.): *Menschenhandel – die Rückkehr der Sklaverei*, Holzgerlingen 2011

Shelley, Louise: *Human Trafficking*, New York 2010

Skinner, Benjamin: *Menschenhandel*, Köln 2008

SOLWODI (Hrsg.): *Criminalité transnationale – Coopération Transnationale*, Boppard 2003

Thomas, Hugh: *The Slave Trade*, London 2006

Walvin, James: *A Short History of Slavery*, London 2000

Weitere Quellen (Auswahl)

Berichte von Institutionen und Organisationen:
- Dutch National Rapporteur: *Trafficking in Human Beings* (Berichte aus den Jahren 2000–2010)
- *Trafficking in Human Beings, Methodologies and Working Papers*, Eurostat 2013
- *Anti Trafficking Training Manual* (Frontex)
- *Eastern Borders, Annual Risk Analysis 2013* (Frontex)
- *Western Balkans Annual Risk Analysis 2013* (Frontex)
- *Eastern Anti-Trafficking Training for Border Guards* (Frontex)
- *Sex as Slavery*. Human Rights Review 2011
- Human Rights Watch, London
- *Domestic Workers Around the World* (ILO)
- Annual Reports and Accounts (SOCA)
- *Global Report UNODC*
- *Basic training manual on investigating and prosecuting the smuggling of migrants* (UNODC)
- *Global Report on Trafficking of People*, 2012 (UNODC)
- *Trafficking in Persons Report 2013* des U.S. Department of State

Zeitungen und Zeitschriften:
- The Economist, Frankfurter Allgemeine (Sonntags-)Zeitung, The Guardian, International Herald Tribune, Kriminalistik, Neue Zürcher Zeitung, The New York Times, Osteuropa, Der Spiegel, Süddeutsche Zeitung, Tagesspiegel, Die Welt, Die Zeit

TV-Sender:
- MTV, CNN

TV-Sendungen:
- *Ware Mensch – der Kampf gegen Schleuserbanden*, ARD 2012
- *Zeit der Namenlosen*, DVD 2012, Buch und Regie: Marion Leonie Pfeifer

Internet:
www.antislavery.org
www.ec.europa.eu/justice
www.europol.eu.org
www.greta.eu
www.hilfetelefon.de
www.ilo.org
www.kok-buero.de
www.lastradainternational.org/
www.mtv.exit.org
www.naptip.gov.ng
   (NAPTIP = National Agency for the Prohibition of Traffic in Persons der Regierung von Nigeria)
www.soca.gov.uk
www.solwodi.de
www.tdh.de/kinderhandel
www.unodc.org

REGISTER

A
Abolitionisten 21, 29, 31, 35
Ackermann, Lea 299, 301 f., 317
Afrika 13, 15 ff., 22 f., 25 ff., 32 ff., 40, 42, 78, 106, 108, 147, 162, 167, 184, 192, 196, 200, 207 f., 215, 232, 299, 303, 307, 309, 321
Afrikaner/innen 16, 23 f., 28, 31, 33, 35, 72, 301, 308, 330
Al Qaida siehe Qaida, Al
Albanien/Albaner 56, 68
Amnesty International 151, 303
Analytical Work Files (AWF, Computerprogramm von Europol) 51
Antitrafficking training for border guards (Frontex-Handbuch) 155 f., 170, 172 f.
AQIM (*Al Qaida in the Islamic Maghreb*) 222
Araber 23 ff., 309
Asylantrag 103 f., 108, 166, 186, 212, 322

Asylbewerberleistungsgesetz 326
Asylsuchende/Asylbewerber 70, 108 f., 320, 322 ff., 326
Athens Ethical Principles (UN-Resolution gegen Menschenhandel) 313 f.
Aufenthaltserlaubnis 103, 221, 286, 302, 315 f., 320
Aufenthaltsgesetz 115, 325

B
Badinter, Élisabeth 330
Balkan 139 ff.,
Balkanroute 53, 108
Baquaqua, Mahommah G. 18
BBC 233
Beecher Stowe, Harriet 20 f.
Belmokhtar, Mokhtar 222
Belounis, Zahir 195
Berlin 35, 81, 91, 105, 108 f., 125, 157 f., 178, 186, 245, 248, 253, 255, 271, 285, 323 f.

Berlusconi, Silvio 308
Beschlagnahme (von Vermögenswerten) 101, 319, 331 f.
Blatter, Sepp 196
Brandenburgisch-Afrikanische Compagnie (BAC) 35
Brasilien 16 ff., 36, 72, 305
Buchowska, Stana 287
Bulgarien 66, 69, 78, 97 f., 112, 118, 164, 172, 181, 188 ff., 219, 238, 241, 243, 246, 253 f., 274, 310, 316, 326
Bundeskriminalamt 37, 62, 81, 98 f., 126 f., 161, 178, 224, 271, 280
Bundesministerium für Familie, Frauen, Senioren und Jugend 286
Bundespolizei 16, 37, 82, 84, 88, 94, 102, 105 ff., 112, 114, 124, 126 ff., 140, 155, 165, 171, 173, 178, 182, 224, 244, 268, 280, 314, 319, 321, 333
Bündnis gegen Menschenhandel und Arbeitsausbeutung (Projekt des DGB) 186

C

Cacho, Lydia 147
Camorra 36, 53
Capone, Alphonse (»Al«) 126
China 264
CIA 41
»Clandestino« (EU-Forschungsprojekt) 91
Clarkson, Thomas 31 f.
Closed Circuit Television System (CCTV, Videoüberwachungsanlage) 157
Cole, John 26
Collingwood, Luke 29
Common Action Day (BKA-/EUROPOL-Operation gegen Menschenhändler 2012) 81 f.
Cook, George 31
Cosa Nostra (Mafia) 145
Crime Mapper (Kriminalgeograf) 128
A Crime so Monstrous (dt. Titel; *Menschenhandel*, E.B. Skinner) 147
Criminal Hubs 53
Czaja, Mario 109

D

DAPHNE (EU-Programm zur Bekämpfung von Gewalt gegen Kinder, Jugendliche und Frauen) 287
Den Haag 39, 44, 46, 50 f., 54, 72, 74, 79, 81, 99, 111, 131, 138, 154, 172, 178, 186, 228, 248
Department of Homeland Security (US-Heimatschutzministerium) 39, 41, 71, 131
Deutsches Institut für

Menschenrechte (DIMR) 276 f.
DGB (Deutscher Gewerkschaftsbund) 278
Dienstboten 13, 17, 168, 225, 266, 304, 308
Dienstleistungen, sexuelle 12, 14, 57, 92, 136, 216, 233, 270, 283, 327
Django Unchained (Film) 20
»Dokumenten- und Visaberater« (Bundespolizei) 106
Dolmetscher 82, 102 f., 127, 193, 279 f., 319
Drogenhandel 11, 41, 52 f., 97, 139, 145, 160, 173, 205 ff., 232
Drug Enforcement Administration (DEA) 37, 161
Dublin 2 (EU-Verordnung zur Asylpolitik) 103 f., 322

E
Emcke, Carolin 147
Eurodat 103 f., 132
Eurojust (Einheit für justizielle Zusammenarbeit der EU) 156
Europarat 204, 263, 311
European Cyber Crime Center (Spezialabteilung bei EUROPOL) 51
European Police Chiefs Convention (EPCC; EUROPOL-Konferenz, 2013) 137
European Refugee Fund (EU-Fonds) 70
EUROPOL 15, 37, 39 f., 46 f. 49 ff., 55, 60, 65 ff., 71 ff., 76, 79, 81 f., 111, 134, 137 f., 154, 159, 165, 168, 172 f., 178 f., 181, 186, 205 ff., 224, 227 ff., 236, 142, 248, 250 f., 259, 265, 272, 291, 295, 313, 333 f.
Eurosur (European Border Surveillance System) 307
Evening Standard (Ztg.) 233
Evros (griech. Fluss) 165

F
Fälscherwerkstätten 55, 297
FBI (*Federal Bureau of Investigation*) 16, 41, 229
Fedorow, Juri 202
Fellini, Federico 287
FIFA 195, 196, 210
Finanzkontrolle Schwarzarbeit (FKS, Bundeszollverwaltung) 126
Flüchtlingspolitik 210 f.
Franziskus (Papst) 209 f.
Freedom of Information Act 2000 230
Freier 92, 136 f., 142, 233, 244, 279 f., 284, 318, 328, 330 f., 335
Friedrich Wilhelm I. (preuß. König) 35

Frontex (EU-Agentur zur Überwachung der Außengrenzen) 149–156, 166 ff., 170 ff., 178 f., 184, 190, 211, 307

G

al-Gaddafi, Muammar
GASIM (Gemeinsames Analyse- und Strategiezentrum illegale Migration) 126
GCHQ (*Government Communication Headquarters*, brit. Geheimdienst) 52 f., 230
Geldwäsche 15, 50, 54, 63, 111, 145, 173, 197, 200, 220, 229, 232, 282
Genfer Konvention 307, 322
Global Report on Trafficking in Persons (UN-Bericht über globalen Menschenhandel) 11, 141, 181, 184, 201, 206, 313
»Goldene Morgenröte« (griechische Neonazis) 241, 311, 323
Grenzpolizeiliche Verbindungsbeamte (GVB) 107, 125, 165 f., 185 f.
Griechenland 165
Gruppo di Intervento Speziale (ital. Anti-Mafia-Einheit) 37
The Guardian (Ztg.) 52, 193, 230

H

Haley, Alex 21
Harvey, Steve 227, 335
Hawala (internationales Geldtransfersystem ohne Bankinstitute) 119 ff., 123, 185, 218
Herold, Horst 130
Hiller, Klaus 96
Horbach, Desirée 70
Human Rights Watch 166, 309
Hume, David 20

I

ILO (*International Labour Organization*) 15, 54, 182, 195, 216
Integrated Border Management (Strategie zum Schutz der EU-Außengrenzen) 125, 154
International Slavery Museum (Liverpool) 27 f., 30 f.
International Trade Union Confederation (ITUC) 195 f.
Interpol 242
Italien 42

J

Jesiden 101 f., 121, 155
Jobbik-Partei (Ungarn) 311
Johnson, Lyndon B. 20

Joint Investigation Teams (transnationale Ermittlungsgruppen von EUROPOL) 50, 65, 81, 126, 205, 251, 272
Jolie, Angelina 298
Jordanien 64

K
Karzai, Hamid 226
Kastration 23 f.
Katar 194 f.
Kenia 300 f.
Kinderhandel 11, 50, 162, 191, 234, 245, 253, 255, 262
KOK (Bundesweiter Koordinationskreis gegen Frauenhandel und Gewalt an Frauen im Migrationsprozess«) 268, 276, 283, 285 ff.
Kolonialmächte 23, 32, 36
Kontrolldelikt 99
KOOFRA (Koordinierungsstelle gegen Frauenhandel) 268, 270 f., 274, 276, 279 ff., 287
»Kooperationsmechanismen gegen Menschenhandel« (Bundespolizei-Leitfaden) 182 f.
Koostra, Trijntje 288
Koran 23 f., 43
Korruption 44, 46, 90, 105, 143, 164, 166, 188, 189 f., 255, 257, 289, 310, 319, 323
Kriminalstatistik, Polizeiliche 91, 224
Kurdistan 101

L
Laitinen, Ilkka 172 f.
Lampedusa 208 ff., 222, 307, 320 f.
Landeskriminalämter 126, 319
Leist, Christine 128
Leto, Jared 298
Lincoln, Abraham 21
Lissabon, Vertrag von 204
Litauen 134 f.
Liverpool 26 f., 29 ff., 163 f., 233
»Liverpool Merchant« (Schiff) 27
Lochbihler, Barbara 303 f., 306 f., 310
London School of Economics 228
Loverboys 67 ff., 295

M
»Madames« (Nigeria) 43, 121 ff., 301
Mafia 145, 246, 306, 336
–, albanische 78
–, italienische 53, 80, 111, siehe auch Camorra, Cosa Nostra, 'Ndrangheta
–, lettische 134 f.
–, rumänische 145

–, russische 36, 75, 201, 235, 271, 323
–, türkische 36, 244
–, ukrainische 36
–, US-amerikanische 43
Malström, Cecilia 166
Manpower (Leiharbeitsfirma) 313
Maroons (entlaufene Sklaven) 17
Mauretanien 196 f.
McCann, Madeleine 243
Menschenrechte 10, 57, 109, 134, 148, 166, 173, 197, 204, 264 f., 276, 289, 303 f., 310 f., 315, 323
Metropolitan Police (London) 227, 250
Meyer Werft 218, 220
Mobile Fahndungseinheiten (MFE) 125
Moldawien 56 f., 288 ff.
Mombasa 24, 299 f.
»MTV Exit – End Exploitation and Trafficking« (MTV-Kampagne) 298

N

National Crime Agency (NCA; Großbritannien) 232
N'Diaye, Tidiane 22 f.
'Ndrangheta 41, 53
The New York Times (Ztg.) 230
Newsweek (Nachrichtenmagazin) 146
Nigeria 121 ff.
NSA (*National Security Agency*) 52 f., 71
NSU (Nationalsozialistischer Untergrund) 127

O

Obama, Barack 21, 44
Oerting, Troels 51
OK-Vereinigungen (-Banden) 41, 50, 54 f., 70, 81, 90 f., 93, 97, 136, 139, 142, 144, 189, 199, 220, 227, 237 f., 244, 252; siehe auch organisierte Kriminalität
Onkel Toms Hütte (H. Beecher Stowe) 20 f.
»Operation Scheich« (Bundespolizei) 83, 89, 110, 116, 332
Opferbelastungsziffern 312
Opferentschädigungsgesetz 231, 277, 282
Opferschutzrechte 314
Organhandel 11, 13, 40, 50, 64, 191 f., 224, 260 f., 263 f.
organisierte Kriminalität (OK) 12, 40, 49 f., 62, 73, 77, 91, 99, 107, 124, 134, 148, 168, 178, 179 f., 206, 224, 229, 232, 237, 255, 280, 312, 319, 332, 334; siehe auch OK-Vereinigungen (-Banden)

P

Pädokriminelle 13, 212, 243
Palermo-Protokoll (UN-Übereinkommen gegen grenzüberschreitende organisierte Kriminalität) 56, 263
Penny, James 31
Penny Lane (Liverpool) 30, 164
Pfau, Markus 105
Plantagenbesitzer 17, 34 f.
Poly-Crime Goups 207, 236
Pridnestrowien siehe Transnistrien
Pro Asyl 151, 166
Prostitution siehe Zwangsprostitution
Prostitution, mobile 43, 246
Prostitutionsgesetz 94, 302, 319, 327 f., 330
Pull Countries (Pull-Länder) 45, 55 ff., 60, 64, 67, 70 f., 75, 79, 106, 112, 163, 179, 188, 200, 213, 216, 273
Push Countries (Push-Länder) 45, 55 ff., 64, 67, 69, 71, 78, 81, 111 f., 157, 179, 202, 216, 220, 333
Putin, Wladimir 188, 259, 274

Q

Qaida, Al 12, 222
Quäker 31 f.

R

Rapid Border Intervention Teams (RABIT; mobile Einsatzkommandos von Frontex) 151 f.
Rasterfahndung 130
Ratzel, Max-Peter 228
Rauball, Reinhard 196
Rautenberg, Erardo C. 117 f., 335
Razzia/Razzien 50 f., 61 f., 65, 72, 79 f., 82, 84, 86, 89, 92, 101 f., 115, 118, 126, 128, 131, 161, 164, 169, 186, 190, 193, 203, 217, 222, 241, 259, 262, 280, 286, 293, 328 f., 331, 333
Research and Trend Analysis Branch (UNO) 180, 191
Rocker(banden) 41, 94, 271, 328
Roma 56, 238 f., 241 ff.
Römisches Reich 10
Roots (TV-Serie) 21
Roscoe, William 31 f.
Rumänien 43, 45 f., 97 f., 112, 181, 218 f., 246, 249 f., 253 f., 274, 295, 310, 316, 324, 326, 333
Russland/Russen 54 ff., 60, 68, 73, 75, 108, 135, 139 ff.,

188 f., 201 f., 259, 293 f., 306, 322 f.

S

Saint Thomas (Karibik) 28, 35
Scheinehen 11, 40, 64, 145, 191, 260, 283
Schengen-Raum 103 f., 150, 175, 235, 281, 319, 333
Schleierfahndung 125
Schleusung 12, 51, 64, 79, 90, 107, 110, 116, 124, 127, 129, 150, 185, 206, 210, 289
Scholz, Olaf 320, 324 f.
Schulz, Wilfried 93
Scotland Yard 128, 173, 178, 190, 224, 227, 232, 234, 243
Serious and Organised Crime Threat Assessment (SOCTA; EUROPOL-Bericht) 206, 313
Sexarbeit 69, 93, 236, 275, 327, 331
Sexmarkt 13, 15, 278, 284, 327
Sexual Exploitation (sexuelle Ausbeutung) 13, 47, 80, 98, 127, 148, 234, 277, 284, 287, 299, 301, 313, 317
Sharp, Granville 31 f.
Skinner, E. Benjamin 146 f.
Sklavenhalter 10, 20, 25, 97, 196 f., 203, 218, 251, 266, 299, 335
Sklavenhandel 12, 16 f., 19 f., 23, 25, 27 ff., 31 f., 34 ff., 147, 183, 212, 234, 237, 305
–, innerafrikanischer 25
–, transatlantischer 16, 25
Sklaverei 10, 16, 20 f., 27, 29, 31, 47, 59, 110, 116, 146 ff., 181 ff., 186, 196, 201 f., 204, 234, 277, 294, 305, 308 f., 318, 336
The Slave Trade (H. Thomas) 30
Slavery Abolition Act (USA) 29
Snowden, Edward 52
SOCA (*Serious Organised Crime Agency*; brit. Polizeieinheit zur Bekämpfung der organisierten Kriminalität) 37, 228 ff., 333
Society for Effecting the Abolition (Antiabolitionisten) 13
SOLWODI (Solidarity with Women in Distress) 287, 299 ff., 317
Sowjetunion, Zerfall der 56, 90, 135, 198, 235
Soziobiologie 9
Spartacus (röm. Sklave) 10
Der Spiegel (Nachrichtenmagazin) 52
Stasiewicz, Andreas 214
»Stockholm-Syndrom« 247
Stoker, Bram 264
La Strada (European Network against Trafficking in Human Beings) 287 ff., 294 ff.
Straßenstrich 15, 58 f., 81, 100,

122, 139, 169, 171, 254 f., 286, 329 f.
Süddeutsche Zeitung 52, 261

T

Tagelöhner 113, 192, 214, 254
Taliban 12, 225
Tarantino, Quentin 20
Thomas, Hugh 30
Trader, Thomas 26
Trafficking in Human Beings (THB; int. Fachbegriff für Menschenhandel) 26, 38 ff., 47, 110, 306
Trafficking in Persons Protocol (UN-Protokoll) *162*
Transnistrien 199 f.
The Transplantation Society (TTS, int. Transplantationsgesellschaft)
Triaden 36, 41 f., 80, 216
Tschetschenien/Tschetschenen 68, 322
Tubman, Harriet 36
Türkei 138 f., 165
Turner, Nat 21

U

UNICEF 137, 156, 213, 309
UNO 11, 54, 58, 120, 148, 179 f., 199, 221, 291, 309, 336
UNODC (*United Nations Office on Drugs and Crime*) 11 ff., 123, 178 f., 184, 187, 197 f., 200 ff., 205 f., 213, 220 f., 313

V

Vereinigte Staaten von Amerika 43 f., 182, 304
Violent Entrepreneurs (gewalttätige Menschenhändler) 141
Violent Specialists (Gewaltspezialisten der OK-Banden) 95, 141, 202, 215, 271, 286, 319

W

Waffenhandel 53, 80, 173, 198, 205, 232
Wainwright, Rob 39, 50, 224, 227 ff., 236, 267, 334 f.
Warschau 108, 125, 132, 149, 153, 167, 178, 184, 307
Weltgesundheitsorganisation (WHO) 260
Wien 11, 178 ff., 184, 197, 206, 213, 220
Wiener Kongress 36
Wilberforce, William 31 f.
Williamson Liverpool Adviser (Ztg.) 33
Wilson, Edward O. 9

Y

Yakuza (jap. Verbrecherorganisation) 41, 54

Z

Zeugenschutzprogramm 95, 222

Zuhälter 42, 48, 60, 66, 76, 81, 92 ff., 118, 127, 136, 140, 147, 169, 174 f., 177, 193, 242, 244, 253, 278, 282, 285 f., 293, 295, 300 f., 306, 316 f., 327 f., 330 f., 333, 336

Zulueta, Julian 30

Zwangsprostitution 40, 60 f., 65 f., 71, 76, 110, 118, 143, 191, 193, 213, 225, 234, 262, 278, 279, 284, 331